QING–SHAONIAN
XIAOYUAN ZUQIU PEIX
JIAOCHENG

青少年校园足球
培训教程

中国教育科学研究院体育卫生艺术教育研究所
组织编写

教育科学出版社
·北京·

出 版 人　李　东
责任编辑　刘　婧
版式设计　孙欢欢
责任校对　贾静芳
责任印制　叶小峰

图书在版编目（CIP）数据

青少年校园足球培训教程 / 中国教育科学研究院体育卫生艺术教育研究所组织编写. —北京：教育科学出版社，2020. 12
ISBN 978-7-5191-2538-7

Ⅰ. ①青… Ⅱ. ①中… Ⅲ. ①足球运动—中小学—教学参考资料 Ⅳ. ①G634. 963

中国版本图书馆 CIP 数据核字（2021）第 015244 号

青少年校园足球培训教程
QING-SHAONIAN XIAOYUAN ZUQIU PEIXUN JIAOCHENG

出版发行	教育科学出版社		
社　　址	北京·朝阳区安慧北里安园甲 9 号	邮　　编	100101
总编室电话	010-64981290	编辑部电话	010-64989190
出版部电话	010-64989487	市场部电话	010-64989009
传　　真	010-64891796	网　　址	http://www.esph.com.cn
经　　销	各地新华书店		
制　　作	北京金奥都图文制作中心		
印　　刷	保定市中画美凯印刷有限公司		
开　　本	787 毫米×1092 毫米　1/16	版　　次	2020 年 12 月第 1 版
印　　张	16. 25	印　　次	2020 年 12 月第 1 次印刷
字　　数	282 千	定　　价	61. 00 元

图书出现印装质量问题，本社负责调换。

前　言

大力发展青少年校园足球，全面推进中国足球改革，是习近平总书记亲自部署的重要工作。

2014 年 11 月 26 日，国务院召开全国青少年校园足球工作电视电话会议，向全国发出全面推进校园足球工作的动员令。以此为新的起点，校园足球作为国家战略，受到全国各领域的高度重视。全国各地教育部门在教育部的统一领导下，认真贯彻落实党中央、国务院关于校园足球工作的整体战略部署和习近平总书记系列重要讲话与批示精神，认真贯彻落实《中国足球改革发展总体方案》和《中国足球中长期发展规划（2016—2050 年）》，将校园足球纳入教育综合改革的整体规划，加快推进校园足球改革和发展。

5 年来，围绕《教育部等 6 部门关于加快发展青少年校园足球的实施意见》要求，教育部以顶层设计为核心任务，强化统筹规划，出台配套政策，依照“增强体质健康、教会运动技能、培育健全人格、奠定人才基础”的“四位一体”工作目标，以整体推进、区域突破、体系构建为基本发展路径，坚持“教学是基础、竞赛是关键、体制机制是保障、育人是根本”的发展思路，大胆改革、持续发力，在推进校园足球普及、扩大足球人口、完善体制机制、优化发展环境等方面取得了跨越式的发展成就，校园足球呈现欣欣向荣的发展局面。

推进校园足球高质量发展，师资水平是关键。从 2015 年起，教育部推出为期 10 年的全国青少年校园足球师资国家级专项培训计划。培训工作由全国青少年校园足球工作领导小组办公室主办、中国教育科学研究院承办、全国 50 余所高等院校协办。

为了保证培训质量，在教育部的领导下，中国教育科学研究院以提升校园足球师资素质、培养造就一支高素质教师队伍为目标，根据培训需求，结合培训对象的现状、特点，研制了校园足球培训方案和培训课程，设计了校园足球培训规范，制定了校园足球管理办法，组建了校园足球讲师团队，制定了校园足球培训经费管理办法，研制了校园足球安全防控体系，搭建了校园足球网络管理平台。

通过近 5 年的持续努力，全国青少年校园足球师资国家级专项培训总计培训学员近 6 万人，学员包括教育部门管理干部、中小学校长、体育骨干教师、体育教研员以及足球教练、裁判员、退役足球运动员等。

培训切实更新和提升了校园足球管理干部、中小学校长发展校园足球的教育理念、理论修养、领导能力和决策水平；提高了校园足球特色学校体育教师、体育教研员的认识水平、教学技能和管理能力。培训满意度测评显示，总体满意度达到96%以上。

据统计，5年来全国各地各级校园足球师资培训，共计培训学员近35万，基本满足了初始阶段校园足球发展对师资的需求，为校园足球稳步发展奠定了坚实的基础。如此规模巨大的师资培训工作，即便从世界范围看，也堪称一项前所未有、举世无双的伟大工程。

高质量的师资培训，是推进校园足球和中国足球可持续发展的重要举措和坚固基石。在近5年的培训工作中，全国青少年校园足球工作领导小组办公室和中国教育科学研究院立足校园足球发展现状与现实需求，以科学的态度、发展的视野以及服务现实与未来的使命担当，通过广泛的推荐与严格的遴选，聘请国内外教育、体育等领域的权威专家，特别是资深足球专家、体育教研员以及有丰富足球教学经验的一线教师为培训讲师，遵循校园足球的内在发展规律，将培训内容分为校园足球的新理念与新政策、校园足球的教学设计与活动组织、校园足球的训练安排与赛事组织、校园足球的安全防范与应急管理、世界青少年足球的发展趋势、校园足球的发展经验与典型案例六个部分，以专题的形式对学员进行全面培训。从学员反馈和实际效果看，培训工作是成功的，达到了预期的目标。

为系统总结校园足球培训的阶段性成果，全面反映优秀培训讲师的知识沉淀、创新思想和经验积累，进一步充分发挥培训工作启发思维、开阔视野、提高能力的作用，我们将数年来广受欢迎的优质培训内容进行汇集梳理、总结提炼，汇编成《青少年校园足球培训教程》一书。希望本书不仅能为后续持续推进的校园足球国家级专项培训提供历史的借鉴，也能为当前暂时没条件参加现场培训的学校体育工作者，特别是参与校园足球工作的中小学校长和广大体育教师提供现实的参考。

目　　录

第一章

校园足球的新理念与新政策

校园足球的新思考：顶层设计与制度建设

吴　键

一、校园足球发展背景

（一）校园足球兴起的脉络

“校园足球”，是“青少年校园足球”的简称，通常指在校园里开展的、广大学生参与的足球活动，包括足球课、足球大课间、足球训练、足球比赛等。严格地讲，“校园足球”不是一个严密的科学概念，而是约定俗成的。

足球运动是儿童青少年最喜欢的体育运动之一。在学校里开展足球活动，是我国各级各类学校一贯的做法。新中国成立以后，教育部门组织专家制定了大中小学体育教学大纲，足球是其中重要的教学内容。足球作为一项考核学生学业水平的测试项目，也被列入《国家学生体质健康标准》。足球更是大中小学体育竞赛的重点项目。

“校园足球”一词被广泛地应用，是在2009年以后。其标志是，2009年4月，国家体育总局和教育部联合下发《关于开展全国青少年校园足球活动的通知》（以下简称《通知》）及《全国青少年校园足球活动实施方案》。当时，校园足球被如此高度重视的背景是：1992年中国足球协会职业化改革以来，尤其是2003年中国足协提出《中国足球十年发展规划》以后，除了中国足球职业联赛顺利举办外，其他众多预期的目标都没能实现。中国足球后备人才严重匮乏，足球竞技水平不升反降，中国足球队在国际比赛中一败再败。

《通知》下发后，全国大部分省、区、市的教育行政部门认真贯彻落实文件精神，按照《全国青少年校园足球活动实施方案》的要求，制订工作计划，明确职责分工，对开展全国青少年校园足球活动工作进行了安排和部署。2009 年 6 月 10 日，为大力推进校园足球活动，国家体育总局和教育部在北京联合召开全国青少年校园足球活动工作会议，全面启动全国青少年校园足球活动。

当时，大力发展校园足球最重要的目标任务是构建青少年足球培养体系，发现优秀的足球后备人才，为提高足球竞技水平打下基础。然而，经过 5 年的发展，校园足球无论是体系构建还是人才培养，均没有达到预期效果。

让人痛心的是，2009 年以后，中国足球竞技水平更是江河日下，一输再输，输给日本、韩国，又输给了越南、泰国，整体水平已从亚洲一流败退至亚洲三流。就连一直令国人骄傲的中国女足，也退出世界一流的行列。

与此同时，令人忧虑的情况也纷纷显现：2010 年、2014 年全国学生体质与健康调研结果显示，自 1985 年以来，中国青少年身体机能和身体素质总体状况呈现持续下降趋势，尽管最近 10 年下降速度有所缓解，部分指标止跌向好，但心肺能力、速度、力量等指标却继续下降。同时，新的不良状况，如肥胖、近视等问题日趋严重，大学生群体体质健康水平跌至历史最低。

问题究竟出在哪里？制约中国足球后备人才培养的关键因素到底是哪些？扭转中国儿童青少年体质健康下降状况的办法到底有没有？调研原因并破解这一系列的困境，已经成为一个非常急迫的社会问题。这个问题不仅仅关乎中国的足球、中国儿童青少年的健康，更关乎民族素质和人力资源强国建设。

党的十八大以来，党中央、国务院把振兴足球作为发展体育运动、建设体育强国的重要任务提上日程。习近平总书记多次指示要下决心把足球事业搞上去并对校园足球的发展做了重要批示。

2014 年 11 月 26 日，全国青少年校园足球工作电视电话会议召开。时任中央政治局委员、国务院副总理刘延东出席会议并讲话，教育部、国家发展和改革委员会、财政部、国家体育总局等 8 家单位的负责人在主会场发表了讲话。这次会议的召开标志着青少年校园足球工作正式转由教育部牵头组织管理。为了贯彻落实《中国足球改革发展总体方案》和《中国足球中长期发展规划（2016—2050 年）》，教育部把校园足球改革纳入教育综合改革规划，列为国家教育体制改革重点。

（二）新时代校园足球的推进

全国青少年校园足球工作电视电话会议召开以后，为了加强对全国青少年校园足球工作的领导、规划和管理，2015 年，经国务院批准，全国青少年校园足球工作领导小组成立。该小组由国家发展和改革委员会、财政部、教育部、新闻出版广电总局、共青团中央等 6 部门组成。教育部部长任组长，领导小组办公室设在教育部。

全国青少年校园足球工作领导小组的成立，标志着由教育部牵头负责的新时代青少年校园足球工作正式启动。因此，2015 年也被称为新时代校园足球的元年。

为什么校园足球要由教育部门来牵头管理？从表面上看，随着体育事业的发展和教体结合改革成效的彰显，广大青少年群体都是适龄学生，几乎都在学校，由教育部门来承担主责便于动员和管理。但事实上，这次牵头主体的转换还有更重要、更深层次的原因。其中最主要的原因，是主管部门对校园足球的定位以及对足球运动的理解有了重要转变。

新时代校园足球的定位以及对足球运动的理解，确实需要有更高的站位。

总体而言，确定校园足球的定位，不能局限于校园，要跳出校园看校园足球；认识足球运动，不能局限于足球运动本身，要跳出足球看足球运动。只有站位高了，才能有更高境界、更深的思考，才能从不同的角度去理解校园足球、认识足球运动，才能更全面、更多维地看问题。

例如，随着校园足球在全国形成一股热潮，某媒体对河南省洛阳市涧西区景华路实验小学开展足球活动的情况进行了报道，并配了一张学生做足球操的照片。报道一出，网络上骤然出现了许多质疑、指责甚至谩骂的声音，形成舆论热点。其中最多最突出的言论是“足球，是用脚踢的，为啥用手”“踢足球，不是做广播操，教育部门搞校园足球，又是在搞形式主义”，等等。可事情真是如质疑者说的那样吗？

答案当然是否定的。首先，在足球八大技术中，有两大技术必须要使用手（用手控制球），即守门员技术和掷界外球技术。所以，让孩子用手玩球并没有什么问题。其次，足球运动对于儿童青少年有更多层面的意义。教儿童青少年踢足球、打篮球、玩排球以及学练乒乓球、网球等都不仅仅是为了学习体育项目本身的技能，更不是为了培养专业运动员。这些行为最重要、最有价值的意义在于，通过体育运动让儿童青少年从小建立起时间感知、空间感知、运动感知和形体感知等，目的是通过运动刺激促进以大脑为核心的神经系统的发育，促进神经系统对身体的协同控制。

二、校园足球的新站位

校园足球从 2009 年推进伊始就遭遇各种阻力。国内对世界足球、中国足球、校园足球的认识仍停留在较低水平，即足球就是一项运动项目，教孩子踢球就是教给孩子足球的知识、技术和战术。正是这种低水平的社会认知，导致了足球长期得不到重视。所以，推进新时代校园足球，必须要有新的站位。要做到有新的站位最关键的是要解决基本的认识问题。只有解决了基本认识问题，才能保证校园足球的可持续发展。对新时代校园足球的基本认识，应包含以下三个层面。

（一）校园足球要为提升国家文化软实力贡献力量

习近平总书记在十九大报告中指出：文化是一个国家、一个民族的灵魂。文化兴国运兴，文化强民族强。没有高度的文化自信，没有文化的繁荣兴盛，就没有中华民族伟大复兴。要坚持中国特色社会主义文化发展道路，激发全民族文化创新创造活力，建设社会主义文化强国。

文化，通常指人类社会的精神现象，抑或泛指人类创造的一切物质产品和精神产品的总和。在中国的古籍中，“文”指文字、文章、文采，又指礼乐制度、法律条文等。“化”是教化、教行的意思。

英国人类学家泰勒说：文化或文明是一个复杂的整体，它包括知识、信仰、艺术、道德、法律、风俗以及作为一个社会成员的人所具有的其它一切能力和习惯。

对照“文化”的概念，来分析体育的本质和现象，从中不难得出，体育是文化的重要组成部分。

近年来，“软实力”这个概念流行于世界并被广泛应用。美国哈佛大学教授约瑟夫·奈在其《美国定能领导世界吗》一书中提出，一个国家的综合国力既包括由经济、科技、军事实力等表现出来的“硬实力”，也包括以文化和意识形态吸引力体现出来的“软实力”。他将综合国力分为硬实力与软实力两种形态。其中，软实力是国家实力的核心因素，是一个国家或地区文化的影响力、凝聚力和感召力。他指出，软实力和硬实力同样重要，但是在信息时代，软实力正变得比以往更为突出。

一个国家，要实现民族的复兴国家的强盛，要依靠硬实力，但是，绝不能忽视软实力。从当今世界局势看，软实力往往更重要。从发展的角度看，当下的中国，硬实力发展迅速，但是，软实力发展滞后，存在硬实力、软实力发展不平衡的现象。所以，在建设中国特色社会主义进程中，要充分发挥文化软实力的作用，实现国家硬实力和软实力的均衡发展。

文化软实力往往透过体育比赛、影视、音乐、美术作品等“世界语言”彰显其文化价值和影响力。

习近平总书记在2013年主持中央政治局集体学习时指出，提高国家文化软实力，关系“两个一百年”奋斗目标和中华民族伟大复兴中国梦的实现。

体育作为一种复杂的文化现象，无疑属于文化软实力的范畴。也就是说，体育是国家文化建设的重要组成部分，是一个国家文化软实力的重要内容。

体育文化软实力，是指基于体育体制建设和事业发展成就所表现出来的体育的影响力、凝聚力和感召力。发展体育运动，提高各项体育项目的水平，尤其是集体性运动项目的水平，就是以体育为媒介，增强文化影响力、吸引力的重要方式，是提升国家文化软实力的重要手段。

在文体领域，中国的乒乓外交、篮球运动员姚明、武打明星李小龙、钢琴家郎朗等，都是中国文化软实力的代表性、标志性事件或人物。

以足球为代表的集体性体育运动（项目），是体育的标志性项目。但目前，我国足球等集体类体育竞技项目水平普遍低下，与中国作为第二大经济体的大国形象极不相符。这不仅影响体育事业本身的发展，更在一定程度上阻滞国家文化软实力的提升。

因此，推进校园足球，发展体育事业，绝不仅仅是推动一个足球项目的改革，其重要意义在于，为提升中国文化软实力贡献独特力量。

（二）校园足球要为促进学生的全面发展探索有效途径

长期以来，受传统文化以及不科学教育评价制度的影响，我国教育在贯彻落实德智体美全面发展教育方针方面存在明显的不平衡现象。重智育轻体育倾向严重。为了提高升学率，只重视文化课的学习，考什么教什么，考什么学什么，其后果是德育、体育成为教育发展的薄弱环节，由此导致学生体质健康水平持续下降，甚至存在潜在的人格发展不健全以及心理健康问题等不良后果。

为解决这个问题，我国政府在20世纪90年代开始提出实施素质教育，以扭转教育发展不平衡现象。1999年6月13日，《中共中央国务院关于深化教育改革，全面推进素质教育的决定》。该《决定》指出，实施素质教育，就是全面贯彻党的教育方针，以提高国民素质为根本宗旨，以培养学生的创新精神和实践能力为重点，造就“有理想、有道德、有文化、有纪律”的德智体美等全面发展的社会主义事业建设者和接班人。

推进素质教育要从薄弱环节体育入手。以2007年《中共中央 国务院关于加强青少年体育增强青少年体质的意见》（中央7号文件）为标志，以大力推进阳光体育为重要举措，学校体育拉开全面改革大幕。2008年以来，各级党委、政府陆续出台政策文件，采取各种措施促进学生体质健康。2010年学生体质与健康调研结果表明，经过近3年的努力，学生体质与健康状况出现整体向好的趋势，部分指标出现上升情况。

尽管取得初步成效，但是由于自恢复高考以来，以文化科目考试成绩为唯一依据的招生制度没有改变，学校体育制度建设也没有及时跟进，政策推进出现衰减现象，对学校体育的重视在热闹之后渐趋冷清，学校体育又渐渐回到不被重视的地位。

这种情况说明，推进学校体育改革发展不可能一蹴而就，需要寻求更多的途径和方法。

足球是世界第一大运动，足球运动具有悠久的历史。现代足球从发端到今天，不仅培养了一代又一代足球精英，更重要的是孕育了足球文化，丰富了人类的文化生活，推动了足球产业，发展了世界经济。作为世界上最受欢迎的体育运动，足球吸引了全世界超过12%的儿童青少年参与其中。

因此，大力推进校园足球，让更多的儿童青少年参与足球运动，并不是为了让他们成为职业运动员，而是因为踢足球能给他们带来极大的益处，帮助他们健康成长。

1. 足球能促进神经对肌肉的支配和控制

各种运动都是在大脑连续不断地对肌肉进行支配、调控的过程中实现的。儿童青少年从小参与足球运动，可以强化大脑与肌肉的联系，提升大脑神经中枢系统支配肌肉的兴奋性，提高大脑对肌肉的动员效率。当然，这个作用足球运动有，其他的体育运动也同样有。研究证明，要最大限度地发挥这种作用，一定要从小做起。依照生理发育规律，神经系统是人体各个系统中最先发育、发育最快的系统。一般而言，大脑发育到13岁基本定型。所以，13岁以后，要提高神经系统对肌肉的支配和控制水平就非常困难了。这就是所谓“足球要从娃娃抓起”的生理依据。

2. 足球能促进学生人格发展

“完全人格，首在体育”，这是教育家蔡元培先生在主持北京大学工作时提出的重要思想。在他看来，体育不仅仅是一项身体活动，同时还是一种教育手段。体育在塑造体格的同时，更促进了人格的健全发展。他希望中国的学生要有“狮子样的体力，猴子样的敏捷，骆驼样的精神”。

所谓人格，是一个人在适应或改变环境的实践过程中形成的比较稳定的意识倾向、独特的心理特性和行为特点。人格是社会性发展的结果，人格健全与人的社会适应能力关系密切。人格也受遗传因素影响。

除了与生俱来的特点，健全人格的渠道和方法多种多样，德育是一种重要的方法。由于人格的养成是在社会现实中与他人交往、与环境交互过程中形成的，因此，交往的频次、环境的复杂性影响人格培育的质量。事实上，单一的德育对健全人格的形成作用是有限的。而体育，尤其是团队项目，由于复杂的场景、频繁的交往，给完全人格的形成提供了真实且高效的环境。

美国宾夕法尼亚大学教授安吉拉·达科沃斯总结了运动对人格发展的重要的作用。他认为，运动过程提供了有效的人格培育环境。运动中要忍受时间和欲望的煎熬，要控制情绪；要不抱怨现状，不畏惧失败，竭尽所能，才能成功；要目标清晰，专注力强，敢于担当，承担责任。

足球运动长盛不衰、日益繁荣，正是充分满足了参与者的心理需求。校园足球，通过丰富多彩的赛事，如班级赛事、年级赛事、校际赛事等，可以培养规则意识、公平参与意识；可以促进良好人际关系，提高交往能力；可以培养团队精神，增进信任关系。在一些社会经济发展水平低、社会治安不好的国家和地区，足球是用来吸引青少年参与，减少吸毒和吸烟行为，预防犯罪的重要手段。

3. 足球能促进学生智力发展

运动可以促进大脑的发育，尤其是对于儿童青少年来说，更是大有益处。这是得到科学研究证实的。足球是典型的综合运动。校园足球对大脑的发育有直接的促进作用。第一，运动需要动员身体各系统、组织开展高强度工作，需要氧气、能量等物质。儿童青少年时期，大脑的发育处于快速敏感时期，充足的物质供应，有利于脑的发育和脑的能力开发。第二，科学研究证实，7~11 岁的青少年参与适合的运动可以增加大脑贝兹细胞的数量，从而强化对运动的支配。第三，适合的运动可以促进大脑神经细胞建立更多连接，为智力发展提供物质基础。

足球竞赛是典型的高智力体育游戏，节奏快，对抗激烈，场上情况瞬息万变，战术组合复杂，要在足球竞赛中胜出，必须依靠记忆力、观察力、想象力、思维能力等智力因素的协同。同样，足球比赛也促进这些智力因素的发展。儿童青少年从小参与足球运动，可以促进注意力、观察力、记忆力、思维能力和问题解决能力的提升。

（三）校园足球要为人力资源强国建设奠定基础

建设人力资源强国是中国的国家战略。人力资源通常是指一个时期内组织内的人所拥有的可以为组织所有，可以创造价值的教育、能力、技能、经验和体力等的总称。衡量人力资源的水平，有两个因素，一个是数量，一个是质量。人力资源的质量，通常指经济活动人口具有的体质水平、文化知识水平和劳动技能水平。显然，人的体质健康，是人力资源的关键因素，是国家建设人力资源强国的重要基础。因此，新时代校园足球的推进承担着重要的使命。

1. 校园足球要有效促进学生体质健康

从20世纪80年代开始，中国青少年体质健康的动态变化呈现出与人力资源强国建设不匹配的发展趋势。

为全面了解中国学生体质健康状况，从1985年开始，教育部（原国家教委）等多部委联合组织了每5年一次的大规模的学生体质与健康调研。调研结果显示，从1985年至2014年，中国学生的身高、体重等身体形态指标增长明显，体现良好的生长发育趋势；但是，中国学生的身体机能、身体素质总体呈现持续下降趋势。

从1985年到2014年，反映中国学生身体机能的肺活量在1995年达到最高，之后水平持续下降，尽管从2010年至2014年下降情况有所改善，但是，肺活量总体水平依然不如1995和2000年的水平。反映力量、速度、爆发力各项指标的体育项目如仰卧起坐、引体向上（斜体引体向上）、50米跑、立定跳远测试成绩都呈现下降趋势。最令人不安的是，反映心肺能力水平的男生1000米跑和女生800米跑测试成绩总体下降幅度最大。

随着社会经济的发展和生活方式的巨大改变，除了学生机能、体能状况下降，儿童青少年体质健康状况出现新的突出问题，如视力不良、超重和肥胖。2014年学生体质与健康调研结果显示：学生近视率平均值分别为小学生46%、初中生74%、高中生84%、大学生86%；城市男生、城市女生、乡村男生、乡村女生肥胖率平均值分别为19%、10%、16%、8%。2015年北京市学生体检结果显示，北京市高三学生，视力不良率为89. 28%、超重率为20. 36%、肥胖率为14. 45%；北京市初三学生视力不良率为81. 95%、超重率为14. 71%、肥胖率为10. 27%。

导致学生体质健康下降的直接原因是运动不足。2018年，中国教育科学研究院的调查显示，全国中小学体育课开齐开足率不足60%，全国中小学每天保证校内1小时体育锻炼的学校占比接近60%，全国85%以上的中小学生放学回家后不被允许到户外进行体育锻炼。

推进校园足球运动，就是要利用足球运动的特点，在一系列政策推动下，有效改善和增强儿童青少年的体质健康。

2. 校园足球要为国民一生幸福奠定身体基础

儿童青少年体质健康是其一生幸福的基础。从小养成健康的生活方式，对成年以后的健康生活影响巨大。美国北卡罗来纳大学的“身体活动与时间支配：全球都在远离运动”项目研究显示，儿童时期不喜欢运动，可能会给今后的生活带来不利。不利的后果是：30%运动量少的儿童会发展成为肥胖者，成年以后成为肥胖者的概率是运动充足儿童的 2 倍；学业成绩比运动充足儿童要差；工资收入要比运动充足儿童低；生病天数平均每年要比运动充足儿童多 1 周。相反，儿童时期喜欢运动，运动充足可能的益处是：发展成肥胖者的概率只有运动不足儿童的 1/10；在同样条件下，考试成绩可能提高 40%；在一些国家，发生吸烟、吸毒等危险行为的概率将有所下降；一生的收入将比他人多出 7%~8%；医疗费用每年可以节省 2741 美元；一生中生病的时间缩短，致残率比他人低 1/3；平均寿命可能将增加 5 年。

没有养成运动习惯，运动不足是成年人致病的重要因素。研究表明，成年人的过早死亡、心血管疾病、高血压、中风、Ⅱ型糖尿病、代谢综合征、结肠癌和抑郁症等疾病都与运动不足有关。美国南卡罗来纳大学运动科学系教授史蒂文·布莱尔在 2014 年中国慢性病大会上公布了一项调研数据：全球每年因运动不足造成的死亡人数高达 530 万。

为了治疗各种因运动不足引发的非传染性疾病和精神疾病，各国政府支付了巨额的医疗经费。“身体活动与时间支配：全球都在远离运动”项目研究显示：美国 2008 年遭受的损失是 1470 亿美元，大致是美国联邦政府教育年度预算的 2 倍，预计到 2030 年，损失将达到 1917 亿美元；中国 2008 年遭受的损失是 200 亿美元，大致是政府年度医疗保健总预算的 1/3，预计到 2030 年，损失将达到 675 亿美元。当前，沉重的医疗负担，已经对经济建设构成了一定的威胁。而这也从一个侧面反映出人力资源的质量和水平。

足球是全球性的体育运动。足球运动之所以能吸引世界各国人民参与，一定在满足身心需求、促进体质健康、推动文化交流、推进产业发展等方面具有巨大的作用。因此，积极推进校园足球，让更多的儿童青少年参与足球、喜欢足球、享受足球，于中国人力资源强国建设必将大有益处。

三、校园足球顶层设计思考

为保障新时代校园足球达到预期目标，顶层设计需要把握以下几个方面。

（一）坚守全面育人总体目标

校园足球的总体目标是育人，即通过校园足球，达到全面育人的目的。具体来说，就是通过校园足球，达到增强体质健康、提高足球技能、培养健全人格、发现足球人才的目的。

需要强调的是，新时代的校园足球是与以往由国家体育部门主导的校园足球完全不同的概念。最大的区别就是工作重点的转变。之前的校园足球，工作的重点是培养少数运动员，即选择一些运动能力好的学生，组成足球队进行训练，希望从中发现并培养优秀的足球运动员；而新的校园足球，工作的重点是针对所有学生施行足球教育，即组织所有的学生学习足球，开展规范的足球教学、足球训练和足球比赛活动，通过一系列的足球教育教学工作，达到综合育人的目的。因此，可以用一句话来概述：新的校园足球，首先是教育，其次才是足球。

今后，“出了多少名高水平运动员”“参加了多少场高水平的比赛”“获取了多少次比赛成绩”等，都将不再是评价校园足球的重点。

（二）强化增强体质重要任务

每5年一次的大规模体质健康调研结果显示，从1985年以来，中国儿童青少年体质健康状况，身体机能、身体素质出现持续下降的趋势。20世纪末开始，我国一直在寻求遏制这种趋势的办法，呼吁重视学校体育，重视体育课，但是一直没有找到破解之道。其中的一个原因是学生越来越不喜欢学校体育，不喜欢体育课。

有一个调查比较有代表性。调查发现，孩子们喜欢体育，喜欢比赛。但是，他们不喜欢学校安排的体育活动，不喜欢体育老师教的体育课。进一步调查发现，学校安排的体育活动相对来说比较单调、枯燥；体育课只是简单重复，没有乐趣。正是基于这个原因，学校有必要推进简单、易行、有趣的特色体育活动，让学生在充满乐趣的活动中锻炼身体、磨炼意志。

足球运动的综合特点，决定了足球运动对于提高学生体质健康有良好的作用。当然，不仅仅是足球，其他体育项目特别是篮球、排球等集体项目，因为吸引力大，趣味性强，锻炼价值高，同样能有效促进学生体质健康。

（三）发挥促进心理健康的特殊作用

运动不足是我国儿童青少年体质健康持续下降的重要原因。事实上，运动对于人的价值，绝不仅仅是增强体质，提高健康水平。尤其重要的是，运动对于大脑的充分发育、大脑功能的开发都有重要的促进作用。

近年来，儿童青少年成长过程中出现了一个问题越来越严重。它就是心理健康问题。据调查，基础教育阶段有各种心理不健康倾向的中小学生达到25%，有各种心理问题的学生达到12%。因为心理问题的日趋严重，迫使中小学校纷纷建立心理健康辅导室，配置专业的心理健康辅导教师，或者要求经验丰富的班主任老师担任心理健康辅导工作。

令人遗憾的是，实践发现，最容易实施、最有效的办法反而应用不多。这个办法其实就是运动。

科学研究证实，充分的运动，可以促使人的大脑分泌多种生物活性物质，如多巴胺、脑啡肽、血清素等，这些物质可有效改善人的生理、心理状况，尤其对改善人的情绪、纾解不良心理问题、消除心理障碍有明显功效。心理学和医学领域的研究一致认为。运动可以预防产生心理障碍，如焦虑症、抑郁症、恐惧症、注意力缺陷障碍、成瘾行为、帕金森综合征、阿尔茨海默病等。

因此，推进校园足球，培养健康的生活方式，不仅可以促进儿童青少年的成长和发展，更重要的是对其一生幸福有重要的价值和意义。

（四）尊重规律发现足球人才

高水平足球运动员从哪里来？按照足球运动的规律，优秀的青少年足球运动员应当是从青少年足球人口中选拔出来的。

“中国十四亿人口，为什么就找不到 11 个会踢球的？”这就是有名的中国足球之问。

理论上讲，中国人口多，建立一支高水平足球队，在世界上夺取好的成绩，应该问题不大。但是，从 20 世纪 90 年代以来，中国女足还能保持一定的竞技水平，中国男足的竞技水平一退再退，现在已经不能保持亚洲一流水平。

一直以来，中国国家足球队确实代表了国内最高水平，但是，一旦与国外球队对抗，弱点就暴露出来了。体能、技能、智能等都不如对手。

问题出在哪里？其实，原因很简单，就是基础没有打好。我们可以比较几个基础数据。

1. 注册球员（足球）

有项调研显示，2019 年，在中国足协注册的足球运动员数是 5 万，其中职业球员仅有约 8000 人。德国人口 8210 万，注册球员 63 万，人口占比约为 0.77%；俄罗斯人口 1.45 亿，注册球员 150 万，人口占比约为 1%；日本人口 1.27 亿，注册球员 100 万，人口占比约为 0.79%。还有一些欧洲国家，注册球员在人口占比中达到 2%。

2. 足球人口

足球运动员、注册球员、职业运动员从哪里来？他们是如何被选拔出来的？这就涉及另外一个重要的概念——足球人口。

关于足球人口，国内外没有统一的判断标准。借鉴“体育人口”的概念，大致可以这样认定：每周参与足球活动的频次为2次或2次以上，每次不低于30分钟。显然，在中国，18~64岁的成年人群中大部分达不到上述标准。事实上，有关调查显示，中国80%以上成年人达不到体育人口的标准，大部分处于运动不足的状态。

3. 儿童青少年的体育活动时间

依照中国教育部门的规定，中小学每天1小时体育活动时间是基本要求。因此，按照这个要求，中小学生应该能达到体育人口的标准。但是，中国教育科学研究院体育卫生艺术教育研究所的调研显示，50%的中小学生达不到这个标准，即校内活动时间不足1小时。同时，按照国家体育与健康课程标准的规定，每个年级都要开设体育课，且田径、体操、篮球、排球、足球、武术以及游泳等都是必须开设的课程内容。基于此，大致推断出两个结论：其一，中国的儿童青少年，大部分体力活动不足；其二，中国的儿童青少年，几乎都不是足球人口。

从上面的分析可以看出，中国足球运动员的选材，其基础是极其薄弱的。改变这个局面最直接、有效的办法是，首先应设法保证中小学生的体育活动时间，让儿童青少年健康成长，让其身体素质、运动能力得到充分的发展。在此基础上，鼓励更多孩子参与足球活动，提高足球人口数量，让有足球天赋的儿童青少年有机会展现运动才能。这正是推进校园足球最重要的目标。这个目标实现了，优秀足球运动员的选材基础就变得广阔、厚实。

依照新的校园足球规划，到2025年要建设5万所校园足球特色学校。这就意味着，以儿童青少年为主体的足球人口将超过3000万。这将是一个巨大的优秀足球运动员选拔的来源地。

事实上，推进校园足球的目的之一，就是通过“广泛普及”的方式，迫使学生走到足球场上去参与体育活动，在足球场上展示才华。这个时候，足球专家和体育教师的共同任务，就是通过科学的手段，找出有天赋的足球人才和足球天才。

以往之所以找不到11个会踢球的高水平足球运动员，是因为可供选拔的足球人口基数太小。一些有天赋的足球人才，被迫在室内写作业，没有机会展示他们的运动天赋，也没有机会被发现，错过了最佳发展期，潜力难以发挥，最终导致能力永远达不到最高水平。

足球发达国家早就积累了一系列有特色的足球运动员培养路径，形成了德国模式、英国模式、意大利模式、日本模式、韩国模式。与他们相比，我们至今还没有探索出一条符合国情的足球发展模式。

相信校园足球真正健康发展起来后，足球人才的涌现将是水到渠成的事。

（五）遏制急功近利的不良倾向

由体育部门主导的校园足球，从 2009 年到 2014 年，只用了短短 5 年时间就从轰轰烈烈到冷冷清清。导致这种结果的根本原因，就是急功近利。全国各地以培养精英为目的的足球学校遍地开花，且收费昂贵，结果因成才率低，不到 5 年几乎全部关门。在全国 46 个城市进行校园足球试点，在全国中小学校建立了 2200 多所校园足球定点学校，每所学校建立一两支足球队，开展足球训练和比赛。由于加入运动队的人员少、学习成绩差、竞技水平不高、成效差，最后成了体育部门足球改革的“鸡肋”，仅能起到装点门面的作用。每年用于校园足球的经费约 4500 万，只能勉强支撑校园足球的竞赛，对普及工作难以顾及。这导致校园足球生态环境差，校园足球成为游离于学校教育的少数人的活动，难以形成足球发展的文化氛围。

为了扭转这种不可持续的发展状况，以教育部为主导的新时代校园足球，遵循习近平总书记关于中国足球发展要“久久为功、功成不必在我”的重要批示，进行了科学规划。

总体而言，新时代校园足球规模更大、基础更厚、经费更多、目标更明确、规划更加久远。具体来说，新时代校园足球，将在全国所有省、区、市开展。到 2025 年将在全国中小学校建设 5 万所校园足球特色学校，逐步提高儿童青少年群体中的足球人口，足球人口力争达到 3000 万，设立校园足球财政专项，每年经费投入不少于 3 亿。

这种设计是否冒进，是否影响其他体育课程内容的教育教学？回答是否定的。

目前我国全国中小学校总数约 25 万所，因此，3 万 ~5 万所中小学校开展校园足球，并不是不可能实现的目标。另外，校园足球特色学校并不是只开展足球运动。每周 1 节足球课、每周 2 次足球大课间活动，就可以保证达到足球人口的最低标准。中小学生在校每周总的体育锻炼时间最低为 5 小时，除去足球，仍然有 4 小时去完成体育与健康课程标准规定的任务，用于学习其他必要的体育技术技能。

推进校园足球的一个重要策略是，“足球为先，引领篮排，多元特色，整体推进”。

（六）发挥游戏和竞赛的独特作用

新时代校园足球要面向全体学生。体育课、大课间活动、课外体育活动、课余训练、足球竞赛，这些都是校园足球的重要形式。推进校园足球，建立校园足球的发展模式，同时要完成的一个任务是改革当下的学校体育。有调研显示，在学科认同方面，众多中小学生喜欢体育，但不喜欢体育课。这是一个悖论。难道中小学中的体育活动不是体育，体育教师实施的体育课与学生期待的体育不是一回事？

深度考察中小学校的现状，不难发现，现在的学校体育已经被碎片化了。其表现，一是体育学科与其他学科隔离，二是体育课、大课间活动、课外体育活动、课余训练等相互隔离、各自为政、互不联系。

当下的学校体育，不知不觉中形成了一种固定的思维：体育课是教知识、教技术的，大课间活动是做操的，课外体育活动是兴趣活动，课余训练和竞赛是专业培养。作为学校体育的核心——体育课形成一个固定的、程式化的套路，忽视学生的感受，不考虑学生的学习需求。

基础教育阶段，体育学科的基本要求是要学习并掌握可以终身受益的 1~2 项体育技能。但是，从技能学习规律的角度看，现在这种碎片化的体育学习形式，不可能支撑这项任务的完成。

游戏、竞赛是体育的核心内涵。因此，新时代推进校园足球，以游戏、竞赛这个主线来串联校园足球的各种活动，打破现在各自为战的格局，为学校体育的改革积累一种可以复制、借鉴和推广的模式，要把真正的体育还给学生。

事实上，除了满足儿童青少年的心理需求，游戏、竞赛更是实施人格教育的重要手段。

四、校园足球制度体系建设

科学合理的制度体系是校园足球可持续发展的重要保证。2009 年由体育部门主导的校园足球之所以没有取得成功，重要原因之一就是没有构建良好的制度体系，没有形成完善的体制机制和规范标准。新时代校园足球工作，必须关注制度体系的建设。

（一）组织领导与管理

新时代校园足球由政府主导，政府各相关部门协同参与组织领导与管理，共同承担推进校园足球的责任。在国家层面，由教育部承担校园足球的主管责任，负责校园足球的统筹规划、宏观指导和综合管理。2015 年 1 月，根据党中央、国务院工作部署要求，为推进全国青少年校园足球工作，经国务院同意，由教育部牵头的“全国青少年校园足球工作领导小组”成立。

国家层面的其他机构还有国家发展和改革委员会、财政部、新闻出版广电总局、体育总局、共青团中央。自上而下，从国家到地方，各级政府的各相关机构同时参与推进本区域校园足球的组织领导和管理。

不同机构在推进校园足球发展的过程中责任各不相同。发展改革部门的职责是：负责统筹场地设施的规划与实施。财政部门的职责是：负责制定推动校园足球工作的相关支持政策。宣传部门的职责是：加大宣传支持力度，统筹营造社会舆论氛围。体育部门的职责是：发挥人才和资源优势，加强技术指导、行业支持和相关服务。共青团系统的职责是：负责组织或者参与开展校园足球文化活动。

（二）整体布局与推广

扩大足球人口，让更多的儿童青少年参与到校园足球活动中，接受足球教育，这是校园足球的基础工程，也是中国竞技足球扩大优秀运动员选拔范围的重要保证。

依照《中国足球改革发展总体方案》的要求，到2020年，校园足球特色学校达到2万所，到2050年达到5万所。据统计，2019年底，教育部已在全国建成了2.7万多所中小学校园足球特色学校，粗略推算，足球人口达到2700万。除此之外，校园足球的基础工程，已布局160个校园足球试点区（县），建设38个校园足球改革试验区，设立80个校园足球“满天星”训练营，确定181支高等学校举办高水平足球运动队。

到2025年，建设完成5万所校园足球特色学校以后，这些学校将成为5000万足球人口的重要聚集地，更是大范围选拔具有足球天赋青少年人才的资源库。

足球要从娃娃抓起。科学研究显示，儿童运动生活方式的培养，优秀足球运动的启蒙教育，从儿童时期就开始效果更好。因此，推进校园足球有必要在全国幼儿园布局足球特色幼儿园，引导儿童从小热爱体育、热爱足球，养成健康的生活方式。

（三）竞赛组织与创新

动员、引导儿童青少年积极参与校园足球，最好的办法应该是从以下各方面做起。

足球特色幼儿园，要按照相关规定保证儿童每天不少于2个小时的户外活动时间，其中体育活动时间不少于1个小时。利用足球，组织儿童开展趣味性学习、集体性游戏，促进儿童身心健康发展和成长。

中小学阶段，重点构建适合所有学生参与的校园足球校内比赛制度。要打破思维定式，对学校体育的各种活动形式进行整体设计，实施时空重构。在各个时间、空间都可以安排教学、训练和竞赛等活动，例如，体育课上可以组织足球比赛，课外活动时也可以进行技术、技能教学。因此，校内比赛制度，一方面要覆盖全部体育活动时空的各种形式的游戏性、对抗性、竞争性比赛；另一方面要制度化的班级赛事、年级赛事。

从小学四年级开始，组建不同年龄组的学校足球代表队，开展课余训练，代表学校参加校际的比赛。在此基础上，组建区域性足球代表队，分别参与县级、地（市）级、省级、国家级比赛。在比赛中，发现、训练、选拔有潜力的优秀足球人才。

从国家层面，创建小学、初中、高中和大学四级互为依存、结构清晰的联赛体制，完善教育系统青少年足球赛事体系。通过 9 年到 12 年的努力，逐步把教育系统的四级联赛打造成为全国青少年足球水平最高的赛事。未来的高中联赛、大学联赛将成为全国影响力最大的足球赛事。协同体育部门，办好青少年足球赛事和足球职业俱乐部后备队伍的赛事。要组织所有儿童青少年参与比赛，要彻底改变竞赛只为少数人服务的局面。

（四）师资培训与培养

到 2025 年要在全国建设 5 万所校园足球特色学校，每所学校都要开设足球课，学生每周上 1 节足球课，同时要组织各种足球训练、竞赛活动。这个计划对现有中小学的体育师资配置具有巨大的挑战。

1. 依据相关测算，到 2019 年底，全国中小学体育教师缺额约 15 万，尤其是小学阶段，专职体育教师缺额明显。在现有专职体育教师中，有足球专业背景、曾在师范院校选择足球专项的比例不足 10%。因此推进校园足球，最急迫的任务是对现有体育教师进行大规模的足球培训，以保证足球教学能够组织起来。

2. 新时代校园足球的理念与以往不同。众多校长对此了解不多、理解不深。因此，要想真正面向全体学生推进校园足球，必须转变校长的观念，提高校长的认识。重要的是要教育校长，因为校长掌握、支配学校的资源，只有校长的认识提高了，才能保证校园足球的顺利推进。

3. 校园足球的推进，还需要大量的教练、裁判员，这是保证校园足球可持续发展的基本条件。与体育教师相比，裁判员、教练的专业性更强，对他们的要求更高。但从目前的调查来看，持有相关资格证书的体育教师很少，这既不能满足当前需要，也不能满足校园足球大规模推进的需要。解决办法有两个：一是委托体育部门，在短时间内大量培训低级别的教练、裁判员；二是制定教育部门自己的教练、裁判员等级标准，以适应当下的基本要求，培养校园足球各等级教练、裁判员。

校园足球的推进是一个长远的计划。因此，要通过扩大高校的招生总量，在体育学院建立足球学院，在师范院校设立足球系或者强化足球专项教学，培养大量的有足球专业背景的体育师资，以满足校园足球发展对师资的需求。

（五）教学安排与变革

体育课堂教学是学校体育的重要阵地。对校园足球特色学校的基本要求，是每周 1

节足球课。这是推进校园足球发展的最重要措施之一。虽然涉及师资问题，但更紧迫的是要构建足球课程内容，系统设计从幼儿园到小学、初中、高中的教学计划。要利用现代信息技术，制作课堂教学示范视频，引导全国校园足球特色学校开展系统的教学。

足球技能的掌握是评价教学质量的尺度。为激励学生的学习积极性，研制面向普通学生的足球技能等级标准。

各省、市、县体育教研部门为指导单位，组织各学校开展提升足球课质量的教学研究，推出一批优质足球课示范课。

事实上，推进校园足球的普及和发展，仅凭上足球课是远远不够的。要打破课内、课外的界限，要将大课间活动、课外体育活动、课余训练与竞赛等统一起来进行整体设计，在所有的时间、空间内，协调安排教学、训练、竞赛。

（六）人才发现与培养

通过广泛开展的校园足球，发现优秀足球后备人才是校园足球的重要任务之一。有了2000万甚至5000万足球人口，再通过科学的手段选拔出有天赋的足球人才、足球天才，意义深远。这在全世界也绝无仅有。比较迫切的是，需要引进和研制优秀足球运动员的评价标准，打造中国足球的“球探系统”，确保真正有潜力的人才不再被埋没。

通过校园足球的竞赛体系，从小学开始发现一批有潜力的优秀后备人才，将他们纳入青训体系，接受系统的足球专业训练。为保证训练的系统性和人才队伍的稳定性，还必须构建小学、初中、高中到大学的稳定的人才流动渠道。这些人才，从高中开始分流，一是进入职业体系，二是进入高等学校，形成中国未来两股相互竞争、相得益彰的高水平足球力量。

（七）文化建设与引导

在传统的社会认知里，足球运动是粗鲁的，足球运动员的名声也不是很好。这种负面印象对于推进校园足球是不利的。在现代社会，任何一项运动都是在规则之下的公平竞争。推进校园足球，还需要重点解决文化建设问题。要把足球运动中的粗鲁野蛮排除在运动之外，把培养足球绅士、足球英雄放在重要地位。这是保障校园足球具有持久生命力的精神与文化源泉。

首先，推进校园足球必须从一开始就实施系列的足球礼仪教育和严格的行为规范教育。毋庸置疑，足球礼仪和行为规范教育在中国青少年足球运动中是严重缺失的。

正是因为缺失这种教育，又急功近利地追求竞赛成绩，才使得中国足球没有文化灵魂，给社会大众留下不良印象。在体育运动中，严格的礼仪活动和礼仪规范，规定的时间，严密的规程，完备的规则，等等，对于儿童青少年来说都是很好的教育素材，可以培养他们自爱、自尊和自信的意识，提高他们的规则意识、自我控制和自我约束能力。

其次，推进校园足球需要营造良好的校园文化氛围，创建具有中国特色的校园足球文化。在校园内，儿童青少年不仅踢球，还参与围绕足球开展的丰富多彩、生动活泼的艺术活动，如唱歌、写诗、朗诵、摄影以及书画等。在校外，组织开展广泛的足球交流活动，主动开展足球推广活动，加大对校园足球先进人物和示范学校的宣传；积极配合新闻媒体对校园足球活动进行宣传报道，整合社会资源，利用先进的信息技术手段，引导舆论方向，共同构建校园足球立德树人的整体生态。

最后，严格赛风赛纪，规范观众、家长行为，精心营造风清气正、文明和谐的竞赛环境，保证校园足球的教育形象，实现校园足球立德树人的根本任务和使命。

（八）综合保障与监管

推进校园足球的发展，需要依托举国体制的支撑。国家发展改革部门要将足球场地建设计划列入国民经济发展总体规划；财政部门要设立校园足球专项并列入财政预算；教育部门要在原有体育经费的基础上，增设校园足球专项经费预算，等等。

运动伤害是推进校园足球的重大障碍。教育部门要联合保险机构设立覆盖校内外足球活动的意外伤害保险救济制度，解除教师和家长的后顾之忧；建立运动伤害第三方调解机制，分担学校安全责任，化解学校与家长的矛盾；各学校要制定安全事件应急机制，实施安全教育，传授运动伤害防护技能，构建校园安全防控体系。

除此之外，必须健全校园足球综合评价体系。建立校园足球发展评价制度，研制校园足球特色学校建设标准，结合学校体育督导工作，开展校园足球专项督导活动，对校园足球的发展进行质量和绩效评估；开展校园足球课堂教学展示活动，对校园足球发展进行动态评估，定期向社会公示评估结果，主动接受社会监督。

总之，校园足球是一项有效改善青少年身心素质、夯实国家文化软实力根基、长远持久利国利民的国家战略性工程，需要全社会特别是主管部门与协作部门以及相关从业者对此有严肃、认真的态度，有科学、高远的认识，有打破陈规、敢于创新的勇气，有“久久为功、功成不必在我”的使命担当。

（中国教育科学研究院）

论新校园足球的本质与意义、新路径和新话语体系

毛振明

一、新校园足球的本质与意义

校园足球到底是为了什么？这是我们搞好校园足球首先要明确的。每位校园足球教师必须对校园足球的意义有深刻的理解。2014 年 7 月 11 日，习近平总书记就足球的改革与发展做出了重要批示，指出：要坚持问题导向，变压力为动力，下决心把我国足球事业搞上去。一是要改革创新，这是足球事业发展出路所在。要处理好举国体制与市场机制的关系，大胆推动领导体制和管理模式的改革与创新，勇于破除制约足球发展的体制机制障碍和利益藩篱，充分调动各方面的力量，努力形成充满活力的足球人才培养、组织管理、竞赛、市场开发、激励保障方面的体制和机制。二是要坚持从娃娃抓起，从基层抓起，从群众性参与抓起，抓好群众基础，夯实人才根基。特别是抓好青少年，既重视技术能力培养，又注重意志品质培养。三是要坚持抓细抓实，从基层建设、运动场所等基础性工作抓起。可行的措施要加快落实，尚需论证的要抓紧研究，认真扎实地把工作做起来。足球事业有其发展规律，实现振兴不可能一蹴而就，不能急功近利，追求短期出成绩，欲速则不达。要树立功成不必在我的思想，持续用力，久久为功，一步一个脚印，积小胜为大胜，通过不懈努力，推动足球事业不断迈向新台阶。有关足球体制改革的问题，可同中央改革办一起再深入研究，进一步明确思路措施，搞好顶层设计。

我们可以从总书记“711”批示中找到答案。总书记心中的“校园足球”应该是什么呢？《中共中央关于全面深化改革若干重大问题的决定》里有 23 个字：“强化体育课和课外锻炼，促进青少年身心健康、体魄强健”，这 23 个字就是深化改革的一项工作。该项工作为我们今后强化体育课改革提供了一个工作的突破口，给了一把划开应试教育藩篱的“尖刀”——校园足球，瞄准的是全中国孩子的身心健康和体魄强健。

二、新校园足球的“正确”与成果

新一轮校园足球工作自2014年启动，至2018年为校园足球发展的一个关键时期，从某种意义上讲，也处于发展的“十字路口”上。

当面对着新校园足球时，从一开始就对校园足球抱有期待的人们，会觉得现在应是一个有所收获的时期了，他们在用“都有了什么成果”的要求评价校园足球；从一开始就对校园足球抱有疑问甚至持反对态度的人们，会觉得现在应该是一个验证校园足球对与错的时期了，他们在用“都4年了，有什么成果”的要求检视校园足球；从一开始就参与校园足球的研究和指导的人们，会觉得现在应该出一些成绩了，他们在用“有什么成果可以总结”的要求审视校园足球；从一开始就加入“特色校”并进行了四年校园足球探索的人们，会觉得现在应该有更加明确的目标和有效的方法了，他们在用“至今我们的工作正确吗？以后该如何继续干”的期待环视校园足球……总之，凡是关心校园足球发展的人，头脑中都有着大大小小的期待和大大小小的问号。大家都在关注着校园足球的方向、目标、内容、方法与成果。从这个角度上讲，新一轮的校园足球进入了“中期考核”和“期中考试”的阶段。作为最早参与校园足球工作的人，作为一直在思考和研究校园足球的人，作为校园足球“国培计划”专家，作为曾随全国青少年校园足球工作领导小组及其办公室（以下简称“全国校足办”）前往内蒙古和山东调研校园足球工作的人，作为已经发表了5篇“论校园足球的顶层设计”系列文章而且仍在不断续写的人，在此就校园足球发展至今取得的成绩与今后如何完善发表一下自己的看法。

自新一轮校园足球工作开展以来，其工作内容和方法都体现着一种正确的思想认识和努力方向。下文中的“正确”保证了校园足球工作的实效和成果。我们要予以确认，予以坚持，初心不改，继续前行。

1. 把校园足球当作促进青少年身心健康突破口之正确

新一轮校园足球工作启动以来，从全国校足协到各级校足办以及各所特色学校都正确而坚定地把握了此次校园足球的初心，即把校园足球作为“强化体育课和课外锻炼，促进青少年身心健康、体魄强健”的抓手和突破口。作为“阳光体育运动”的内容，无论是针对局长、校长还是针对体育教师的培训班都把校园足球的意义上升到“中国梦”“国民素质教育”“青少年身心发展”“思想品德教育”“学校体育改革”“体育课程教学质量提升”“体育教师队伍建设”的高度去认识。在这样的正确认识下，虽然在校园足球发展中也存在“就足球论足球”“只盯足球不看体育”“只盯成绩不看教育”的倾向，但这绝不是全局性的。应该说，新一轮的校园足球一直走在“强健学生体魄”的正确道路上。

2. 用校园足球促进青少年竞技体育回归国民教育体系之正确

习近平总书记在 2015 年 2 月 27 日召开的中央全面深化改革领导小组第十次会议上发表重要讲话，在关于校园足球的指示中谈到，要坚持“举国体制和市场机制相结合”的问题，“要让校园足球、新型足球学校、职业俱乐部、社会足球等各种培养途径衔接贯通”。这是青少年教育和打破利益藩篱的问题。由此可以看出，新一轮校园足球其实担负着国家体育改革的任务。这项改革就是将国家的竞技体育逐渐从体育系统一家独办的“假举国体制”转变到教育系统内。基于这一点，为与 2009 年至 2014 年由体育系统主导的校园足球相区别，我将此次的校园足球称为“新校园足球”。新校园足球极大地调动了教育系统开展足球运动的积极性，全国校足办建立了包括内蒙古自治区、上海市、云南省以及广东省深圳市、山东省青岛市、福建省厦门市、湖北省武汉市、四川省成都市、河南省郑州市、甘肃省兰州市、山东省滨州市和吉林省延边朝鲜族自治州在内的 12 个地（市）级以上校园足球改革试验区，以及分布在全国各地的累计达 102 个校园足球试点区（县），完成了 20218 所校园足球特色学校的建立，培训了近 30000 名教育行政干部、中小学校长和体育教研员以及 23 万余名体育教师、足球教练。校园足球涉及学生几千万，按每校每班每周增加 1 节足球课的基本要求粗略计算，全国每学年增加 1500 万余节足球课。这不能不说是一个伟大的工程，足球运动如此发展其实正是竞技体育回归教育的体现。

3. 校园足球始终强调面向全体学生之正确

新校园足球始终把全体学生的发展和面对全体学生的足球教育放在了首位。足球大课间、足球全员运动会、全员足球联赛、全员足球基本功大赛等实践活动充分地证明了这一点。应该说，已经习惯和全面接受了素质教育“全体性”原则的学校教育工作者和学校体育工作者，要远比习惯了“精英人才培养”和“掐尖训练”的竞技体育工作者更适应“全体学生的足球”。新校园足球所做的工作绝大部分是面向全体学生的，这将是一个巨大的教育思想遗产，也是巨大的体育教育内容和体育活动方法财富。

4. 将足球文化融入校园文化之正确

新校园足球始终把足球与校园文化融合在一起，也就是把足球与全面发展教育融合在一起。全国校足办一直强调在学校开展以竞赛为内核的各种活动，各地也积极响应，足球大课间、足球全员运动会、足球基本功大赛等竞赛性活动脱颖而出，由于强调“每个学生都能参加”的全体性和“比赛”的竞赛性，以往死气沉沉的校园氛围焕然一新。校园足球的开展还有效、有形地促进了各学科的融合，足球大讲堂、足球作文竞赛、足球绘画展、足球泥塑展、足球剪纸、足球歌曲、足球剧、足球小电影等随处可见。在众多的足球特色学校中，足球成为体育文化的内核，体育成为校园文化的主体，足球比赛成为全体学生的期待，运动与阳光成为特色学校校园氛围的重要组成部分。

5. 建立校园足球上下互动、工作齐抓共管局面之正确

新校园足球启动以后，从国家到地方、学校迅速形成了上下联动、齐抓共管的良好态势。在传统的教育部顶层设计、整体布局中，各地教育部门布局特色学校、落实政策、制定细则、保障经费与人才等，特色学校则抓课程、抓活动、创经验、出特色，增加了国家与特色学校之间的直接互动，如特色学校校长的“国培”、足球教师的“国培”以及特色学校人员的海外培训等，形成了层层互动、上下联结的工作联动局面。毋庸置疑，此次校园足球的动员力和影响力都大大地超过了以往的任何一项学校体育工程，而且在校园足球的主管权转移到教育部门后，依然保持了教育部门与体育部门齐抓共促的局面，学校与社会力量、家庭的配合也更加紧密。

6. 狠抓足球专业管理和教学队伍建设之正确

新校园足球启动后，国家每年都进行校长和体育教师的培训，力度之大、范围之广、影响之深，可谓史无前例。此次校园足球培训，在人员方面的最大特点就是增加了“局长培训”和“校长培训”，这种培训相当于对校园足球指挥员的“战前动员”和“作战方案讲解”，极大地保证了校园足球发展的强大动力和正确方向，也起到了全面深入推动学校体育工作的作用，堪称推进学校体育工程的一个创举。此次校园足球培训，在内容方面的最大特点是“实”，相比以往体育“国培”，教师培训内容几乎都是足球课堂教学、足球训练、足球竞赛、足球裁判、足球活动组织、足球大课间等。在以往的体育“国培”中，培训者多是讲理念的课程专家、讲科研的教授，此次培训者多是有经验的足球教师、高水平的教练、国内高水平赛场上的裁判员，还有许多优秀运动员。过去的体育“国培”课程绝大部分是在教室中进行，此次校园足球的教师培训则大部分是在运动场上进行的，这既保证了培训的实效性，也保证了校园足球的技术基础和发展后劲，更促进了各种培训人才的挖掘以及各类技术人员之间的联动。

综上所述，新校园足球的正确方向和成果的最重要之处是坚持了足球教育意义的深远性、改革性、教育性、全体性和基础性等基本要义，这也是校园足球取得长足进步的原因所在。今后的校园足球发展也应不忘初心，牢牢把握新校园足球的本意，深入把握校园足球的正确内涵，保证校园足球的健康和可持续发展。

三、新校园足球的问题

新校园足球的“第一战役”结束时，我们还要查找问题和不足，以便为今后的工作提供深入的思考和借鉴。当下校园足球虽已取得显著的成绩，但是仍然存在一些问题，需要我们加以重视。

1. 偏离真义，初心偏离

中国教育科学研究院吴键研究员对校园足球的偏离真义有如下精准的归纳：“没有足球课”“一校一队”“金牌崇拜”“竞赛泛滥”“财力偏向”“遏制同类”“场地远离学生”。这些问题都与校园足球的“初心偏离”有着某种内在的关系：“没有足球课”是因为错把校园足球从课内为主变为课外为主；“一校一队”是各自为战，追求表面效应；“金牌崇拜”和“竞赛泛滥”是同根弊病，是旧足球道路遗留下来的思维定式和错误方法论；“财力偏向”则是上述错误方法必然导致的错误资源配置方式；“遏制同类”表现的是对校园足球突破口和榜样的深远意义毫无理解；而“场地远离学生”既有场地建设的无奈，更有对“初心”的有意远离。

2. 各自为战，统合不够

在新校园足球启动之后，全国积极响应，各地的校园足球工作显示了巨大的创造性和活力，很多工作内容充满新意，但也让人感到这些工作比较离散、杂乱。具体表现在：省里决定的事情到了市、区好像就没有了踪影，少了下文，市、区决定的工作到了学校也少见具体的实施方案，而市、区和学校所做的工作也未必都是按照省里的布置和计划进行的，省、市、区、学校都在各自发力，各自创新，各自为战，上下联系不够，统合工作不足，系统推动力不强。究其原因，可能是顶层设计不完善，上层方针政策落实不到位，基层成果缺乏总结提炼、有效推广。

3. 制度滞后，机制不活

要形成校园足球稳定的改革和工作动力机制，要使校园足球健康、持久地发展下去，要让新校园足球不沦为“大跃进”和“一阵风”，就必须将校园足球的制度建设做好。但是，从目前的情况来看，校园足球的制度建设有些滞后，如当前急需的课程实施与考核评价制度，教师的培训上岗制度，教师引进和外聘教师代课资格的认证制度，各级学生足球竞赛与保障制度，实验学校足球经费和器材支持制度，实验学校评价考核、新增及退出制度，足球人才升学输送制度，教练的资格与工作保障制度，等等。当前这些制度或不完整，或不细致，使得校园足球因缺乏制度保障而显得热闹有余，但持久动力不足。

4. 资源不足，难惠基层

从全国的情况来看，虽然国家和部分省级单位增加了对校园足球的经费投入，其总额听起来不小，但平均到实验学校就变成杯水车薪，更不用说惠及全国所有学校了，而且据了解，这些经费因各种原因还没有拨付到实验学校，支持政策也不明确，保障制度更没有到位。因此，大部分实验学校还是在以往的经费、政策、制度下工作。这势必难以形成长久的工作动力，也难以形成高质量的工作创新。这可能也是我们在调研中会看到许多“小打小闹”层面的工作创新，而鲜见具有顶层设计意义的工作创新的深层原因。

四、新校园足球的新路径

1. 特色学校的“线与面”和“上与下”

校园足球最为显见的成果是经过三轮建立了 20218 所国家级特色学校，规模之大、速度之快、动员力之强，可谓史无前例。于是，校园足球迅速有了“基干队伍”，有了“冲锋队”，更有了“学校责任落实”。但是在这 20218 所特色学校构成了一个巨大的“面”时，也让人感到这里的“线”尚不够清晰。所谓“线”是指特色学校“上下学段”之间的升学关系。如果 10022 所小学特色学校和 7111 所初中特色学校，甚至 3085 所高中特色学校之间没有足球特长学生升学的联系，那么，处于相对低一级学段的特色学校足球特长学生的积极性就会受到影响。如果一个地区特色学校在各学段的比例、所在位置、学校之间的联系方面没有整体的布局，那么这个地区的特色学校就是无序的和散点的，这个地区小学、初中、高中贯通的“足球人才培养的一条龙”就难以出现。毕竟在当前应试教育倾向还相当严重的大形势下，利用“升学需求”来保障校园足球的“动力机制”是很有必要的。

要坚持“踢好足球，上名大学”的策略，加强名牌大学的特色学校布局，然后从大学辐射高中，高中辐射初中，初中辐射小学，自上而下地进行特色学校的“签约式”布局，利用“升学”的纽带去“串联”或“并联”各学段的特色学校，从而形成充满活力、动力和联动力的“校园足球特色学校网”。

2. 笼统的“全体性”与分层的“全体性”

新校园足球以“面向全体学生”为己任，这无疑是十分正确的，但这是一项艰巨的工作。怎么理解“全体学生”？怎么做到“面向全体学生”？如果只把“全体学生”

笼统地、简单地理解为全部学生、全校学生，那么就一定会遇到如下问题：（1）学习足球和学好足球是一回事吗？（2）每个学生是不是都愿意学好足球？（3）怎么看待有的同学虽是球迷但是不喜欢踢球？（4）是不是每个学生都能学好足球？（5）该不该要求每个学生都学好足球？（6）足球教师和足球场地不足的问题如何解决？（7）让每个学生都学好足球的课该怎么上？（8）努力抓好足球运动队训练是不是违反“面向全体学生”的原则？

校园足球要面向全体学生，但这个“全体学生”应该有三个层次：（1）本来意义的全体学生，即让100%的学生都接触足球、了解足球、体验足球、理解足球和掌握足球运动最基本的技能，喜爱足球并能观赏足球；（2）真正喜爱足球的全体学生，约占30%，即让这部分学生比较深入地学习足球，让他们通过系统的足球课程学习和练习，成为擅长足球、一生热爱足球并将其作为终身体育第一选项的足球人口；（3）各方面都适合踢足球的全体学生，即再让5%~10%的学生通过更加系统的足球训练，使他们的足球技战术和技能提高，将他们培养成为“在校时为校争光，走出校门为单位、地区乃至国家争光的优秀足球人才”。如果我们能够这样分层次地理解“全体性”，那么一是对足球操的疑惑就可以解决，因为那是100%的学生体验和认识足球的过程，本来就是初步和基本的内容；二是抓好一部分学生参加班级联赛的意义就清楚了，因为那是喜爱和渴望足球的学生提高技战术所需要的，比赛必须与教学并进；三是抓好少部分学生足球训练与比赛的目的也清楚了，那就是提高和“掐尖”，多投入些时间和经费是必要的。如此，理解不同层次的全体性就可以解释和解决当前校园足球许多理论和实践上的疑惑和问题。

3. 足球的普修课、选修课与专修课

新校园足球发出了“每周上一节足球课”的号召，这无疑是一个很好理解、执行、评价的“面向全体学生的特色学校的足球课程方式”。但是，“每周上一节足球课”也有理论和实践上的问题：谁来上那么多的足球课？足球教师够吗？教师水平参差不齐和各种条件限制，足球课能上成什么样？如何面对学生的个体差异？不愿学足球的学生会嫌课多，愿意学的学生会嫌课少，等等。

我们认为：“每周上一节足球课”应该逐渐发展成为面向3个“全体性”的3类足球课程，即（1）普修课，让100%的学生学习足球知识，以了解足球、理解足球，让学生通过体验性的学习体会和体验足球，并掌握足球运动最基本的技能；（2）选修课，让约30%真正喜爱和渴望足球的学生在走班制的足球课中深入地学习足球，通过系统的足球学习和练习，成为一生热爱足球，甚至将足球作为终身体育第一选项的足球人口；（3）专修课，让5%~10%非常适合踢足球的学生通过系统的训练，精湛地掌握足球的技战术和技能，将他们培养成为优秀的足球人才。

4. 正确的足球比赛与偏误的足球比赛

在新校园足球启动以后，全国校足办就一直非常注意振兴学生的足球竞赛，大力提倡举办各种足球比赛。但是，由于个别学校对比赛的认识有些笼统，部分学校因为过多的比赛受到了质疑和批评。我们应该如何看待各种足球比赛，如何看待足球比赛的多与少呢？可以参考以下标准：

（1）面向全体学生的比赛越多越好，面向少数学生的比赛要适量；

（2）与课内足球教学相联系的比赛越多越好，与教学联系不密切的比赛要适量；

（3）能激发学生长久关注的系列性比赛越多越好，一次性比赛要适量；

（4）与校园文化建设存在内在关联的比赛越多越好，意义单一的比赛要适量；

（5）有学科融合意义的比赛越多越好，就足球论足球的比赛要适量；

（6）简易、小型、便利和节约的比赛越多越好，大型豪华的比赛要适量；

（7）教育意义强的比赛越多越好，非教育性甚至违反教育性的比赛要谨慎。

5. 体育足球与教育足球

我一直愿意直接称新一轮校园足球为“新校园足球”，这是因为自 2014 年开始的校园足球确实有诸多变化和新意：有由教育部门主导的管理机制的“新”，有更加面向全体学生原则的“新”，有与学校课程相融合的课改意义的“新”，有作为学校体育改革和学生体质增强突破口的“新”，有与校园文化共建意义拓展的“新”……，而最为重要的“新”则是更加重视足球教育意义的“新”。过去由体育系统主导的校园足球有着更强的“体育足球”特性，而由教育系统主导的新校园足球则必然体现出更多的“教育足球”特征。因为，在教育系统长达数十年推进素质教育的作用下，在近 10 年对“立德树人”教育目标的追求中，在瞄准培养学生核心素养和体育核心素养的新一轮课改中，校园足球的教育性必然被深度地理解，受到高度重视。

但是，我们也要认识到，在长期“体育足球”的影响下，新的“教育足球”的建立也不可能是一蹴而就和一帆风顺的。因此，必须更加强调校园足球的教育性。例如，校园足球的各种比赛应明确叫作“教育性足球比赛”。比赛的程序、内容更有教育性，将社会主义核心价值观教育落实在比赛的程序中；球场的氛围更有教育性，有更多“立德树人”的标语口号、更多的教育性歌曲和视频插播等；裁判员的判罚要有教育性，要比其他的体育比赛更加公正，对舞弊现象的处罚更加严厉；参赛教练和参赛队员的言谈举止要有教育性，他们的行为必须更文明、更礼貌、更友爱、更体现尊师爱生；观赛观众的言行要更有教育性，普通观众要拿到“参加教育性足球比赛须知”，利益相关家长要签“参加教育性足球比赛协议”，以严格规范其观赛行为，形成教育合力，等等。同理，其他校园足球活动都应如此地强调教育性。

6. 足球人才的资源开发与资源共享

无论是面向全体学生的校园足球，还是每周开 1 节足球课的校园足球，都必然面临足球教学和训练人才的严重缺乏。因此，从新一轮校园足球伊始就把足球教师的培养和培训当作重要工作。据不完全统计，现在全国普通院校和体育院校成立足球学校的超过百所，成立足球高水平运动队的有 153 所，每年招生人数达千余人，自 2014 年国家级校园足球专项培训开展以来，已培训体育教师和足球教练达 23 万人，外派出国培训达 1100 余人。从工作量和培训的人数来看，这已是巨大的成绩。但是，这些培养和培训的教师仍然是杯水车薪，而且还受培养足球人才需要时间、远水不解近渴、受训教师足球技战术基础差、短暂培训效果不佳等因素的困扰。同时，社会上足球人才大量闲置、校内足球人才利用不足的现象也十分严重。

为此，我建议学校要进行外部足球人才资源开发，通过任教制度的创新，将社会上的足球人才以不同的方式引进学校，依法依规地让他们担任足球的教学、训练、课外管理、竞赛组织、裁判等工作；而学校的内部要推进足球人才的资源共享，通过教师跨校上课和薪酬制度的创新，让有限的优秀足球人才在学区范围内多校上课，同时利用“×××足球工作室”的制度，形成以某位优秀足球教师为核心的成长团队，通过区域内教学示范、师傅带徒弟、集体备课、研制校本和区本教材、教学评价督导总结、组织区域竞赛等方式，充分发挥优秀足球教学训练人才的作用，不要让他们困在一个学校的小天地中。校园足球面对足球人才奇缺问题，应该有针对性地落实“以人才使用效率换人才等待时间”的战略思想和相应的方法论。

五、新校园足球的新话语体系

在讨论新校园足球时，大家的思维和话语还停留在比赛、名次、成绩、队员、教练、装备等方面。我认为我们应该换一种话语体系，并通过这个话语体系去改变我们的思想、态度、工作。我推荐多使用以下的话语去谈论新校园足球。

我校有多少学生更加喜欢足球运动了，更加喜欢足球课了，他们又通过足球热爱上了体育，热爱上了体育锻炼，请听他们如是说……

本地区有多少学校举办了全员足球比赛，每个学生参加了多少个足球基本功的比赛项目，每个学生参加了多少分钟的足球比赛，他们热情高涨。

我校邀请学生家长观看了全员足球比赛，大概有多少家长观看了学生的比赛，他们兴趣盎然。

我区的 A 学校和 B 学校借鉴先进的足球课程理念，结合本校特点形成了独特的“足球+X 的课程”及与其相匹配的“××足球教学模式”，教学质量明显提高。

我省所有的实验学校都有自己的校本教材和校本训练大纲，这些实验学校在省教研室的组织下今年进行了多少次“实验学校校本足球教材与校本足球课余训练纲要专题交流研讨会”，××学校的校本教材和训练大纲还被全国校园足球研究中心收录和介绍。

我区有多少所学校编辑了自己的《足球弟子规》，形成了独特的足球教育经验，还有很多学校征集了学生的足球故事，拍了小电影，这些作品很典型、很感人、很走心。

我市 A 初中、B 高中和 C 大学在教育局的支持下结成了“足球人才培养输送合作体”，在不违反国家升学考试基本制度的前提下，进行了大胆的制度创新，摸索出了一条足球人才层层输送的新路径。

我市有多少所学校动员了有足球特长的家长，在学校里组成了“足球爸爸会”，让这些爸爸参与学生的课外足球训练。家长们还参与了部分学生外出比赛的指导与管理，既加强了亲子互动，又解决了足球指导人员不足的问题。

今年电视台转播了多少场本市的学生联赛，介绍了多少个足球教学改革经验实例，宣传几次全员运动会和全员足球比赛，收视率创新高。

我区已有多名足球运动员因为文化课学习太不努力或违反学校纪律和体育道德规范，被所在学校责令退出足球队的训练。

综上所述，新校园足球启动以来，无论在推动学校体育整体改革还是在青少年足球普及方面都取得了令人称道的进步，我们有理由为其点赞。但是，我们应该认识到：中国社会中的应试教育倾向和轻视体育是“冰冻三尺非一日之寒”的，而“指尖式的锦标主义”思想在多年“传统举国体制”的影响下也可谓“根深蒂固”；足球教师的严重匮乏和体育教师专业化水平不高也是多年积累的问题；足球场地器材的严重不足更是多年的“教育投资欠账”所致；学校足球教学内容枯竭和学生竞赛与活动形式单调是多方面影响因素的“合力效应”……校园足球在短时间内面临种种困难是再正常不过的事情了。越是困难，就越是要“出奇招”和“放大招”，进行“非对称性的工作”。

（北京师范大学）

关于全国青少年校园足球特色学校建设发展中若干问题的思考

刘海元

自2014年9月教育部牵头管理全国青少年校园足球（以下简称“校园足球”）以来，全国各地各校积极贯彻落实党中央国务院的决策部署，在有关部委的通力合作下，校园足球改革在组织领导、政策体系、教学改革、特色示范、竞赛联赛、师资队伍、经费投入等方面积极探索，不断创新，取得了重要的阶段性成果，为今后的发展打下了良好的基础。

当前校园足球的普及发展体系基本形成，校园足球建设主体内容逐步明确，保障体制机制不断健全，基础条件建设不断加大，普及程度大大提升，在学生中的综合影响力越来越强。这些为校园足球中长期改革发展开了个好头，为中国足球的改革发展奠定了基础。但是，总体来看，校园足球还处于起步阶段，“身板”还很薄弱。在校园足球工作取得阶段性成果的过程中，作为发展主体力量的校园足球特色学校发挥了重要作用，尤其是在普及足球运动、开展足球教学训练、组织足球竞赛、培养足球苗子、加强足球条件建设、探索学校体育改革等方面做了大量工作。可以说，没有校园足球特色学校的努力工作，就没有现在校园足球发展的良好局面。但是，据笔者在平时调研、访谈和为全国校园足球特色学校校长及骨干师资的国家级培训实践中了解到，全国有不少校园足球特色学校在建设发展方面还存在一些问题，比如：认识不清、定位不准、职责不明、质量不高、重申报轻建设等。如果这些问题不能及时解决，将给全国校园足球特色学校的建设发展带来隐患，校园足球的路子可能会走偏，影响全国校园足球工作和我国足球事业的改革发展。

为进一步加快推进校园足球的普及发展，加强校园足球特色学校内涵建设，提升校园足球的发展水平，本文将从校园足球特色学校的名称由来、概念、遴选、目标任务和主要建设工作等方面来阐述如何进一步加强校园足球特色学校的建设发展。

一、校园足球特色学校名称的由来

“校园足球特色学校”这一词语最早是在2014年11月26日由国家教育体制改革领导小组召开的“全国青少年校园足球工作电视电话会议”上出现的。会上，时任教育部部长袁贵仁在发言中提出：“在广泛开展校园足球的基础上，重点扶持各地涌现出的足球特色学校，以点带面推动校园足球的普及”；进而时任国务院副总理刘延东在重要讲话中再次提及特色学校，她强调，以特色示范引领普及。在现有5000多所定点学校的基础上支持建设20000所校园足球的特色学校，建设200个高效、高水平的足球运动队，示范带动校园足球的普及和推广。这是最早向社会传递开展校园足球特色学校建设工作的会议。在国家有关的正式文件中，特色学校首次出现于2014年12月26日《教育部办公厅关于做好全国青少年校园足球特色学校及试点县（区）遴选工作的通知》（教体艺厅函〔2014〕46号）中，而后在2015年3月8日《国务院办公厅关于印发中国足球改革发展总体方案的通知》（国办发〔2015〕11号），2015年7月22日《教育部等6部门关于加快发展青少年校园足球的实施意见》（教体艺〔2015〕6号），2016年4月6日国家发展改革委、国务院足球改革发展部际联席会议办公室（中国足球协会）、体育总局、教育部共同编制的《中国足球中长期发展规划（2016—2050年）》，2017年5月15日《教育部办公厅关于做好全国青少年校园足球特色学校复核的通知》（教体艺厅函〔2017〕27号），2018年3月12日《教育部办公厅关于加强全国青少年校园足球特色学校建设质量管理与考核的通知》（教体艺厅函〔2018〕18号）等系列文件中，其内涵和要求逐渐丰富。

（一）校园足球特色学校提出的背景——定点学校

教育部在管理校园足球时，为什么要提出特色学校呢？这与国家体育总局牵头管理校园足球时的“定点学校”有关。2009年4月14日，国家体育总局和教育部联合下发了《关于开展全国青少年校园足球活动的通知》（体群字〔2009〕54号），该《通知》的实施方案中提出要在全国一些足球基础较好的城市进行布局，这些城市称为“布局城市”，比如北京、天津、太原、石家庄、沈阳、大连、延边、南京、武汉、青岛、广州、梅州等，由2009年全国44个城市发展到2013年底134个城市，在这些城市里选择一些条件较好的学校作为足球重点学校推广普及校园足球，这些学校被称为“定点学校”，定点学校由2009年最初的2023所扩展至2014年的6326所，而实际开展校园足球工作的有 5000 多所。

2014 年 2 月教育部准备接手管理校园足球时，对 2009 年至 2014 年初由国家体育总局管理的校园足球进行了调研、总结和梳理。在盘点校园足球定点学校时，部分专家对是否沿用“定点学校”这个名称有些看法，主要观点有：一是要给予肯定，要充分借鉴国家体育总局采用定点学校推广普及校园足球的思路，对条件好、意愿强、有能力的学校应重点支持；二是要根据教育系统的习惯给新的受支持的足球重点学校重新命名；三是原“定点学校”从名称来看，有固定不变的意思，而将来新的受支持足球重点学校应该能动态调整，办得好将得到支持，办得不好将不再支持。但是，在 2014 年 2 月至 8 月教育部体育卫生与艺术教育司组织专家起草的《国家青少年校园足球发展规划纲要（2015—2025 年）》（以下简称《规划纲要》）初稿中，还是沿用了“校园足球定点学校”的名称，而在 2014 年 9 月初对起草的《规划纲要》初稿文件再次修改时，则将“校园足球定点学校”改为“校园足球示范学校”，意欲在全国的优质学校中着手布局和推广足球运动。在 2014 年 9 月 4 日教育部领导向国务院汇报工作时，在会上教育部领导提出了“校园足球特色学校”这一名称，并将文件中的“校园足球示范学校”改为“校园足球特色学校”。

（二）采用“校园足球特色学校”名称考虑的因素

采用“校园足球特色学校”这一名称，主要有以下考虑：一是体现自主性。即校园足球特色学校不是政府硬性规定的，是学校自己创造出来的，是地方对有足球基础的学校给予支持，推荐出来的。二是体现动态性。即校园足球特色学校是可以命名挂牌的，如果地方和学校做得很好，可以挂牌，而如果成为校园足球特色学校却不努力，水平上不来，也是可以摘牌的。三是体现推广性。校园足球特色学校建设成功了，有了经验，将来可以将这种做法推广到校园篮球特色学校、校园排球特色学校等。四是体现教育性。校园足球定点学校是国家体育总局管理时对校园足球学校的称谓，突出体育特点，但教育性不够；校园足球示范学校具有教育特点，但是与当前基础教育均衡发展形势不一致，采用示范学校的名称在社会上容易引起歧义，引发对教育不公平和不均衡的猜想；而校园足球特色学校的名称比较中性，不仅具有教育特点，而且比较新颖。自此以后，无论是文件还是讲话，都统一将校园足球学校称为“校园足球特色学校”。

二、校园足球特色学校的概念

特色学校最初于20世纪80年代在英国兴起，继而美国、新西兰、瑞典和日本等国家以及我国台湾地区也进行了特色学校的探索和尝试。我国基础教育因过去长时间投入不足，走了一条抓重点、搞示范、再均衡的发展道路。当前我国教育基本要求是公平化、均衡化、优质化，特别是对义务教育学校要以县城为单位进行均衡发展的验收，从而推动全国义务教育学校均衡发展。也就是说，通过均衡教育资源配置、提升学校办学条件、加大对薄弱学校的支持，从整体上提升区域教育质量，为学生们创造公平的教育机会。在我国基础教育均衡化的过程中，国家也推崇办学多样化、差异化和特色化，给予学生多样化的教育选择和满足学生个性化的发展需求。因此，在国家基础教育均衡发展战略下，各级各类、各种各样的特色学校开始涌现，而校园足球特色学校也正是在这种基础教育鼓励特色发展的主旋律下应景而生。

（一）校园足球特色学校的概念探讨

关于校园足球特色学校的确定性概念及其解释，有学者进行了探讨，但目前还没有一个比较统一和比较权威的说法。赵治治等人认为校园足球特色学校是指以足球为载体进行育人，并将这种理念提升至学校整体发展的高度，全方位付诸育人实践的学校。雷玉星将校园足球特色学校定义为：在学校活动范围内，开展与普通学校不一样的足球活动，因地制宜地拓展具有地方学校特色的足球活动形式，并以提高校园足球水平、普及足球为目的的学校。李旻认为校园足球特色学校是在教育部主导下，以各地方中小学为实施目标，为促进足球改革发展，增加足球人才选拔与培养渠道而建立的特色学校。这些定义都有一定道理，但又不全面，没有把校园足球特色学校的内涵和本质特征揭示出来。为了更好地认识校园足球特色学校，给校园足球特色学校做一个解释，可以从一些官方文件中寻找相关要素（见表1）。

表1　官方文件中对校园足球特色学校的描述

序号	文件名	相关内容	相关要素
1	中国足球改革发展总体方案	以扶持特色带动普及，对基础较好、积极性较高的中小学重点扶持，全国中小学校园足球特色学校在现有5000多所基础上，2020年达到2万所，2025年达到5万所，其中开展女子足球的学校占一定比例。	基本条件、数量
2	中国足球中长期发展规划（2016—2050年）	校园足球加快发展，全国特色足球学校达到2万所，中小学生经常参加足球运动人数超过3000万人。	数量
3	教育部等6部门关于加快发展青少年校园足球的实施意见	扶持特色引领普及。遴选一批全国青少年校园足球特色学校，重点建设一批普通高等学校高水平足球运动队，支持其加强建设、深化改革、提高水平和办出特色，发挥其在发展青少年校园足球中的骨干、示范和带动作用。	数量、功能
4	教育部办公厅关于做好全国青少年校园足球特色学校及试点县（区）遴选工作的通知	凡符合《全国校园足球特色学校基本标准（试行）》条件的全日制普通中小学均可申报。 特色学校和试点县（区）遴选程序由学校和县（区）自主申报、省级教育行政部门推荐、教育部综合认定三个阶段组成。 对经综合认定的学校和县（区），教育部命名为“全国校园足球特色学校”和“全国校园足球试点县（区）”，并授牌。 鼓励各地依据全国校园足球特色学校基本标准，开展本地校园足球特色学校建设工作，形成建设梯队。	申报条件、程序、命名和级别
5	教育部关于公布2015年全国青少年校园足球特色学校及试点县（区）名单的通知	2016年下半年我部（教育部）将组织对特色学校和试点县区的专项检查工作，对于不合格的单位，责令其限期整改，直至取消命名并予通报。	处罚措施
6	教育部办公厅关于做好全国青少年校园足球特色学校复核的通知	各地以省级为单位组建专家团队严格按照《全国青少年校园足球特色学校复核指标体系》开展区域内的复核工作。重点复核组织领导、条件保障、教育教学、训练与竞赛等重点指标。	检查考核

（二）校园足球特色学校的概念界定

根据近年来有关校园足球的官方文件对足球特色学校特征、属性、申报、考核等的描述，依据马翠微对特色学校的表述，即特色学校是学校遵循现代教育规律，结合学校办学实际，创造性地建构新型办学模式，使之成为一所具有独特办学风格的成功学校，本文试图对校园足球特色学校做一个解释性定义，校园足球特色学校是结合实际，自己创建，以推广普及足球运动、发挥示范引领作用为目的，形成了足球教育办学特色，经学校自愿申报、教育行政部门逐级审核和综合认定，及统一命名的符合全国校园足球特色学校基本条件和标准的、定期接受检查考核的全日制普通中小学校。校园足球特色学校分为国家级、省（区、市）级和市（地、区）级和县（区、市）级4类。这种解释有几个方面的内涵：一是校园足球特色学校是学校自己创建的，符合常规特色学校要求的，普及足球运动、发挥示范引领作用，并形成足球教育特色的学校；二是校园足球特色学校是学校自愿申报的，并经过严格的程序评审合格的学校，不是自封自命的，是经过政府部门认可的学校；三是校园足球特色学校是由教育行政部门命名的，达到国家校园足球特色学校条件和标准的，并定期接受上级教育部门检查考核的学校；四是校园足球特色学校是全日制普通中小学，分公办和民办，含中等职业学校，不含特殊学校、成人学校和幼儿园等其他类型的学校；五是校园足球特色学校是有级别划分的，由命名认定的教育行政部门所属确定级别。

三、校园足球特色学校的遴选

为加快校园足球的发展，2014年9月教育部在刚接手牵头管理校园足球和制定政策时，采用了扶持特色、引领和带动普及的方式，主要想法是在县（区、市）范围内以优质学校为主，对基础较好、积极性较高、具有一定足球特色的中小学重点扶持，先在足球水平高、基础条件好、地方政府高度重视的重点城市布局，然后逐步向其他地区推进，计划到2017年在全国遴选布局2万所足球特色学校。后来这个想法被写进了《教育部等6部门关于加快发展青少年校园足球的实施意见》（实际上文件印发过程中，把遴选2万所特色学校的时间推迟到2020年）。在2014年11月左右，该文件的起草工作基本完成，并准备呈报国务院审核拟请印发。在报国务院后，由于当时国家正在制定《中国足球改革发展总体方案》，因此，校园足球文件的印发就不得不推后，要等《中国足球改革发展总体方案》印发后，再印发校园足球的文件。但是，有关校园足球的实际工作不能等，特别是对校园足球特色学校的遴选不能等。因为 2015 年大部分全国校园足球工作是要在遴选出特色学校的基础上开展的，如校园足球特色学校校长、骨干师资培训、学生的四级联赛等都需要特色学校参加。因此，在 2014 年底，教育部体育卫生与艺术教育司着手遴选校园足球特色学校。在正式遴选前，按 3 年遴选 2 万所的计划，对各省（区、市）每年遴选的进度和比例进行了一次摸底，为以后几年特色学校遴选布局奠定了基础。

笔者结合近几年组织、参与特色学校遴选工作和当时设计遴选工作方案的情况，在这里对特色学校遴选的基本条件、原则和过程进行介绍。希望大家通过了解特色学校遴选过程，知道被命名为校园足球特色学校是件不易之事，也希望特色学校重视自身建设，因为每所特色学校都是层层选拔、专家审核、教育部综合认定的，国家对特色学校是寄予厚望的。

（一）校园足球特色学校遴选的基本条件

在当时设计校园足球特色学校遴选工作方案时，专家们讨论什么样的学校可能成为校园足球特色学校，大家认为校园足球特色学校应该满足一些基本条件：一是学校教育质量整体较高，重视学生德智体美劳全面发展，教育资源配置较强，一定程度上属于当地的优质学校。二是学校重视体育，体育规章制度较完善，体育教学工作开展较好，校园体育文化氛围较好，学生喜欢体育课和体育活动。三是学校体育场馆设施建设较好，体育教师基本配齐，有关方面能达到 2008 年 6 月 9 日教育部、卫生部和财政部共同印发的《国家学校体育卫生条件试行基本标准》。四是学校在体育方面已形成一定的传统，体育工作能融入办学理念，具有一定的特色。五是学校已开展足球教学工作若干年，并且在足球教育教学工作方面取得了一定成绩，具备发展特色的潜力或已形成一定的特色。六是学校学生体质健康水平较高，能全面实施《国家学生体质健康标准》，学校体育工作得到家长和社会认可，在当地有一定的声望。七是学校对校园足球非常感兴趣，自觉自愿申报特色学校。在这 7 项基本条件的基础上，将其与有关引导校园足球长远发展的要求融合一起，制定了《全国校园足球特色学校基本标准》，并确定该《标准》为“试行”，主要考虑将来一旦情况发生变化，可以再调整校园足球特色学校遴选条件。

（二）校园足球特色学校的遴选原则

在特色学校遴选过程中，2014 年提出了统筹兼顾、合理匹配，注重衔接、便于升学，立足长远、因地制宜，做好存量、发展增量的 4 条遴选原则，主要是基于以下几方面的考虑。

1. 统筹兼顾、合理匹配的原则

这一原则是指遴选特色学校时，第一要统筹规划好城市学校和农村学校的布局，不能只在城市，应该更注重农村学校，特别是从我国竞技体育选手来源来看，布局一定数量的农村学校或许对将来足球优秀人才的培养和选拔是有利的。第二要统筹区域，因为我国幅员辽阔，布局学校时要充分考虑东西南北中，不能只在经济发展较好的东中部布局，还要推动西部、南部、北部特色学校发展。第三要统筹好学校类型，中小学各个学段要分配合理，按高中、初中和小学 1∶3∶6 的基本比例匹配，并且要适当向寄宿制学校、九年一贯制学校、十二年一贯制学校倾斜。因为这些学校一旦入选特色学校，他们的足球发展思路、风格就会比较稳定，对学生长期学练足球是有利的。2016 年，遴选的通知中又提出了“积极鼓励民办学校进行申报”，因为有不少民办学校的学生是进城务工子女，这个群体里想学足球的孩子比较多。

2. 注重衔接、便于升学的原则

这一原则是指在遴选特色学校时，要充分考虑学生升学要素，要充分考虑小升初单校划片、多校划片现状，优先布局和遴选片区内对口直升学校；可向优质高中和具有招收特长生资格或自主招生的高中学校倾斜。因为过去各地小升初、初升高都可以通过招收体育特长生为足球特长学生升学提供便利，允许体育特长生跨片、跨区流动升学。但是，2014 年 1 月 14 日教育部印发的《关于进一步做好小学升入初中免试就近入学工作的实施意见》（教基一〔2014〕1 号）中提出，“逐步减少特长生招生学校和招生比例，到 2016 年经省级教育行政部门批准招收特长生的学校所招收的特长生比例应降到 5%以内”。2018 年 2 月 12 日，《教育部办公厅关于做好 2018 年普通中小学招生入学工作的通知》（教基厅〔2018〕5 号）指出，义务教育阶段“要逐步压缩特长生招生规模，直至 2020 年前取消各类特长生招生”。这些政策的变化给足球特长生的升学带来了不便，所以，为了让学生能长期学练足球，必须在布局特色学校时就考虑升学的问题。

3. 立足长远、因地制宜的原则

这一原则是指在遴选校园足球特色学校时，各地要着眼于中长期发展，从实际出发，量力推荐，不要依靠一时热情，一哄而上，也不能“赶鸭子上架”，只为凑数，把量提上来。而是要注重引导，鼓励多元化，吸引和鼓励更多的学校提高体育教学质量，在此基础上努力争创校园足球特色学校。

4. 做好存量、发展增量的原则

这一原则是指各地盘点本地的学校体育资源，逐步扩大特色学校遴选范围，培育一大批种子学校，成熟一批，发展一批。2014 年对这一原则的理解是，要对区域内已有校园足球定点学校、体育传统项目学校进行评估调整，为他们转变身份，促使其申报成为特色学校。而 2014 年后再理解这一原则，就是要把已有的特色学校建设好，这是存量，在此基础上发展增量，每年再培育、遴选一些新的学校。

（三）校园足球特色学校的遴选过程

特色学校遴选的程序是：学校根据条件自主填写有关材料进行申报，县级教育行政部门审核后将有关申报材料提交市级教育行政部门审核和推荐，市级教育行政部门审核同意后向省级教育行政部门推荐，省级教育行政部门审核同意后再推荐到教育部进行审核和综合认定。教育部每年组织全国中小学体育教学指导委员会专家和足球方面的专家共同组成专家组对各地上报的申报校园足球特色学校的表格、支撑材料、照片等，通过计算机网络在特色学校申报系统里根据《全国青少年校园足球特色学校遴选指标体系》进行打分并给出意见。每所学校由 3 位专家“背对背”分别进行审核打分，并给出“同意”或“不同意”的意见。向教育部推荐的校园足球特色学校最少有 2 位专家“同意”才可。教育部在接到专家推荐的校园足球特色学校名单后，结合相关工作进行实地考察，核对无误后，便向社会公示，公示并处理完成意见后，就向社会公开印发通知，公布本年度认定和命名的全国青少年校园足球特色学校名单。

经过 4 年的特色学校遴选，到 2018 年底全国共有国家级特色学校 24130 所。其中，普通小学 12021 所，初中 5497 所，高中 2520 所，完全中学 1713 所，九年一贯制学校 2021 所，十二年一贯制学校 358 所（见表 2）。如果根据教育统计的惯例将完全中学的数量计入高中教育阶段，将九年一贯制学校的数量计入初中教育阶段，将十二年一贯制学校的数量计入高中教育阶段，那么截至 2018 年底高中教育阶段特色学校数为 4591 所，初中教育阶段特色学校数为 7518 所，小学特色学校数为 12021 所，其比例约为 1∶1.6∶2.6，与 2014 年设计的高中、初中和小学 1∶3∶6（即在县域内 1 所高中匹配 3 所初中，同时匹配 6 所小学）的比例还相差甚远。建议未来几年在遴选校园足球特色学校时，应注意加大小学和初中学校的比例。

根据 2017 年教育统计数据计算，我国现有符合校园足球特色学校遴选标准的学校共 236075 所（高中 13555 所、职业高中 3617 所、初中 51894 所、普通小学 167009 所），2017 年特色学校有 24126 所，占全部学校的 10.22%，也就是说有 1/10 的普通中小学（含中等职业学校）已成为足球特色学校，这个比例是较高的，据估计这些校园足球特色学校共有 4000 多万学生。这么大的基数，这么大的比例，他们产生的社会影响力非常大，所以说，抓好校园足球特色学校建设对校园足球发展至关重要。

表2　全国校园足球特色学校数量和学校类型情况统计

（单位：所）

省（区、市）	学校类型						合计
	小学	初中	高中	完全中学	九年一贯制学校	十二年一贯制学校	
北京	138	24	14	38	26	14	254
天津	146	42	14	35	10	0	247
河北	718	289	102	71	81	9	1270
山西	416	180	68	46	10	62	782
内蒙古	656	267	142	70	75	13	1223
辽宁	531	248	108	19	120	9	1035
吉林	264	123	55	18	56	2	518
黑龙江	248	128	67	34	71	5	553
上海	141	72	48	18	40	3	322
江苏	957	402	179	32	135	11	1716
浙江	383	150	75	6	44	8	666
安徽	533	277	104	61	128	13	1116
福建	393	136	45	149	28	11	762
江西	357	140	53	101	111	17	779
山东	650	357	141	21	136	13	1318
河南	918	465	186	39	118	13	1739
湖北	450	263	103	20	90	10	936
湖南	551	272	123	46	104	15	1111
广东	639	249	121	132	93	29	1263
广西	256	163	89	31	37	5	581
海南	39	21	3	41	22	2	128
重庆	265	88	45	88	12	3	501
四川	632	234	106	246	158	29	1405
贵州	241	185	128	30	25	9	618
云南	265	153	114	127	21	7	687
西藏	40	35	12	2	1	1	91
陕西	452	177	75	48	46	14	812

（续表）

省（区、市）	学校类型						合计
	小学	初中	高中	完全中学	九年一贯制学校	十二年一贯制学校	
甘肃	290	149	96	51	45	1	632
青海	47	16	23	9	13	2	110
宁夏	126	61	31	9	10	0	237
新疆	265	124	42	66	93	21	611
新疆生产建设兵团	14	7	8	9	62	7	107
合计	12021	5497	2520	1713	2021	358	24130

注：数据根据教育部2015—2018年公布的全国青少年校园足球特色学校名单统计。

四、校园足球特色学校的目标和任务

当前有不少校园足球特色学校对自己的任务不明确，对遴选的目标不清晰，所以在建设过程中抓不住重点，不知道方向，找不准定位。其实，建设校园足球特色学校的目标从每年遴选和公布名单的通知中完全可以解读出来。（见表3）

表3　涉及特色学校遴选目标、定位和主要任务的相关文件中的内容

年度	遴选特色学校通知中的相关内容	公布特色学校名单通知中的相关内容
2014年	通过特色学校及试点县（区）遴选，树立一批校园足球教育教学工作先进典型，推动广大中小学全面普及校园足球，不断丰富体育教学活动内容，进一步强化体育课和课外锻炼，推动学校加强体育师资和场地设施建设，确保学生每天一小时校园体育活动时间，切实提高学生体质健康水平，满足学生足球学习的需求。	

（续表）

年度	遴选特色学校通知中的相关内容	公布特色学校名单通知中的相关内容
2015年		明确职责任务，持续改革发展。特色学校和试点县区要增强荣誉感、使命感和责任感，按照国家关于加快发展青少年校园足球的总体要求、《全国校园足球特色学校基本标准（试行）》及相关管理办法，加强组织领导，建立健全校园足球工作领导小组，及时制订完善学校足球工作计划方案，深化教学训练改革，广泛开展足球竞赛活动，强化条件和安全保障，保持鲜明特色，努力成为全国青少年校园足球推广普及的示范。
2016年	通过特色学校及试点县（区）的遴选，积极推动校园足球的普及，形成一批校园足球教育教学工作引领示范的典型；引导各地不断完善特色学校的布局，逐步形成中小学搭配合理的特色学校格局；带动学校进一步强化体育课和课外锻炼，切实提高学生体质健康水平，满足学生足球学习的需求。	夯实工作基础，加快改革发展。特色学校和试点县（区）是引领校园足球改革发展的排头兵，是校园足球改革发展经验积累生成的试验田，是校园足球加快普及发展的示范典型。要明确职责任务，进一步增强荣誉感、使命感和责任感，按照国家关于加快发展青少年校园足球的总体要求和《全国青少年校园足球特色学校基本标准（试行）》《全国青少年校园足球特色学校复核指标体系》及相关管理办法，加强组织领导，细化工作方案，大胆探索实践，创新体制机制，保持鲜明特色，在教育教学、训练竞赛、师资配备、场地建设、经费投入和安全管理等方面扎扎实实开展工作，为校园足球改革发展创造更多经验。
2017年	通过遴选特色学校、试点县（区），进一步推动校园足球普及，形成一批校园足球教育教学工作引领示范的典型；引导各地不断完善特色学校的布局，逐步形成中小学搭配合理的特色学校格局；带动学校进一步强化体育课和课外锻炼，切实提高学生体质健康水平，满足学生足球学习的需求。	夯实工作基础，加快改革发展。特色学校和试点县（区）是引领校园足球改革发展的排头兵，是校园足球改革发展经验积累生成的试验田，是校园足球加快普及发展的示范典型。要明确职责任务，进一步增强荣誉感、使命感和责任感，按照国家关于加快发展青少年校园足球的总体要求和《全国青少年校园足球特色学校基本标准（试行）》《全国青少年校园足球特色学校复核指标体系》及相关管理办法，加强组织领导，细化工作方案，大胆探索实践，创新体制机制，保持鲜明特色，在教育教学、训练竞赛、师资配备、场地建设、经费投入和安全管理等方面扎扎实实开展工作，为校园足球改革发展创造更多经验。

（续表）

年度	遴选特色学校通知中的相关内容	公布特色学校名单通知中的相关内容
2018 年	通过创建工作，进一步强化体育课和课外锻炼，不断提高校园足球特色学校、试点县（区）发展的质量和水平，引导各地、各级各类学校广泛开展校园足球教学、训练和竞赛活动，不断丰富体育教学活动内容，推动各地加强体育师资和场地设施建设，确保学生每天一小时校园体育活动时间，切实提高学生体质健康水平，不断提高广大学生的足球技能和素养。	夯实工作基础，加快改革发展。特色学校、试点县（区）和“满天星”训练营是引领校园足球改革发展的排头兵，是加快校园足球普及发展的示范典型。要明确职责任务，进一步增强荣誉感、使命感和责任感，按照国家关于加快发展青少年校园足球的总体要求和《全国青少年校园足球特色学校基本标准（试行）》《全国青少年校园足球特色学校复核指标体系》《全国青少年校园足球“满天星”训练营工作规范》及相关管理办法，加强组织领导，细化工作方案，大胆探索实践，创新体制机制，保持鲜明特色，在教育教学、训练竞赛、师资配备、场地建设、经费投入和安全管理等方面扎扎实实开展工作，为校园足球改革发展积累更多经验。

根据 2014—2018 年，教育部有关校园足球特色学校遴选和名单公布的通知中关于特色学校遴选目标、定位和任务的内容，分析总结出对校园足球特色学校的一些基本认识。

（一）校园足球特色学校应通过足球来推动学校体育发展

校园足球特色学校不是就“足球”论“足球”，而是通过足球推动学校体育发展。校园足球特色学校的主要任务不仅仅是发展足球运动，还可发展篮球、排球、武术、田径等运动，发展足球与发展其他项目不矛盾、不排斥，从这 4 年来特色学校遴选工作目标中都能反映出来。其目标有三大点。第一点，要树立一批校园足球教育教学工作先进典型，发挥示范引领作用，推动广大中小学全面普及校园足球。第二点，使中小学校园足球特色学校布局更加合理，能形成原来设计的高中、初中、小学数量之比为 1∶3∶6 的布局。第三点，推动当地学校体育工作整体发展，提升质量。比如，通过校园足球特色学校的建设，推动当地学校“不断丰富体育教学活动内容，进一步强化体育课和课外锻炼，推动学校加强体育师资和场地设施建设，确保学生每天 1 小时校园体育活动时间，切实提高学生体质健康水平，满足学生足球学习的需求”。这就从足球引向了全面的学校体育工作，这不仅仅是对足球的要求，而是对学校体育教学、课外活动、场地师资、1 小时时间保证和学生体质健康水平提升的总要求。因此，校园足球特色学校的工作任务不单纯是发展足球，更要注重全面的学校体育工作，通过足球带动体育发展，带动学生体质健康水平的提升。

（二）校园足球特色学校应成为普及发展校园足球的主体力量

校园足球特色学校的定位是普及发展校园足球的主体力量，是示范和引领的典型，是学校体育改革的突破口。校园足球特色学校基数较大，影响学生人群较广，是全国校园足球发展的依托，也是我国足球事业发展的基础。《教育部等6部门关于加快发展青少年校园足球的实施意见》提道：“加快发展青少年校园足球是贯彻党的教育方针、促进青少年身心健康的重要举措，是夯实足球人才根基、提高足球发展水平和成就中国足球梦想的基础工程”。“把发展青少年校园足球作为落实立德树人根本任务、培育和践行社会主义核心价值观的重要举措，作为推进素质教育、引领学校体育改革创新的重要突破口，充分发挥足球育人功能”，“大力普及足球运动，培育健康足球文化，弘扬阳光向上的体育精神，促进青少年身心健康、体魄强健、全面发展，为提升人口素质、推动足球事业发展、振奋民族精神提供有力支撑”，这是校园足球特色学校的使命。正如陈宝生部长在2018年12月10日全国青少年校园足球工作领导小组第四次会议讲话中提到的，特色学校要在体育改革、素质教育、学生成才三方面发挥示范作用。

在2014年后公布特色学校名单的通知里，都提到“夯实工作基础，加快改革发展”，并进一步明确“特色学校是引领校园足球改革发展的排头兵，是改革发展经验积累生成的试验田，是加快普及发展的示范典型，要求特色学校进一步增强荣誉感、使命感和责任感”。笔者认为在校园足球特色学校定位上还应加一条“特色学校是培养足球优秀苗子和传播足球文化的重要阵地”。

（三）校园足球特色学校应承担起普及发展足球、积累经验的任务

校园足球特色学校的主要任务是普及发展足球，建好足球特色学校，保持鲜明特色，积累有效经验。2014—2018年公布特色学校名单的通知中，都提到特色学校要“按照国家关于加快发展青少年校园足球的总体要求和《全国青少年校园足球特色学校基本标准（试行）》《全国青少年校园足球特色学校复核指标体系》及相关管理办法，加强组织领导，细化工作方案，大胆探索实践，创新体制机制，保持鲜明特色，在教育教学、训练竞赛、师资配备、场地建设、经费投入和安全管理等方面扎扎实实开展工作，为校园足球改革发展积累更多经验”。这就是对校园足球特色学校任务的总要求：要求校园足球特色学校不仅要在本校普及发展足球，还要带动当地其他学校普及发展足球；不仅要做好校园足球内涵建设，更要积累成功经验，为其他地方校园足球发展提供有效的方式方法。

五、校园足球特色学校加强建设的主要工作

校园足球特色学校建设是一项长期工作，不是一蹴而就的。目前有不少校园足球特色学校虽然被命名为“国家级特色学校”，但实际上只是初步满足了校园足球特色学校的基本条件，具有建设的可能性，还没有完全达到期望和要求。因此，为提高校园足球特色学校建设质量，守住校园足球的生命线，必须加强对校园足球特色学校的管理。校园足球特色学校要积极贯彻落实党中央国务院的足球决策部署，进一步明确职责和任务，找准方法，找到薄弱，要有“命名只是开始，建设永远在路上”的意识，加强建设、持续建设。在建设过程中，校园足球特色学校要遵照《全国青少年校园足球特色学校基本标准（试行）》的要求，做好以下主要工作。

（一）加强理论学习，充分理解中国足球改革发展的顶层设计

发展校园足球是一项新工作，建设足球特色学校更是一种新探索。因此，建设校园足球特色学校，要加强理论学习，要知道中国足球改革发展的大方向、总思路、关键点，还要知其所以然，在此基础上设计好本校的发展思路，做好本校的顶层设计。要把校园足球特色学校放在加强体育强国建设、加强教育强国建设、实施健康中国建设、强化学校体育工作、加快发展校园足球、振兴中国足球等大背景下来建设，要坚持以习近平新时代中国特色社会主义思想为指导，全面贯彻党的十九大精神、党的教育方针和全国教育大会精神，充分发挥足球育人功能，深化学校体育改革，培养全面发展型人才，把校园足球作为扩大足球人口规模、夯实足球人才根基、提高学生综合素质、促进青少年健康成长的基础性工程，增强家长、社会的认同和支持，让更多青少年学生热爱足球、享受足球，使参与足球运动成为学生体验、适应社会规则和道德规范的有效途径。在加强理论学习时，要具有全局意识，读懂、掌握一系列的足球政策文件，这些文件的内涵实质就是中国足球和校园足球改革发展的顶层设计和具体要求（见表4）。

表4　有关校园足球特色学校建设的政策文件

序号	文件名称	出台时间
1	国务院关于加快发展体育产业促进体育消费的若干意见（国发〔2014〕46号）	2014年10月2日

（续表）

序号	文件名称	出台时间
2	教育部办公厅关于做好全国青少年校园足球特色学校及试点县（区）遴选工作的通知（教体艺厅函〔2014〕46号）	2014年12月26日
3	国务院办公厅关于印发《中国足球改革发展总体方案》的通知（国办发〔2015〕11号）	2015年3月8日
4	教育部等6部门关于加快发展青少年校园足球的实施意见（教体艺〔2015〕6号）	2015年7月22日
5	教育部财政部关于印发《青少年校园足球扶持专项资金管理暂行办法》的通知（教体艺〔2015〕9号）	2015年12月9日
6	国家新闻出版广电总局关于改进体育比赛广播电视报道和转播工作的通知（新广发〔2015〕125号）	2015年12月24日
7	中宣部印发关于加强足球改革发展正面宣传引导的工作方案	2016年初
8	中华人民共和国财政部办公厅《关于完善足球改革发展财政投入机制的意见》（财办教〔2015〕80号）	2016年2月26日
9	国家发展改革委、国务院足球改革发展部际联席会议办公室（中国足球协会）、体育总局、教育部关于印发《中国足球中长期发展规划（2016—2050年）》的通知（发改社会〔2016〕780号）	2016年4月6日
10	国务院办公厅关于强化学校体育促进学生身心健康全面发展的意见（国办发〔2016〕27号）	2016年4月21日
11	多部门关于印发《全国足球场地设施建设规划（2016—2020年）》的通知（发改社会〔2016〕987号）	2016年5月9日
12	教育部办公厅关于印发《全国青少年校园足球教学指南（试行）》和《学生足球运动技能等级评定标准（试行）》的通知（教体艺厅〔2016〕4号）	2016年6月27日
13	全国青少年校园足球工作领导小组办公室 中国足球协会关于印发《全国青少年校园足球教学训练竞赛体系建设方案（试行）》的通知	2017年3月20日
14	住房城乡建设部办公厅等关于做好足球场地设施布局规划建设的指导意见（建办规〔2017〕37号）	2017年5月9日
15	教育部办公厅关于做好全国青少年校园足球特色学校复核的通知（教体艺厅函〔2017〕27号）	2017年5月15日
16	教育部关于印发《学校体育美育兼职教师管理办法》的通知（教体艺〔2017〕7号）	2017年10月8日

（续表）

序号	文件名称	出台时间
17	教育部办公厅关于加强全国青少年校园足球特色学校建设质量管理与考核的通知（教体艺厅函〔2018〕18号）	2018年3月12日

（二）加强校园足球特色建设，做到特色学校有特色

一般来说，足球特色学校应该具有三个方面的特征：一是具有独特的整体办学风格，能将足球融于办学理念和指导思想中；二是特色成功化的学校，在足球方面已积累成功经验，是行得通的特色，不是试着办的特色；三是能创造性地实现教育目标，发挥足球育人的功能。校园足球特色学校的创建是多样化的，每所学校的具体情况不同，办学会各具特色。即便是同一主题的特色建设，也可能因为每所学校的具体特点和实施方式不同而不同。在校园足球特色学校建设过程中，一定要注意两个方面的“特”：一是区别于不是校园足球特色学校的“特”，也就是一所被教育部命名的全国校园足球特色学校与周边没有被命名的也开展足球活动的学校，在足球教育教学和培养人才方面有所不同，有自己独特的东西；二是要把学校放在众多校园足球特色学校中，学校的鲜明特点是什么，能否区别于其他校园足球特色学校。

在调研过程中，有不少学校说不出自己的“特”，更多的只是比没有全面开展足球的学校工作强一些，就认为自己是校园足球特色学校了，这是片面的观点；还有少部分学校在被命名校园足球特色学校后，不重视开展工作，甚至还出现了“领导检查有特色，检查过后没特色”的现象。这些功利化、形式化的特色学校缺乏对校园足球特色学校的正确认识和发展内在的动力，失去了其本质意义。所以，特色学校在建设过程中，一定要在“特”字上下功夫，可体现为理念特、教学特、训练特、解决足球教师问题特、管理特、足球运动成绩特、足球家校社联合特等方面。每所校园足球特色学校都要认真思考，加强特色建设，积累成功经验，保持特色的长久性、有效性，从而带动其他学校发展，探索出更多普及发展足球的成功案例。

（三）加强组织领导，校长是校园足球特色学校质量建设的第一责任人

校园足球特色学校的校长要知道，国家级校园足球特色学校建设不好，责任由谁来承担。《教育部办公厅关于加强全国青少年校园足球特色学校建设质量管理与考核的通知》明确提出：“全国青少年校园足球特色学校的校长是强化校园足球特色学校质量建设的第一责任人，要根据全国校足办和省级校足办的部署，按照《全国青少年校园

足球特色学校基本标准（试行）》的要求，切实从强化组织领导和条件保障、落实教育教学要求、完善训练和竞赛体系、培养优秀后备人才等方面抓好抓实全国青少年校园足球特色学校建设工作，夯实基础、打牢根基、提升质量，使全国青少年校园足球特色学校切实成为普及开展足球运动、深入开展足球教育的示范和标杆。”因此，校长首先要明确自己肩上的担子，肩负着建设好本校足球工作的领导重任；要在加强本校足球组织领导工作方面下功夫，将校园足球纳入学校发展规划和年度工作计划，并严格执行；要建立健全工作机制，建立校长领导、学校有关部门共同参加的校园足球工作领导小组，具体指导本校校园足球工作的开展；要完善规章制度，制定校园足球工作组织实施、招生、教学管理、课余训练和竞赛、运动安全防范、师资培训、检查督导等方面的规章制度和工作制度，并且不断完善。

（四）校园足球特色学校要以足球为先导，加强体育条件建设

一是要加强体育师资队伍建设。在核定编制总量内尽快配齐配强体育教师，并至少有一名足球专项体育教师，可按需求聘用足球教练。每年至少能给体育教师提供一次培训机会，定期开展体育和足球教学研究，不断提高体育教师的教学技能。要落实体育教师待遇，把开展体育教学、足球训练和活动计入教师工作量，为体育教师配备必要的教学装备。保障体育教师在职称（职务）评聘、福利待遇、评优表彰、晋级晋升等方面与其他学科教师同等待遇。二是要加强场地设施建设。场地设施、器械配备基本达到国家标准，推动校园足球人造草坪场地建设，逐步满足学生学练足球的场地设施需求。要进一步完善制度，推动实施学校体育场馆设施在课后和节假日对本校师生和公众有序开放。三是要加大体育经费投入。要将学校体育经费和校园足球经费按需纳入年度预算，并逐步提高在学校年度公用经费中的比例，确保足球经费满足需求。

（五）校园足球特色学校要保证体育时间，开展足球教学工作

校园足球特色学校要按照国家要求，开足开齐开好体育课，保证学生每天进行一小时校园体育活动；义务教育阶段学校要把足球作为体育课的必修内容，有条件的学校应该为每班每周开设一节足球课；高中阶段学校开设足球选修课，要把足球运动纳入大课间或课外体育锻炼，在课外时间组织学生进行足球活动，而不是简单地编一套足球操供学生练习。同时，校园足球特色学校要加快开发足球课程资源，根据《全国青少年校园足球教学指南（试行）》，因地制宜，开发本校足球教材和现代教育技术资源等，提高足球教学、训练、竞赛和活动的针对性、适应性和科学性。

（六）校园足球特色学校要积极营造足球文化，培育足球的魂和根

校园足球文化非常重要，在普及发展足球过程中起着润物细无声的作用。校园足球特色学校要建立健全足球组织。组织成立足球俱乐部、兴趣小组和各类足球社团，吸纳有兴趣的学生参与足球活动。经常组织开展以足球为主题的校园文化活动，如摄影、绘画、征文、演讲等，为学生提供更多参与足球的机会，营造良好的校园足球文化，以足球文化引导学生、吸引学生、感化学生，以此推动学生全员参与足球。另外，学校还要建立基于互联网的校园足球信息平台，动态报道足球活动、交流工作经验、展示特色成果。目前大多数校园足球特色学校的网站上没有足球的宣传交流，更没有足球特色的介绍。

（七）校园足球特色学校要在足球科学训练上下功夫

课余训练是学校体育发展的短板，校园足球刚刚发展几年，在学校课余训练方面积累的方法、经验不多，必须在科学训练上下功夫，否则不仅不能起到培养足球人才的作用，还有可能再现拔苗助长的情况或伤害事故。因此，校园足球特色学校要加强足球教练队伍建设，教练要增加运动训练方面的知识，了解各国各地科学训练的方法，更要注意自己所训练学生群体的身心特点和生长发育规律。同时，学校可采用引进、聘用、培训等多种途径，不断提高教练执教水平。学校要根据实际，组织专家制订系统科学的训练计划。要充分利用节假日，为学生开展足球课余训练，合理安排运动负荷，注重体能，重视恢复，提高训练效益和水平，并配有安全、医疗等应急方案。要建立学生运动安全风险防范机制，实施保险制度，解决学生和家长对运动安全的担忧。要加强足球代表队学生文化课教学管理，妥善解决学训矛盾，促进他们文化学习与足球技能共同发展。要定期邀请校外专业教练和专家提供技术指导，给学校足球课余训练问诊把脉。

（八）校园足球特色学校要建立健全校内外足球竞赛制度，加强规则教育

校园足球特色学校的足球竞赛是本校学生参加人数最多、范围最广、气氛最活跃的竞赛，因为能参加更高一级的比赛甚至是国家级比赛的学生毕竟是少数，大多数学生的参赛机会是由本校组织足球竞赛的场次决定的。所以，校园足球特色学校要为本校学生提供更多的参赛机会，满足学生参加足球竞赛的需求。每年要组织校内足球班级联赛、年级联赛、学校总决赛等赛事。要主动组织开展区域内校际比赛，加强校际足球交流。要多参加教育、体育等有关部门组织的校园足球比赛。有条件的学校要主

动承办本地校园足球比赛。另外，校园足球特色学校要加强足球竞赛规则和纪律教育，严格遵守各级学生体育竞赛管理的相关规定，严把资格年龄关，做到规范参赛，将体育精神和德育相结合，培养学生遵纪守法的意识。对严重违反赛风赛纪，并造成严重不良影响的学校，主管部门要追究学校相关负责人和教练（教师）的责任，对违反规定的学生给予相应的教育或处分。此外，校园足球特色学校还要支持学生发展，鼓励有天赋、有潜力的学生参与校内外足球训练、培训和比赛，并积极向上级校园足球特色学校及各级各类优秀足球运动队输送人才，为学生提高足球竞技水平和运动能力创造条件。

综上所述，应该了解校园足球特色学校的缘起、概念、遴选目标和任务，在此基础上抓好校园足球特色学校的建设工作。校园足球特色学校是校园足球发展的主体力量，是校园足球发展的主阵地，是校园足球土壤中的“庄稼苗”。如果校园足球特色学校发展不好，“收成”就不会好，那么校园足球的发展质量和效果就会大打折扣，因为所有的校园足球政策、工作最后都需校园足球特色学校去贯彻、去落实。如果在校园足球改革发展过程中，抓不住特色学校、抓不好特色学校，那么校园足球特色学校就不能凝神聚力，可能就会存在形式主义，这就背离了校园足球特色学校遴选布局的初衷，起不到夯实足球人才根基、提高学生综合素质、促进青少年健康成长的作用，甚至还会给教育带来负面影响。所以，各地和各校园足球特色学校一定要提高认识，高度重视，明确职责任务，进一步增加使命感、责任感，把握建设重点，加快发展校园足球，为学校体育改革、学生体质健康水平提升探索出一条有效路径，为国家培养出更多德技双馨的优秀足球人才，为早日实现振兴中国足球的梦想而努力。

（首都体育学院）

校园足球中期发展审视与未来发展

郑　贺

一、校园足球发展概况

足球在中国有着悠久的历史，2300多年前中国就有了最早的类似足球的活动——蹴鞠。蹴鞠起源于春秋战国时期，经过汉、南北朝、唐、宋、元、明、清，逐步从萌芽、繁荣到沉寂、消亡。其间，蹴鞠既成为一种成熟的运动方式，也是老百姓喜爱的一种体育娱乐项目。但非常遗憾的是，蹴鞠未能发展成现代足球运动。世界上比较认可的说法是现代足球起源于英国。足球一度在英国各个阶层非常盛行，但过程同样曲折，同样经历了起伏，甚至一度被禁止。19世纪初，在伦敦周边的贵族学校里，有学生开始踢足球。现代足球传入中国也和学校有关，只不过是教会学校而已，因此，可以说中国足球的发展历史是无法抹去校园足球的痕迹和贡献的。

其实在中华人民共和国成立之初，我们的校园足球就已经开始，只是那个时候没有把它称为"校园足球"。当时校园足球虽然处于初创和摸索阶段，但与今天提到的"校园足球"有着共同的指向。从表1中可以看到，20世纪60年代就有专门发展青少年足球的文件，但是由于"文化大革命"，许多好的做法都被取消，没能延续下来，很多工作没有落到实处，也没有取得好的效果。在这个背景下，参与青少年足球的人口不断下降。

目前，"校园足球"已经成为专门术语。讲到校园足球，我们不得不提的就是2009年国家体育总局和教育部联合下发的《关于开展全国青少年校园足球活动的通知》，在这个文件里，"校园足球"作为专有名词被首次提出。有人把校园足球看作中国足球发展特殊时期的新型产物。当时中国足球的世界排名已经降到历史最低，足球后备队伍萎缩。正是在这样的背景下，国务院召开关于加强足球运动管理工作的专题会议，提出校园足球要成为中国足球复兴的突破口。随后举办了全国青少年校园足球启动仪式，自此拉开了校园足球大幕，关于校园足球发展的政策、文件和制度等陆续出台。（见表1）校园足球从小到大，从弱到强，呈现出可喜的变化。尽管成绩喜人，但人们也开始逐步意识到校园足球的发展离不开教育部的主导。于是，2014 年 9 月 4 日的足球工作专题会议，正式明确教育部门主导校园足球工作。2015 年教育部成立了新一届的全国青少年校园足球工作领导小组，教育部部长担任领导小组组长，成员还包括国家体育总局、国家发展和改革委员会、财政部、新闻出版广电总局以及共青团中央等部门的领导，校园足球迎来崭新阶段。从表 1 中我们也可以看到 2009 年以后涉及校园足球的政策文件大幅增加，特别是教育部主导校园足球以后出台了大量文件，教育部也通过一系列的工作为校园足球的改革发展奠定了基础，有力地促进了校园足球的发展。

表 1　校园足球相关政策、文件

序号	年份	文件名称
1	1964	关于在男少年中开展小足球活动的联合通知
2	1979	关于提高中国足球技术水平若干措施
3	1980	关于在全国中、小学生中积极开展足球活动的联合通知
4	2000	2001—2010 年体育改革与发展纲要
5	2007	中共中央国务院关于加强青少年体育增强青少年体质的意见
6	2009	关于开展全国青少年校园足球活动的通知
7	2010	关于加快发展体育产业的指导意见
8	2011	体育事业发展“十二五”规划
9	2013	关于加强全国青少年校园足球工作的意见
10	2014	关于组织开展中小学校园足球工作专项调研的通知
11	2014	教育部办公厅关于做好全国青少年校园足球特色学校及试点县（区）遴选工作的通知
12	2015	关于成立全国青少年校园足球工作领导小组的通知
13	2015	中国足球改革发展总体方案
14	2015	关于印发《2015 年“谁是球王”青少年校园足球竞赛活动规程》的通知
15	2015	关于开展全国青少年校园足球骨干师资国家级专项培训的通知
16	2015	教育部等 6 部门关于加快发展青少年校园足球的实施意见
17	2015	关于完善足球改革发展财政投入机制的意见
18	2016	中宣部印发关于加强足球改革发展正面宣传引导的工作方案
19	2016	关于做好 2016 年全国青少年校园足球特色学校及试点县(区)遴选工作的通知
20	2016	中国足球中长期发展规划(2016—2050 年)
21	2016	关于组织开展加快发展青少年校园足球重点督察工作的通知

（续表）

序号	年份	文件名称
22	2016	体育发展“十三五”规划
23	2016	关于印发全国足球场地设施建设规划（2016—2020年）的通知
24	2016	全国青少年校园足球教学指南（试行）
25	2016	学生足球运动技能等级评定标准（试行）
26	2016	关于开展2016年全国青少年校园足球骨干师资国家级专项培训的通知
27	2017	关于加强全国青少年校园足球改革试验区、试点县（区）工作的指导意见
28	2017	关于做好2017年全国青少年校园足球特色学校与试点县（区）遴选工作的通知
29	2017	教育部办公厅关于做好全国青少年校园足球特色学校复核的通知
30	2018	全国青少年校园足球工作发展报告（2015—2017）
31	2018	关于组织申报聘请校园足球外籍教师支持项目的通知
32	2018	关于组织开展2018年全国青少年校园足球教练员国家级专项培训的通知
33	2018	关于做好全国青少年校园足球特色学校、试点县（区）创建（2018—2025）和2018年“满天星”训练营遴选工作的通知
34	2018	关于加强全国青少年校园足球特色学校建设质量管理与考核的通知
35	2018	全国青少年校园足球改革试验区基本要求（试行）
36	2018	全国青少年校园足球试点县（区）基本要求（试行）
37	2019	关于继续开展全国青少年校园足球师资国家级专项培训的通知
38	2019	关于做好2019年校园足球工作的通知
39	2019	关于开展2019年全国青少年校园足球特色学校、试点县（区）和“满天星”训练营创建工作的通知
40	2019	关于组织申报校园足球外籍教师支持项目的通知
41	2019	关于组织开展2019年度全国青少年校园足球师资和教练员国家级专项培训的通知
42	2019	关于加强6—12岁青少年足球工作的实施方案

二、校园足球现阶段存在的突出问题

（一）育人理念不清晰

校园足球的育人宗旨没有得到实质的响应，大家缺乏对发展校园足球的正确认识，功利化意识明显。例如，有的家长和学生把校园足球作为升学的捷径，也有很多学校以此为宣传点，用于吸收优秀的足球人才；有的校长热衷于校园足球，是想借助校园足球使自己获得晋升的机会；有的家长担心踢球影响孩子学习，或者担心足球运动会带来损伤，又或者担心孩子将来没有好的出路，因此缺乏让孩子参与足球活动的积极性。

（二）单一发展校园足球，暂停其他项目

国家提出要加大对校园足球的重视，但一些教育主管部门和学校领导在执行和落实中央文件时出现了偏差，把大力发展校园足球理解为只发展校园足球，把校园足球的“全体性”“全面性”理解成每个人都要参与足球活动。由于这种错误的认识，一些学校的体育教学完全变成了足球教学，而其他项目，如篮球、排球等不受重视，甚至被搁浅。

（三）特色学校重申报、轻建设

大力发展校园足球的一个重要举措就是全国校园足球特色学校的建设。截至 2019 年底，校园足球特色学校已有 27000 余所。为了加快发展校园足球，教育部加快了特色学校的布局工作，并且提前完成了任务。在这个提速的过程中，一些地方上报特色学校存在“以次充好”的现象。有些地区不管学校是否满足条件都申报，而不考虑如何建设。在遴选认定时，有很多学校仅达到了特色学校的准入门槛，离标准还有距离，把命名看成特色学校建设的终点。校园足球特色学校重申报、轻建设，重命名、轻管理的现象仍然很严重。

（四）条件保障不足，政府购买服务欠缺

当前最突出的问题是足球专项教师和场地数量不足。大多数学校足球场地缺口大、条件差，不能满足学生参与足球运动的需求；学校普遍缺乏具有足球专业背景的体育教师，具有教师资格证和足球教练资格证双证齐全的足球教师则更是凤毛麟角。总体来说，各地对学校发展校园足球的投入少，经费不足，同时各省份、各地市、各学校对校园足球投入还不均衡，差异很大，这就造成部分地区和学校校园足球开展举步维艰。此外，由于足球特色学校太多，有的学校有时很难分得经费，有时候投入不精准使投入效率低下，长期以来造成的缺口短时间难以补足，同时社会资源、市场资源等多渠道参与的机制还没有形成，保障不足的问题还将在相当长一段时间内存在。

（五）重竞赛、轻教学训练

教学、训练和竞赛三位一体，缺一不可，共同促成校园足球的健康发展。教学是

基础，起到普及作用；训练是提高，对教学内容进行强化，使学生形成自身的技能；竞赛是最高层次，是对教学、训练水平的检验，是教学、训练展示和工作交流的平台，也是评价运动项目发展水平的重要途径。在推动运动项目发展上，竞赛很重要，但是教学、训练更重要。

当前各校比较突出的问题是，学校领导和教练非常重视各级各类比赛，对竞赛的投入力度也比较大，却忽视日常的教学和训练。部分足球特色学校不开设足球课，只是组织了校代表队，代表队也不是长年进行训练，只是在比赛前进行突击集训，训练缺乏系统性，水平较低，内容不规范，方法不科学，设施也跟不上，这种缺乏根基的竞赛活动很难持久下去。造成此类问题的原因有客观层面的，如学校的足球师资缺乏、场地不足致使不能满足需求；更主要的原因是主观层面的，如领导的观念，很多学校领导认为比赛的名次直接和学校的荣誉挂钩，而日常教学投入大，一时很难见效。因此，应彻底扭转重竞赛、轻教学训练的状况，学校应创造条件给所有喜欢足球的学生提供学习的平台，给有足球潜能的学生提供上升的通道。

（六）校园伤害事故应对机制不健全

2002 年教育部发布的《学生伤害事故处理办法》和 2008 年《教育部 财政部 中国保险监督管理委员会关于推行校方责任保险 完善校园伤害事故风险管理机制的通知》，虽然出台了这些文件，但遗憾的是政策不够明晰，各地又缺乏具体的实施办法，一些学校采用减少可能造成伤害的运动项目或者不开展此类活动项目的方式来消极对待。足球运动是一项体现速度、力量、技巧、意志、智慧、心理和团队精神的对抗性极强的运动项目。正因为此，足球才有着“世界第一运动”的称号，受众多人的喜爱。但一个不争的事实也摆在我们面前，足球运动是有一定风险的校园运动，无论是教学训练还是比赛，伤害是必不可免的，防范只能减少发生。校园中会经常出现伤害事故，事故后的纠纷给学校、教师、家长和学生都会带来极大的困扰和麻烦。作为学校一方，要切实落实自身责任，体育教师要向学生讲清楚如何热身、如何安全使用场地设施、在运动过程中注意哪些问题、如何保护自己、什么危险动作不能做等，事后还要进行一定的评估，做好安全防范。但光靠学校、教师还远远不够。因此，校园体育伤害保险制度的落地迫在眉睫。

（七）政策难以落地，执行力欠缺

教育部牵头推动校园足球以后，大家都感受到了全国上下对校园足球的重视，无论是政策还是经费都达到了前所未有的程度，经常听到“足球人的春天到了”等说法。

情况也确实如此。但如果我们深入基层、进入校园认真观察的话，“上面热、下面冷”“雷声大、雨点小”的现象在很多地方仍然存在。文件虽然出台了，但各地的态度不一，各地执行上级政策的做法不一，有的甚至采用文件对文件、会议解决会议的方式应对，国家的政策、制度不能有效落地。例如，教育部在《关于加快发展青少年校园足球的实施意见》中明确提出，各地要制定校园足球督导办法，定期开展督导，但现实中各地开展校园足球督导的质量和效果差异较大。

三、对校园足球未来发展的思考

一些足球名宿深刻阐述了足球的意义，意大利的足球名宿博尼佩尔蒂指出，胜利本身并不重要，但是争取胜利是唯一重要的。荷兰的足球教父克鲁伊夫说：胜利不是足球的全部。这些都是对足球的阐释，都给出了人们热爱足球的原因。但中国足球的现状又常常伤害每一个热爱足球的人。中国足球路在何方？校园足球是突破口吗？国家大力发展校园足球意义何在？

（一）校园足球是发展校园体育的突破口

国家大力发展校园足球是寻求中国足球发展的突破口吗？这是值得我们深思的话题，也是我们不能回避的话题。如果我们认为国家大力发展校园足球仅仅是为了中国足球的腾飞，就大错特错了。所以，首先要明确发展校园足球是发展校园体育的突破口。那为什么没有选择其他项目，如篮球、排球，或者是我们中华民族的传统武术项目呢？这其中有很多质疑的声音，有人认为教育部的愿景是美好的，但全国各地开展校园足球的条件并不乐观，场地、师资等瓶颈将严重制约和阻碍校园足球的发展，学生很难享受足球的快乐。其实不然，如果最难的事情都能战胜和克服，还有什么不能实现的？“明知山有虎，偏向虎山行”，我们需要的就是这样一种勇气和精神。

足球在培养学生遵规守纪、公平竞争精神、团结向上主义等方面具有独特的功能和作用。中国教育科学研究院的吴键博士在一次讲座中特别提道：校园足球首先是教育，其次才是足球。深圳市福田区园岭小学梅燕歧校长把对足球的理解为“可以野蛮其体魄，更可以文明其精神”，将其与自身的办学理念有机融合，凸显了学校自身的特色。青岛市把校园足球作为提高学生综合素质的基础性工程，形成了“足球引领，综合育人”的教育理念。王登峰司长认为，把校园足球作为推进学校体育改革的一个突破口，有利于提高学生的体质健康水平和运动水平，有利于培养学生团结合作、尊重对手、顽强拼搏的精神，使他们拥有健全的人格。

（二）着力加强校园足球文化建设

足球文化植根于一个国家的文化，具有丰富的内涵、广阔的外延，需要滋养、繁育、传承、传播，在很大程度上决定了一个国家足球的兴衰。全国校园足球专家委员会副主任委员刘江南在一次讲座中明确指出：中国足球落后的原因之一就是足球认知观缺乏、足球文化氛围不浓。一篇名为《学习乒乓经验倡扬体育文化》的文章提道："凡是长期、反复出现的现象，都不是偶然的，都有其内在的、必然的规律，值得认真总结。"中国乒乓球为何能长盛不衰值得我们深思，一个项目能够长久领先世界非常罕见。文章最后讲到我们从文化的视角进行观察，进行冷静思考，可能会别有一番收获。这给了我们很好的启示：中国乒乓球能够保持长盛不衰源于独特的乒乓文化。

很多人把中国足球成绩不佳的原因总结为缺乏足球文化，恒大足球队主教练、意大利国家队前队长卡纳瓦罗认为，中国足球的要害是缺乏足球文化。"没有文化的足球是沙漠足球"，文化建设一直被我们忽视。邻国日本的足球进步很大，他们的足球文化建设同样值得我们学习和借鉴。日本有着完善的青少年训练体制、教练培养体制和足球竞赛体制等。几年前，日本第一生命保险株式会社公布了一项针对幼儿园和小学生的迷你作文问卷调查，作文的题目为"长大了你想做什么"。结果，"足球运动员"成为最受男孩欢迎的选择。这种调查结果在中国不可想象。

因此，校园足球要立足文化建设，打造属于自己的文化体系。第一，应从长远着眼，深度挖掘自身的特色和优势，如球王李惠堂、容志行等老一辈足球运动员留下的丰厚精神财富，构建校园足球文化；第二，通过校园足球的大力开展，真正让足球回到校园，让学生回到草坪，提高校园足球参与人数，建立完善的四级校园足球竞赛体系，构建校园足球制度文化；第三，加大校园足球经费投入，改善场地设施，充分保障校园足球活动的正常开展，构建校园足球器物文化。

（三）充分发挥足球的育人功能，确保踢球学习两不误

在一篇报道中，一位德国母亲谈到送孩子进行足球训练的目的：足球训练并不是为了足球运动本身，而是为了让孩子学会遵守纪律和规则、学会爱护自己的身体、学习如何与他人合作、学习如何面对失败和挫折、学会去真诚地欣赏他人，养成受益一生的优秀品质。北京市延庆区康庄中心小学纪桂武校长认为：大力开展校园足球后，学校沉迷于网络游戏的学生明显减少。北京市史家胡同小学张欣欣老师认为：踢球让孩子们更加懂得尊重别人、互帮互助，学习更努力，学校里形成了一种爱运动、爱锻

炼的校园文化。北京市第五十四中学张建军副校长认为：足球是育人的，我们培养的是草根足球、足球兴趣和足球人口。曾担任中国队主教练的施拉普纳认为：运动对学习有帮助，下课后最好的调整方法就是参加团队运动，参加体育运动的青年会更努力地学习，在运动中培养责任心和团队精神。中国国家青年男子足球队前主教练克劳琛曾经说过：没有灵活的头脑是没办法踢好球的，必须加强足球运动员文化知识方面的教育。全国青少年校园足球专家委员会副主任朱广沪认为：足球运动与文化学习是相辅相成的。广州市教育部门积极倡导把课堂教学延伸至赛场，足球队外出比赛时文化课老师会随行，利用比赛间隙组织学生学习文化知识，做到比赛与学习两不误。王登峰说，校园足球不是让孩子只踢球不学习，或者主要踢球、次要学习，而是主要学习、次要踢球，在保证文化课成绩好的基础上培养足球特长。

在中国足球界地位至今无人企及的球王李惠堂就是一个很好的示例。李惠堂在20世纪30年代就以1.8米多的身高和高超的盘带技术、高速度冲击而令亚洲球队望而生畏。他代表中国队3次参加远东运动会，3次获得冠军，“看戏要看梅兰芳，看球要看李惠堂”成为当时人们的口头禅。他后来长期担任国际足联委员，足迹遍及各大洲，是中国足球的骄傲。李惠堂文化素养颇高，其散文《我的母亲》《球圃菜根集》广为传诵，他对球风的体会尤为中肯：“登场角技，万目睽睽，球员之举动丝毫毕露，勿以为作奸犯科，能于巧诈中逃脱公论，虽知不义之行，纵逃过他人眼帘，也逃不过昭昭天理，逃不过自己的良心。”另外，我们熟知的中国第一代国脚钱允庆是医学界颇有名望的外科医生，前国家队主教练苏永舜曾是中山大学物理系的学生。

上面一些观点和事例告诉我们，足球有着独特的育人功能，踢球并不一定影响学习。教育的本源是育人，是促进人的全面发展，校园足球在教育的范畴下，首要任务是育人。校园足球要发展，就要尊重和遵守教育规律。因此，校园足球首先要回到教育的轨道上来，回到教育现代化的轨道上来。其次，要注重学生兴趣的培养，针对不同学生因材施教，激发学生踢球的主动性，让每个学生都能体验到足球的乐趣，变“要我踢”为“我要踢”，让足球成为学生生活的一部分。最后，要科学谋划，精心培育，让足球与学生共成长、共生活和共进步，使学生养成良好的锻炼习惯，形成良好的品德和人格。

（四）循序渐进，科学谋划，确保校园足球健康发展

校园足球由体育部门主导转变为教育部门主导，这实际上体现了校园足球发展理念的转变。体育部门长期抓竞技体育，难免会形成“金牌至上”的意识，校园足球很有可能会成为只抓少数人的竞赛。任何一项运动都有自身发展的规律，不是一蹴而就

的，不可能短期见证奇迹，而是需要所有参与人真抓实干和卧薪尝胆。如果把发展校园足球定位为“培育后备人才”“振兴中国足球”，恰恰是功利主义在校园足球中的体现。因此，发展校园足球，一定要摒弃和摆脱各种“功利主义”“锦标主义”和“形式主义”的影响。

校园足球的核心目标是促进学生全面发展，在具体实施上要坚持全体性。吴键总结归纳校园足球偏离真义时所列举的“没有足球课”“一校一队”“金牌崇拜”“财力偏向”“校外竞赛泛滥”“遏制其他项目”等，都和缺乏全体性有着直接关联。这源于没有深刻理解校园足球和学校体育的全体性。一部分学校错把校园足球从“以课内教学为主”转移到了“以课外训练为主”，追求短期效应，“不管全体学生的足球学习，一校只抓一个队”“追求金牌以标榜足球的短期成绩与成就”。在这样的需要下，校外竞赛泛滥，学校财力偏向少数人和少数队。这必然导致错误的资源配置方式，将校园足球变成遏制同类运动项目的借口，更是对校园足球作为突破口和榜样的深远意义的错误理解。最终，校园足球远离了全体学生。“只抓少数学生而忽略全体学生”是旧的青少年足球教育和旧的校园足球遗留下来的错误思维方式和方法，在当前的校园足球发展中必须予以纠正。因此，校园足球发展要做好三个方面：一是面向全体学生，扩大足球参与人口；二是重视兴趣培养，传授先进的足球理念与方法；三是重视身心协调发展，加强心智训练和认知发展，切忌过早实施专项练习。

当前我国校园足球已初步形成四级竞赛体系，竞赛的组织机构逐渐完善，竞赛队伍不断强化，参赛基数不断扩大，但存在竞赛保障资源配置不足、校内联赛少、校际联赛多、竞赛总数少以及区域间发展不平衡等问题。因此，需要从以下几个方面做好工作：一是要加大裁判员、比赛监督和竞赛专员的培训力度与广度，提升赛事组织水平；二是要加强校内足球竞赛体系建设，引导年级、班级等校内足球竞赛活动的开展，培育校园足球文化，让更多的学生有机会参与到足球比赛中，发现和培养足球人才；三是要加强竞赛保障体系建设，做好校园足球竞赛保险机制等方面的工作，解除师生后顾之忧；四是要通过政策引导，加强四级联赛的有效衔接，做好竞赛的监督和治理。

校园足球要想保持健康发展，不能缺少监督和评价。校园足球特色学校评价体系的建立就是为了适应不断变化发展的校园足球环境。近些年来，国家和各省市对校园足球的投入逐年增多，同时一些社会力量也参与其中。因此，需要在以下三方面做出努力：一是如何有效地分配和运用外部的投入，使其使用效率最大化；二是对校园足球特色学校是否达标的科学评定；三是建立动态评价体系。

（淮北师范大学）

中国校园足球文化的发展与经验启示

崔乐泉

近几年来，《中国青少年校园足球发展计划》《体育总局 教育部关于加强全国青少年校园足球工作的意见》《中国足球改革发展总体方案》《教育部等6部门关于加快发展青少年校园足球的实施意见》等多项校园足球发展规划与政策出台，对校园足球运动的开展产生了积极作用，校园足球迎来历史性的发展机遇。校园足球文化是校园文化的重要组成部分，是推动校园足球运动发展、丰富校园文化、增强青少年体质的重要途径。

本文拟就什么是校园足球文化、我国校园足球文化的演进、我国校园足球文化体系、我国校园足球文化发展的经验启示等问题进行分析。

一、什么是校园足球文化

随着社会经济的发展，我国的学校教育已经由单纯的知识学术教育逐步向全面的素质素养教育拓展，各类学校育人重点的改变，使得校园文化成为缔造校园新生命力的重要组成部分。

那么，什么是校园文化？校园文化应该是以学生为主体，以课外文化活动为主要内容，以校园为主要空间，以育人为主要导向，以校园精神、环境文化、行为文化和制度文化等为主要特征的一种群体文化。

校园文化是学校在长期的教学、科研及行政管理过程中形成的，是由校园内所有成员的行为、习惯、爱好和兴趣积累起来而形成的一种文化形态。

校园文化包括以下内容：校园建筑设计、校园景观及其绿化美化；学校传统、校风、学风以及人际关系、集体舆论、心理氛围等；学校的各种规章制度及学校成员在交往过程中形成的非明文规定的行为准则；学校的诗社、棋牌社、书社、文学社等举行的社团活动。在上述诸内容中，最能体现校园文化本质内容的是校风和学风，这是校园文化的主要内涵。

校园足球文化是校园文化的重要组成部分，是学生围绕足球开展的相关文化活动。其核心的参与对象是学生，主要的活动空间是校园，主要的活动内容是足球教学、足球竞赛等。

从校园足球文化建设的角度来看，其目的是培养学生对足球运动的兴趣，丰富和拓展学生的体育文化知识；使学生了解生命本质、关注身体健康，树立正确的人生观和价值取向，完善人格。

总之，校园足球文化是在学校这个特定的环境中，广大师生在足球教学、足球竞赛等足球实践活动中形成和拥有的物质和精神财富，以及有关的观念意识和制度体系。校园足球文化建设，不仅有助于深化校园文化的内涵，而且可以为学生树立良好的体育信念，从而推动校园体育的发展。

二、我国校园足球文化的演进

探讨我国校园足球文化的发展，首先要了解足球运动的产生以及我国学校足球发展的历史进程。

根据文献记载和有关考古发现，在距今约 2700 年的春秋战国时代，被称为蹴鞠的中国古代足球，就已经在东方的齐国都城临淄流行了。《史记》和《战国策》等古籍记载，战国时期的纵横家、外交家和谋略家苏秦赴齐国劝说齐王联合抗秦，在齐国都城临淄城中看到了百姓们进行蹴鞠、斗鸡走狗等活动。兴盛于春秋战国时期的古代蹴鞠，历经汉唐、两宋、明清 2500 余年的发展，其技术先后经过了直接对抗、间接对抗过程，并伴以技巧性的白打等形式。

相对于中国古代的蹴鞠，现代足球则起源于欧洲大陆西北部大不列颠群岛上的第一个工业化国家英国。英国是一个文化多元、思想开放的国家，他们最终将一项流行于民间街头的野蛮运动——“氓夫足球”，发展壮大为一项国际流行项目，繁盛至今。其实，“氓夫足球”最初于英国兴起的时候，只是流行于民间的一种脚踢足球游戏，但在后来的发展中，很快进入学校，并在学生中间流行开来。14 世纪，这类流行于英国公学的“氓夫足球”虽屡遭英国统治者禁止，却得到了开明的公学校长们的支持和鼓励，并逐渐被当作向学生灌输秩序和纪律的一种方法。随着后来对“氓夫足球”形式和规则的改良，这一现代足球运动逐渐被人们接受，并成为早期校园体育活动的主要内容。1848 年，出自英国公学学生之手的现代足球第一套规则面世，并在 1862 年以《最简单的游戏》之名出版。这是世界上第一本有关足球规则的著作。所以，现代足球的早期发展与学生们的参与和学校的支持是分不开的。随着现代足球运动在世界范围内的传播，校园足球推广至世界各地，校园足球文化逐步得到培育，并于 20 世纪中期走进中国的校园。

1863 年 10 月 26 日，在伦敦皇后达杰弗里玛森酒店，英国国内 11 家足球俱乐部联合举行了一次会议。就在这次会议上，世界上最早的现代足球运动组织——英国足球联合会宣告成立。后来国际足坛将这一天视为现代足球运动的诞生日。此后，现代足球运动逐渐在欧洲开展起来。1840 年以后，随着鸦片战争失败、屈辱的《南京条约》的签订以及继之而来的香港沦陷，英国的军界、政界、商界和宗教界人士纷纷踏入香港，并经此进入中国内地。在这一过程中，诞生于英国的现代足球逐渐传入香港，并由沿海各大城市传至内陆地区。

19 世纪 60 年代之前，当英国人携带足球进入香港并在英国人中流行时，当时的华人包括学生均以观众的身份“作壁上观”。1880 年前后，皇仁书院、圣若瑟书院和拔翠男书院 3 所香港学校的华人学生开始接触足球，并模仿英国人玩起了这一外来运动。这是有记载的中国人与现代足球较早的“亲密”接触。1863 年，上海运动事业基金董事会在上海买下跑马厅 28.67 公顷土地，建成了一座综合性体育场。在这座体育场内，建有高尔夫球场、板球场、棒球场、草地滚球场和网球场，同时设置了足球场以开展足球运动。但这一时期参加足球运动者仅限于西侨，上海的华人并未参与其中。除了香港、上海，现代足球也逐渐传入北京以及广州等城市。

综上所述，现代足球最早于 19 世纪 60 年代传入中华大地，首先是香港，继之为上海、北京和广州等城市。而华人开展足球运动则是 19 世纪末的事了。

有一个现象值得我们关注，那就是在足球传入过程中，无论是西侨，还是华人开展足球运动，均与学校对足球的接纳有着一定关系，这可以说是中国校园足球文化出现及发展的最初平台。

在香港，如前所述，足球传入后不久，即于 1880 年前后，皇仁书院、圣若瑟书院、拔翠男书院 3 所学校的华人学生开展起了足球运动。在上海，1895 年圣约翰书院的华人学生已经开展了足球运动，踢球的学生们头上梳着辫子，这是有历史记载的。

1901 年，圣约翰书院正式成立了足球队——圣约翰书院队，这是上海第一支仅由中国学生组成的校园足球队，标志着现代足球文化开始在华人学校中传播。在北京，受西方传教士的影响，一些教会学校在 1900 年前后也开展了足球运动。1906 年，协和书院校园足球队甚至在比赛中以 2∶0 的比分战胜了英国兵足球队。至此，校园足球文化开始在中华大地发展。

近年来，有关近代校园足球的早期资料又有了新的发现。瑞士巴色会（1815 年成立）信徒，曾于1864年和1865年先后在长乐县（今广东省梅州市五华县）属的樟村和元坑村建设了传教区堂。1873年，其德籍传教士毕安和边得志接受总会派遣，在元坑村创办了中书院。他们在院中建起了足球场，以教授学生足球。近年来，专家认为这是中国内地现代足球运动发展的开始，也是中国校园足球文化的开端。

自19世纪中期现代足球逐步传入学校后，传播区域以一些大城市和沿海侨乡为主。这些地方的许多大学和中学都成立了足球队和球会，开展足球训练和比赛，并以此为平台培养足球运动员和教练。1902年开始的上海圣约翰书院和南洋公学的足球赛事，成为早期学校足球竞技和校园足球文化传播的典范。自1908年开始，沪杭和沪宁沿线的城市与大学也纷纷举办足球赛事并使之常态化。侨乡广东梅县的梅州中学、乐育中学、东山中学，也都有自己的学生足球队。在1931年举行的梅县足球赛上，参与的球队达到了13支。这些都为早期足球文化在校园的传播提供了很好的条件。

现代足球在近代中国校园的开展与早期校园足球文化的传播，虽然局限在一定的区域、没有完备的组织体系，但其形成的相对浓厚的校园足球文化氛围对近代校园足球文化的发展起到了推动作用。

现代足球文化传入中华大地后，学校首先成为其传播和发展的主要平台。早期足球运动的开展虽限于一些大城市和沿海侨乡的学校，但也在一定程度上形成了自己的发展特点，其历史文化意义也是显而易见的。

第一，校园足球的开展，尤其是校际足球赛事的增多和交往的扩大，使足球文化的影响力逐渐扩展，对当时社会足球的整体发展起到了积极的推动作用。当时著名的足球运动员李惠堂、莫庆、唐福祥、陈振和、徐亚辉、戴麟经、张邦伦等，都是从校园足球运动员中脱颖而出的足球名将，他们对传播现代足球技术与足球文化做出了不可磨灭的贡献。

第二，近代中国早期校园足球的开展，为之后浓郁校园足球文化氛围和足球文化圈的生成奠定了基础。近代早期出现校园足球的一些大城市和沿海侨乡，如香港、上海、北京、天津、广州等地，为足球发展打下了坚实的基础。

第三，随着校园足球的发展和校园足球文化的普及，一批批掌握足球技能的学生逐渐进入社会球队，在“南征北战”中锻炼了自己并惠及球队，逐步形成近代中国足球文化的技战术风格，即细、短、边的南派风格和长、快、勇的北派风格。

第四，近代校园足球竞技和校园足球文化的发展，尤其是校园足球队的纷纷成立和不同比赛形式的出现，为早期校园足球文化建设提供了客观条件。诸如校园足球社团的成立、球队文化的塑造、球员与教练的培养、学校间足球赛制的形成与宣传、由校园足球带动的校际与城市文化交流等，都成为近代校园足球文化建设的重要内容。

新中国成立伊始，为了推动体育事业的发展，中央人民政府体育运动委员会于1952年成立后，即对以青少年为主体的校园足球运动给予了一定的支持。在竞赛方面，1953年举行了以学生为主体的第一届全国青年足球比赛；在组织方面，1955—1956年，中央人民政府体育运动委员会先后成立了球类司足球科和中国足球协会，其主要职责之一就是管理和指导学校足球运动的开展；在政策方面，1956年4月公布了《青年业余体育学校章程（草案）》和《少年业余体育学校章程（草案）》，随着章程的实施，足球逐渐成为全国各级体委、项目协会和行业协会开办的青少年业余体校中的一项主体科目，在促进校园足球文化发展的同时，也在一定程度上为新中国成立初期青少年足球后备人才“金字塔”培养模式的形成奠定了基础。

1960年开始，伴随着自然灾害的蔓延，政策导向也发生了一定变化，体育经费出现了严重不足，校园足球发展自然受到了一定影响。1964年后，国家经济的恢复为足球运动发展提供了条件，相关部门多次号召在校青少年广泛开展足球运动。1964年6月1日，共青团中央、教委和国家体委共同发布了《关于在男少年中开展小足球活动的联合通知》。该《通知》要求有条件的城市中小学要积极、适当地开展小足球活动，并定期举办少年足球赛。在开展的过程中，要选择一部分基础较好的学校作为基地，进行后备力量培养。在活动开展的初期，各级学校的足球活动在一定程度上得到了恢复和加强，培养出了一批具有巨大潜质的足球人才，这也在一定程度上推动了校园足球文化的发展。但好景不长，在1966年开始的“文革”中，此前打下的学校足球基础付诸东流。

1970年足球工作开始复苏，主要体现为重视青少年足球发展、丰富足球文化内涵、在部分地方组织集训队训练、国家队逐步恢复集训并参加了数场友谊比赛等。1972年全国青少年业余体育工作会议提出“重视青少年业余体育学校的组织建设”。1973年全国足球联赛与全国青年足球比赛开始恢复。1975年第三届全国运动会增设少年组足球赛。1976年中国恢复在国际奥委会的合法席位并回归奥运会。这些在一定程度上为我国校园足球的恢复和发展、校园足球文化的发展奠定了基础。

这一阶段校园足球文化的发展是与中国体育事业、足球运动的整体发展相伴而行的。新中国成立初期，校园足球的组织领导和开展方式基本上参照苏联的体育教育体制，以青少年业余体校为主要平台，以提高足球的竞技实力为主要任务，以培养足球后备人才为主要目标。但因“文革”的出现，校园足球的发展被迫停止。1970年，随着全国体育工作的复苏，校园足球有所恢复，校园足球文化获得了一定的发展空间，但前进的速度仍是缓慢的。从整体上分析，这一时期校园足球文化的发展尚处于初立基业时期，它是在中国体育事业和足球运动整体发展的环境下逐步前行的。

1978年改革开放，为校园足球的进一步发展和校园足球文化建设带来了契机。这一时期的校园足球仍然同中国足球的整体运行模式一样，继续以国家体委和中国足球协会为核心组织领导，延续“行政指令式”的人才培养体制。1979年国际足联重新接纳中国足球协会，同时国务院也批准了《关于提高我国足球技术水平若干措施的请示》。国家体委在请示中针对我国足球落后的状况，提出了包括“在群众中特别是青少年中大力普及足球运动”在内的九大措施。国家体委、教委和共青团中央在1980年1月17日共同发布的《关于在全国中、小学生中积极开展足球活动的联合通知》，推动了以“萌芽杯”“幼苗杯”和“希望杯”为代表的“三杯赛”在全国范围内的举办。这一系列政策的颁布与实施，在整体上推进了中国校园足球文化的新建设。由于得到了国家体委、教委和共青团中央的支持和推动，“三杯赛”在初期开展得轰轰烈烈，声势浩大。但由于根基不稳、平台不广、运行规则欠完善，加之后来一些学校过分追求比赛成绩，导致整个“三杯赛”活动陷入了功利性的泥潭而不能自拔，最终夭折。到1992年，足球受到冷落，足球优秀运动员人数持续减少，校园足球文化的建设与发展也因此受到了严重影响，进入了一个低潮期。

自1994年足球运动职业化改革开始，校园足球文化出现新的发展面貌。在此前后中国足球协会曾组织专家对北京、沈阳、大连、延边等11个地区进行了学校青少年足球运动现状调查。调查显示，经常参加足球训练的青少年中，8~12岁的有6359人，而13~16岁的只有2192人，这说明了足球人才的尴尬状况。针对这一状况，1994年9月，在北京红山口召开的全国足球青少年工作会议首先明确了我国青少年足球发展的方向，并通过了成立学校足球委员会的决议，由当时国家教委有关部门负责人任主任，中国足协负责人、社会名流和企业家任副主任。其职责是制订中小学足球运动发展规划与年度计划，组织学校系统开展足球活动，逐步建立大、中、小学足球竞赛制度，以全面推进校园足球文化的发展。这次会议还鼓励各地足协广泛成立业余足球俱乐部，推动形成多渠道、多形式和多层次开展青少年足球运动的局面，用以与校园足球文化的整体发展相呼应。

2001年1月，国家体育总局和教育部在深圳召开全国学校足球工作会议。会议倡议由中国大学生体育协会、中国中学生体育协会和中国足球协会共同成立“全国青少年学校足球工作委员会”。此次会议后不久，教育部学生体育联合会秘书处和国家体育总局足球管理中心共同下发了《关于进一步普及学校足球运动的通知》。该文件的主体精神是在建立和完善大学、高中、初中、小学四级足球联赛体系的基础上，正式建立全国大学生足球联赛，校园足球文化建设获得了更进一步的推进。

在中国足球发展史上，学校一直是足球发展与推广、足球文化品质提升的重要平台。但作为与学校足球相关的最时髦的名词“校园足球”，在2009年之前却未见诸报端。不过，自现代足球传入中国，学校足球的开展实质上就是校园足球初创、发展、演进并逐渐完善的过程，同时也是校园足球文化内涵逐步完善的过程。

2009年4月初，国家体育总局群体司与教育部体卫艺司开始会商在学校开展足球运动的事宜，大家一致认为“校园足球”这一提法更为合适。2009年4月14日，国家体育总局和教育部联合下发了《关于开展全国青少年校园足球活动的通知》，“校园足球”首次被写入通知中，这一术语也终于从幕后走向了台前。为此，有的专家认为，“校园足球”一词是特殊时期、特定时刻的新型产物。此后，校园足球与校园足球文化便成为学校足球活动的专用术语被广泛传播开来。

为了推动校园足球的开展，国家体育总局和教育部于2009年6月10日在北京回民中学召开了全国青少年校园足球活动工作会议，并举行了校园足球活动启动仪式，正式拉开了全国青少年校园足球活动的序幕。

从2009年“校园足球”一词被正式提出到2014年，我国校园足球文化建设进入了一个新的探索时期。在这一过程中，有几个重要的节点是需要提及的。

——2009年10月14日，由国家体育总局和教育部共同举办的全国足球工作座谈会在山东省青岛市召开。这次会议主要是对全国校园足球活动开展一年多来的工作情况进行回顾总结，交流工作经验，进一步统一思想、提高认识、改革创新，研究并部署下一阶段全国青少年校园足球工作。会后举行了全国青少年校园足球小学初中联赛。

——2010年12月27日至28日，由国家体育总局和教育部联合举办的全国青少年校园足球工作座谈会在辽宁省大连市召开。这次会议其实也是一次全国青少年校园足球文化的推进会。

——2011年1月28日，中共中央政治局委员、国务委员刘延东亲临国家体育总局调研并做出指示：“要以校园足球为突破口，培养青少年足球兴趣，发掘培养足球后备人才，打牢足球运动的根基，推动足球事业的可持续发展。”

——2013年2月18日，国家体育总局和教育部共同下发了《关于加强全国青少年校园足球工作的意见》(体青字〔2013〕12号)。

——2014年7月11日，习近平总书记在足球改革的重要批示中对足球改革做了顶层设计，即“坚持改革创新，坚持从娃娃抓起，坚持抓细抓实”。

——2014年11月26日，国务院召开全国青少年校园足球工作电视电话会议，刘延东在会议上强调，发展校园足球是成就中国足球梦想、建设体育强国的基础工程，对于深化教育改革、振奋民族精神具有重要意义。会议明确了下一步校园足球活动将由教育部主导，国家体育总局、发改委、财政部等相关部门提供支持，并指出这次调整是理顺关系、扩大平台、持续发展的需要。自此，校园足球牵头管理部门由国家体育总局转变为教育部。

在2009—2014这5年的时间内，国家体育总局牵头，有关部门协同配合，各地各校积极探索和实践，校园足球运动从弱到强，校园足球文化建设也出现可喜变化。随着师资队伍在一定程度上加强，保障力度逐步加大，竞赛活动不断开展，校园足球发展规模逐步扩大，足球文化氛围越来越浓厚，为社会输送了一批足球人才。所获得的经验和取得的成绩，为校园足球文化的持续发展打下了良好的基础。

然而，取得的成绩和成果，与人们的理想预期还有着一定差距。例如，部分部门负责人、家长、校长、教师因担心学生踢球影响学习成绩而出现不正确的思想认识，校园足球发展不平衡、普及程度不高，教师和场地数量不足，某些政策和措施欠完善，等等，这些都成为下一阶段校园足球文化发展所面临和需要解决的问题。

2015年1月8日，全国青少年校园足球工作领导小组成立。这是校园足球牵头管理部门由国家体育总局转变为教育部后成立的第一个校园足球管理组织。

2015年《国务院办公厅关于印发中国足球改革发展总体方案的通知》，明确提出"教育部应当履行好校园足球主管责任"，中期目标要实现青少年足球人口的大幅增加。"改革推进校园足球发展"部分的第二十二条更明确指出："促进青少年足球人才规模化成长。推动成立大中小学校园足球队，抓紧完善常态化、纵横贯通的大学、高中、初中、小学四级足球竞赛体系，探索将高校足球竞赛成绩纳入高校体育工作考核评价体系。"同年7月22日，《教育部等6部门关于加快发展青少年校园足球的实施意见》（教体艺〔2015〕6号）发布，这是对校园足球发展的顶层设计。它从指导思想、基本原则、工作目标、重点任务、保障措施和组织领导方面对校园足球提出了具体要求。这一意见的出台，完善了校园足球文化定位，确立了校园足球文化发展的出发点和落脚点，将培养全面发展、特长突出的青少年后备人才调整为"足球育人"。

随着校园足球牵头部门的转变和《中国足球改革发展总体方案》的颁布实施，多部门配合共同促进校园足球发展的一系列配套文件陆续出台。这对进一步完善校园足球政策体系、全面推进校园足球文化发展具有重要意义。

在教育部履行校园足球主管责任的前提下，2015年后校园足球进入了改革发展时期，校园足球被定位为中国足球事业改革发展的基础性工程。为普及推广、扩大青少年足球人口和夯实人才根基性工程，相关部门开始加强校园足球的顶层设计，并逐步完善政策体系。在推进校园足球文化普及方面，初步构建起了"特色学校+高校高水平足球运动队+试点区（县）+改革试验区"的"四位一体"校园足球立体普及体系，同时也提前3年完成了《中国足球改革发展总体方案》中建设2万所特色学校的要求，逐步形成了四级青少年校园足球联赛体系。同时，校园足球在师资队伍、资金投入和场地建设等方面也有了新的突破。

但正是因为处于改革发展阶段，校园足球仍然存在着一定的问题。例如，各学龄段学生因学习和家长观念问题而导致参与足球比例差异较大，广泛开展的足球特色学校存在重申报、轻建设现象，校园足球重竞赛、轻训练，相关设施建设推进缓慢，等等。因此，重视校园足球管理，进一步加强督导检查和责任追究，才能在真正落实政策的基础上，破解校园足球发展过程中的难题，才能真正达到校园足球改革的目的。也只有如此，才能推动校园足球文化健康、有序和科学地发展。

三、我国校园足球文化体系

通过对我国校园足球发展历史的梳理和校园足球文化演进的分析，可以看出我国校园足球文化通过不同时代的发展，已经逐步建立起一套独特的体系。我们知道，校园足球是一种运动、一种教育，是传递正确价值观、实施素质教育和文化传承的重要手段。我国校园足球文化作为校园足球发展的灵魂和核心动力，是培养学生健康心理、品格的良好载体。通过这一载体，激励、吸引学生积极参与足球活动，让学生成为自己、完善自我、超越自我，最终实现全面发展。

1. 校园足球文化理念

校园足球文化理念是对足球的认识和对规律的把握，应将校园足球视为一种系统性的具有快乐特质的文化和活动，也就是“享受足球，享受生活”，这与国际足联的草根足球理念是极为相近的。但在实际中，多年来校园足球一直受中国足球整体发展理念的影响。例如，足球理念长期以来被现实的功利性目的左右，一次次的失败更进一步激化了想赢怕输的心理，同时足球负担了过重的政治功能性任务。面对新的形势，我们的校园足球文化理念应突破传统观念，真正使学生“享受足球，享受生活”。为此，我国校园足球文化理念应是一种既体现世界足球先进性，又具有中国特色的系统性理念体系。

2. 校园足球文化特征

校园足球文化是广大师生在长期校园足球运动中形成的关于足球的思想、理念、习惯、行为及氛围，是校园文化和足球文化交汇而产生的一种具有深刻内涵和鲜明特点的文化形态。我国校园足球文化在构建和发展中形成以下特点。

①继承性。校园足球文化的继承性特征，就是通过校园足球这一载体，继承与发

展中华优秀传统文化，提炼与积淀学校优良的精神风貌，并通过格言、制度、文献、音频、影像、标示等方式，以视觉符号、听觉符号、意象符号等形式固定下来。

②普及性。校园足球文化的普及性，体现为足球运动的草根化、生活化、学习化。通过不同类型、不同层次和丰富多彩、生动热烈的校园足球文化活动，培养学生“与生活同伴、与学习同行”的足球运动习惯，体现出足球与校园生活同行、足球文化与校园文化相融的校园足球文化氛围。

③人性化。校园足球文化的人性化特征就是以人为本，挖掘足球内涵，达到“以文化人、以文育人”的目的，最终建立兼顾校园文化需求和师生精神需求的具有人本意义的体育观念、精神与思想意识。

④生动化。校园足球文化丰富多彩、不拘一格、灵活创新、形象生动。而其生动化的特征则体现在足球竞赛、足球摄影、足球征文、足球宝贝秀、足球嘉年华、足球知识竞赛、足球助威语、足球标示（吉祥物、队服、队徽等）以及足球啦啦操等各种形式当中。

⑤多元化。校园足球文化正呈现出多元化趋势，为此，通过校园足球活动，在关注文化差异、种族差异、行为差异和价值差异的基础上，实现不同文化的融合，塑造学生正确的世界观、人生观和价值观，满足师生对生命、健康、自由、个性、交往、自我发展与自我完善等多元价值的追求。

⑥网络化。随着全媒体时代的到来，网络因其具有开放性、时效性、平等性以及交互性等特征，扩大了校园足球文化的信息来源。与此同时，网络的资源共享性又为校园足球文化的传播提供了新的途径，不同的交流平台使校园足球文化比以往更多元、更互动、更交融、更加受到关注。

3. 校园足球文化体系的构成

校园足球文化是在学校开展足球运动过程中，经过历史积淀而逐渐形成的校园足球理念、校园足球精神风貌、校园足球规章制度、校园足球价值评判体系、校园足球环境、校园足球行为等文化表现形式，是校园足球爱好者所共同拥有的群体意识和群体价值，是校园足球运动所打造的精神成果和物质成果的总和。为此，我们可以将其分为精神文化、制度文化、物质文化、行为文化四个层面。

①校园足球精神文化。校园足球精神文化是在校园足球开展过程中，足球爱好者所共同拥有的群体意识和群体价值，表现为有关足球运动的行为准则、价值观念、思想观念、艺术文化，以及球员的拼搏精神和意志信念，集中体现了校园足球的价值观、文化观、传统精神、校园氛围等。校园足球精神文化是校园足球文化的核心，并在潜移默化中为校园足球文化建设指引方向。

②校园足球制度文化。校园足球制度文化，是用以调控和规范校园足球运动的各种组织机构和规章制度的表现形态，包括校园足球运动的组织、运行机制、管理规范和竞赛规则等。校园足球制度文化是校园足球文化建设的关键与枢纽，建设校园足球制度文化的最终目的是使足球爱好者和参与者能够形成自我管理、自我约束、自我教育的习惯。校园足球制度文化的前瞻性、纲领性是校园足球文化核心价值的集中体现，规范化和科学化是校园足球开展的重要保障。

③校园足球物质文化。校园足球物质文化是指校园足球活动主体（学生）在参与校园足球运动过程中的运动方式及其物化形态，包括与校园足球相关的一切物质要素，诸如器材设施、场地、师资力量，以及相关书籍、资料及科研成果等。校园足球物质文化是校园足球参与者在运动过程中形成的文化成果之一，是进行校园足球运动的基础条件。

④校园足球行为文化。校园足球行为文化，是指学生们在校园足球运动（包括足球竞赛、足球游戏、足球网络媒体）中表现出的言谈举止和礼仪形象。校园足球行为受学生价值取向、足球理念、校园足球环境、社会足球环境、学生精神状态等因素的影响，其方式是学生价值取向在校园足球实践活动中的具体反映。

四、我国校园足球文化发展的经验与启示

当代校园足球文化的发展，是与当代教育事业和足球运动的整体推进分不开的。虽然“校园足球”以一个专有名词出现仅有短短几年的时间，但校园足球文化经过了初立基业、曲折发展、求新探索和改革发展几个不同时期，其内涵在不断丰富，并在校园足球指导思想、组织体系、培训体系、竞赛体制和保障体系等方面凸显出整体的发展特点，留下了诸多经验和启示。

第一，在近 70 年的发展过程中，我国校园足球逐步形成了一条中国特色的指导思想，就是以增强学生体质，培养青少年拼搏进取、团结协作的体育精神为宗旨，通过广泛开展校园足球活动，建立和完善小学、初中、高中和大学四级足球联赛，在青少年学生中普及足球知识和技能，形成校园足球文化，从而培养全面发展、特长突出的青少年足球后备人才。这一指导思想对校园足球开展的宗旨、发展途径和目的都做了明确表述。总体而言，校园足球文化近几年基本上也是在遵循着指导思想所要求的促进青少年体质健康和培养足球后备人才这两大主题而发展的。

第二，随着校园足球的开展，与其配套的相关组织体系也在逐渐完善。由新中国

初期的体育和教育部门分别从各自领域在宏观上对校园足球加以领导，到后来设立各自专门组织机构，再到各部门通力合作成立专门组织机构，然后到由国家体育总局转变为教育部主导后成立第一个校园足球管理组织——全国青少年校园足球工作领导小组，预示着我国校园足球在组织机构上正在走向体系化。

第三，培训工作是校园足球文化发展的基础之一，随着校园足球发展指导思想的确立，培训工作也逐步常态化。自 2009 年开始，上至教育部、国家体育总局，下至基层各相关院校，都开展了相应的校园足球培训活动。培训对象包括学校校长、足球裁判员、足球教师和指导员、联赛注册管理人员，培训内容涉及足球技战术训练在内的专业知识和技能。仅 2015—2017 年，国家层面就培训了 3 万多人，地市级、省级教师培训累计达到 20 多万人。另外，对教练、优秀退役运动员也进行了培训。随着校园足球培训体系的逐渐形成，校园足球文化的内涵得到了进一步的丰富。

第四，经过近 70 年的发展，校园足球已经形成了四级联赛体制，校园足球文化得到了多层次的完善。一是校内竞赛、校际联赛、选拔性竞赛和出国交流比赛；二是大学、高中、初中和小学四级青少年校园足球联赛；三是以班级联赛为基础的小学预赛选拔赛及总决赛、初中预赛选拔赛及总决赛、高中预赛分区赛及总决赛、大学联赛（高水平组、校园组和高职组）及全国选拔赛（夏令营和冬令营）。上述竞赛体系的形成也成为当代校园足球文化普及与发展的重要一环。

第五，校园足球的保障体系逐渐走向完善。例如，建设校园足球特色学校，包括校园足球试点区（县）、校园足球改革试验区，从国外选聘一线足球教师到校园足球特色学校任教，扩建、改建和增建一批校园足球场地，国家和各省（自治区、直辖市）、各地市、各区（县）对校园足球发展投入专项扶持资金，建立校园足球发展的激励机制，制定相关升学政策，等等，为校园足球文化的整体发展提供了保障。

作为一种校园文化的校园足球从进入我国校园到现在已经走过了近 150 年的历程。经过新中国成立后 70 多年的发展，虽然已经有了良好的基础，但仍然存在诸多需要破解的难题，如校园足球总人口基数起伏不定，教学培训和教师培养的相关标准尚待进一步完善，赛风赛纪有待加强，等等。这些都是今后校园足球发展过程中需要完善的。

（国家体育总局）

普及校园足球推进全面育人

纪桂武

足球是国家体育改革的重要组成部分，校园足球是学校教育的重要组成部分。北京市延庆区康庄中心小学在全面发展的同时，坚持开展校园足球工作十几年，形成了鲜明的校园足球办学特色。学校现有24个教学班、720名学生。学校校园足球的特点是全员足球、全面落实、全面育人。学校把校园足球作为育人的载体，作为实施素质教育的一种重要方式，用于促进学生全面而有个性地发展。学校形成了教育部认可并推广的“人人能踢球、班班有球队、周周有比赛，提高学生全面素质，培养全面发展人才”校园足球发展模式，先后被评为“全国首批足球特色学校”“全国体育工作示范学校”“全国教育系统先进集体”。由此可见，校园足球的发展是一项系统性的工程。

一、树立先进的校园足球教育理念

校园足球不仅是一种竞技游戏，而且是学校教育、学校文化的一部分。在校园足球实践过程中，学校的校园足球理念得到不断提升。2001年，学校提出了“小足球，大教育”的校园足球理念，确立了以足球育人的思想。其目的：一是为了提高学生的体质健康水平，遏止青少年身体素质不断下滑的趋势；二是让学生掌握一项运动技能，养成终身体育锻炼的习惯；三是培养学生的健全人格，促进学生全面发展。在“小足球，大教育”理念的引领下，2012年，学校把“以足球润德、以足球健体、以足球启智、以足球育美”作为发展校园足球的目标。通过校园足球的开展，落实学校的德育、智育、体育和美育，落实素质教育，促进学生在德智体美劳等方面的发展。“以足球润德”就是要通过校园足球培养学生健全的人格，实现立德树人，促进学生全面发展；“以足球健体”就是通过校园足球，提高学生的身体素质，培养学生的运动兴趣和运动习惯，让每个学生掌握一项运动技能，让健康伴随学生的终身；“以足球启智”就是开启学生的智慧；“以足球育美”就是培养学生的审美能力、审美情趣。

二、建立校园足球组织机构

（一）建立领导小组

学校建立了以校长为核心，以体育、德育、教学、艺术干部为成员的领导小组，负责校园足球工作的顶层设计、发展规划和年度计划的制订。

（二）成立专家指导组

学校成立了以金志扬、邓广忠为核心的专家教练组，指导学校全面开展校园足球工作。

（三）建立工作小组

学校建立了校园足球工作小组，设立足球工作办公室，下设课题组、教练组、活动组、后勤保障组、宣传组等，保障校园足球工作的全面落实。

三、建立校园足球工作保障机制

（一）时间保障

为了保证全校学生都能踢上球，每班每周都有一节 40 分钟的足球课。参加足球队的学生利用课外活动时间，每周进行 3 至 4 次训练，周六日和寒暑假进行集中训练和比赛。

（二）物质保障

2009 年，学校建成了 8379 平方米的人造草坪运动场，内设 7 人制足球场地。2014 年建成了 1200 平方米的多功能活动室，用于学生开展足球活动和对教师、家长进行培训。

（三）经费保障

几年来，学校得到了当地教委、体育局的大力支持，每年投入资金用于场地维护、器材购置、服装配备、赛事组织和教师培训等。

（四）安全保障

针对安全问题，学校采取了如下措施。第一是加强校园足球的安全管理，建立校园足球安全管理制度，如《校园足球安全管理制度》《校园足球意外伤害事故的预防》《校园足球意外伤害事故的处理》等，从场地设备管理、教学活动安全、足球运动常见事故的预防、意外伤害事故的处理程序等方面明确了要求，有效避免了学生意外事故的发生。第二是加强学生的安全教育。如何做热身、如何安全使用场地设施、在运动过程中注意哪些问题、什么危险动作不能做、如何保护自己等，都需要在活动前向学生讲清楚。第三是完善保险制度，学校每年为学生上意外伤害保险、校方责任险和临时比赛意外保险。只要管理有序、训练科学、保障到位、事故处理程序规范，校园足球就会得以顺利开展。

四、加强校园足球教师队伍建设

（一）校外专业教练的聘用

学校聘任懂教育、爱学生的校外足球专业人员担任教练，引领校内教师发展。学校先后聘任原国家队教练、北京国安队主教练金志扬为学校足球顾问，国家 A 级教练邓广忠为总教练，原北京队队员及北京体育大学专业足球教师为足球教练。

（二）校内足球教师的培养

学校足球教师队伍建设是一项长期而系统的工程，学校采取了如下做法。

1. 注重足球教师的选拔

学校注重对足球教师的选拔。具体条件是：要热爱足球事业、要有良好师德、要有专业素养、要有仁爱之心。

2. 加强足球教师的培养

①个人学习。教师主动学习足球相关知识，提高足球教育教学能力。

②校外培训。支持教师参加各级各类足球教练培训，提高教师的足球专业素质。

③专家引领。通过足球专家、教练的引领，帮助教师解决训练中的困惑，提高训练水平。

3. 完善对足球教师的评价

在校园足球实践过程中，学校在制订《学生评价方案》《班主任评价方案》的基础上，制定了《校内足球教师评价考核办法》，强化对足球教师的管理。

4. 落实足球教师的待遇

将足球课外活动、足球课余训练纳入教师工作量，在《绩效工资方案》中加大奖励力度，设立足球专项奖励资金，足球教师在评优、评先进、评职称等各方面与其他科目教师享受同等待遇。

多年来，通过个人学习、校外培训、专家引领，实现了足球专业与教育专业的整合，学校的足球教师由原来的 1 名发展到 5 名，其中 1 名教师获得了国家级足球教练证书。他们的足球课、足球队训练，获得了教研部门、培训部门的认可，曾多次为全国的教授、教研员、体育教师展示观摩课、示范课。目前，学校形成了一支以 5 位校内足球教师为主、3 位专业教练为指导的复合型足球教师团队。

五、深入推进校园足球课程建设

为了让足球走进课堂，2010 年 9 月，学校在小学各年级落实每周每班 1 节足球课。

（一）编制《校园足球课程标准》

2011 年 9 月，康庄中心小学开始编制延庆区首套《校园足球课程标准》，并上交教育部。《校园足球课程标准》强调了校园足球的育人性，注重校园足球课程教育功能的多元化，从足球运动参与、足球运动技能、身体素质、心理品质、思维能力、运动保健 6 项领域，明确了各年级校园足球教学的目标和内容。体现了校园足球课程的 6 个特征，即基础性、综合性、健身性、实践性、竞技性、趣味性。

（二）编写《校园足球校本教材》

2011 年 12 月，学校开始了《校园足球校本教材》的编写。教材分一、二年级，三、四年级，五、六年级 3 个部分。在教学内容安排上，教材包含足球理论知识、足球运动技能、足球战术指导、足球教学比赛、足球学习评价等板块，并遵循由易到难、由浅入深的规律。在教学方法上，一、二年级以足球游戏为主，三、四年级以个人技术为主，五、六年级以战术配合为主。校本教材为教师上好足球课提供了保障。2014 年，学校教师张欢参加了人民教育出版社校园足球教材的编写工作。

（三）完成足球课堂教学评价

2012年，学校制订了《康庄小学足球课堂教学评价方案》，从场地设备的使用、课堂教学结构、学生训练密度和运动量大小等方面对足球课堂教学进行综合评价。

六、开展丰富多彩的校园足球活动

（一）开展体育明星进校园活动

体育明星进校园，有利于培养学生对体育运动的兴趣。几年来，学校先后邀请张怡宁、韩晓鹏等11名世界冠军以及曾效力于北京国安俱乐部、北京八喜联合竞技足球俱乐部、北京老男孩足球俱乐部的杨璞、曹限东、南方等16名足球运动员走进学校，与学生进行互动交流。

（二）开展足球大课间活动

为了保证学生每天锻炼1小时，2013年，学校创造性地开展了由全体学生参与的1小时足球大课间活动，形成了学校常态足球课外活动机制。2014年，学校创编了校园足球啦啦操，并成立了学校足球啦啦队。

（三）举办学校足球节

2012年5月，康庄中心小学创办了全国首个学校足球节。足球节包括5个环节，即开幕式、入场式、班级足球对抗赛、亲子足球表演赛、个人足球技能赛。足球节已成为每个学生最为期盼的节日。

七、加强学校各级足球队伍建设

足球队是校园足球的基本组织，学校在全面普及足球的基础上，每个班级都建立了足球队。学校现有班级足球队24支、年级足球队12支、校级足球队6支。年级不同，训练时间、训练内容、训练方式也各有不同。为使每个学生都能够真正感受足球运动带来的成功和快乐，学校创建了班内比赛、班级联赛、校际比赛三级赛制。其中，班内比赛，是指利用足球课和足球课外活动，开展以足球游戏、足球趣味赛、足球对抗赛为主的班内比赛；班级联赛，是指以班为单位，每年组织 4 次，保证了每周都有 2~3 场的班级联赛，形成班级联赛常态机制；校际比赛，是指学校足球队每年要参加 30~40 场校外各级各类比赛。

八、创设浓厚的校园足球文化

为了普及足球知识，培养学生对足球的兴趣，感悟足球文化，学校从环境、课程、球队、活动四个层面进行文化构建，形成了浓厚的足球文化氛围。

（一）环境层面

2012 年，学校开始进行环境层面建设，先后建成百米足球文化墙、百米足球文化长廊和校园足球展馆。学校的每一面墙壁都在讲述着足球的故事，传播着足球的精神，这种文化潜移默化地影响着每一个学生。

（二）课程层面

2012 年，学校开始进行校园足球与语文、英语、道德与法治、美术、音乐等学科整合的实践。学校倡导学生写足球、评足球、画足球、唱足球，通过开展足球书法、作文、演讲、绘画、摄影等丰富多彩的活动，让足球文化深深地植入每个学生的心里。

（三）球队层面

在班级足球队、年级足球队建设过程中，足球队的队名、队徽、队旗、队服都由教师和学生一起设计。2009 年，学校把足球队命名为“雄鹰足球队”，寓意康庄中心小学的孩子们会像雄鹰一样，从延庆康西草原上起飞，飞向全国。另外，学校设计制作了康庄中心小学足球队标志，图案由一只展翅的雄鹰和一个金色的足球组成，传递着康庄中心小学的足球梦想。

校园足球工作促进了学生发展、学校发展、区域发展。

校园足球促进了学生全面而有个性的发展。学生身体好了，“小胖墩”少了，“小眼镜”少了，学生的柔韧性、弹跳性、耐力、爆发力、肺活量整体上每年都有明显提高。学生的荣誉感、责任感、意志品格、心理品质、文明素养、团队合作意识等得到明显增强。学生踢球的兴趣也浓了。全校所有学生都非常喜爱足球运动，享受足球运动带来的快乐。为了踢球，有的学生放学不愿回家，有的放弃了家长强迫参加的其他兴趣班，有的外地孩子不愿意转回老家上学。踢足球已逐步成为全校学生共同的兴趣爱好，已成为全体学生的一种健康运动方式。足球队踢球水平高了，16 次获得延庆区足球联赛冠军，在北京市组织的各项比赛中 2 次获得冠军、3 次获得亚军、9 次进入前八名。6 名学生先后被选入北京梯队，20 多名学生考入北京体育大学和首都体育学院。

校园足球促进了学校整体发展。学校经过多年来的实践与创新，形成了“人人能踢球、班班有球队、周周有比赛，提高学生全面素质，培养全面发展人才”的校园足球模式。校园足球已成为学校的办学特色，学校初步实现了 1+X 的体育发展模式，得到各级部门和社会的认可。教育部体育卫生与艺术司司长王登峰 5 次走进康庄中心小学。2014 年 11 月，教育部授予康庄中心小学“全国校园足球先锋学校”称号。校园足球这根杠杆，有力地撬动了学校的体育、德育、教学、艺术等方面的工作，促进了学校的全面发展。几年来，学校获得区、市、国家级集体荣誉共 30 项。

校园足球带动了区域发展。多年来，在各级领导的关心和支持下，康庄中心小学以创新的思维、执着的精神，走出了一条校园足球普及之路，形成了一套校园足球体系，即理念体系、实践体系、保障体系。校园足球带动了区域的发展。北京市延庆区教委多次在康庄中心小学召开校园足球启动会、研讨会、现场会。学校承办了北京教育学院组织的教师、校长校园足球培训会。学校还承办了教育部主办的校园足球先锋启动会、全国青少年校园足球师资国家级专项管理干部培训，举行了校园足球启动仪式，来自全国 31 个省、自治区、直辖市的校长、教师、教研员以及高等院校的专家 1 万人次到学校进行观摩学习。受教育部及各区（县）教育部门邀请，学校先后为全国校园足球学校培训教师 12000 人次。

总之，校园足球工作是一项具有持久性、创新性的工作。《中国足球改革发展总体方案》的出台，标志着校园足球新的开始。在校园足球实践过程中，我们既面临着机遇，又面对着挑战，面对着各种各样的困难，需要基层学校去创新、去主动解决。为了学生的全面发展，为了实现足球梦，我们一起并肩前行！

（北京市延庆区康庄中心小学）

第二章

校园足球的教学设计与活动组织

校园足球课堂教学设计及教学质量提升策略

张细谦

校园足球的教学设计和教学质量的提升，是当前我国学校体育界热门的话题之一。

学校不能只关注校园足球，也要看到开展校园足球的真正目的。从1999年《中共中央国务院关于深化教育改革，全面推进素质教育的决定》颁布以来，素质教育已推进20余年。2016年，《中国学生发展核心素养》研究成果的发布，标志着素质教育进入了新的发展时期。随着《普通高中体育与健康课程标准（2017年版）》的颁布实施，高中体育与健康课程改革正式进入核心素养时代。与此同时，义务教育阶段的课程与教学改革也逐渐进入核心素养阶段。核心素养贯穿于各个学段，渗透于各个学科。因此，本文结合核心素养来阐述校园足球课堂教学设计与教学质量提升。

一、校园足球的课堂教学设计

从校园足球与核心素养相结合这个角度来看，校园足球有助于全面培养学生的体育与健康学科素养。校园足球应该从课堂教学开始，因此在教育部制定的校园足球特色学校评价指标体系中，要求所有的校园足球特色学校每周开设一节足球课。可见，课堂教学是校园足球的重要途径。

（一）教学设计是校园足球教学的起点

1. 教学设计对校园足球具有重要意义

众所周知，教学活动通常包括教学设计、教学实施和教学评价三个环节。因此，校园足球教学要从教学设计开始。中国有一句古话叫“凡事豫则立，不豫则废”，“豫”亦作“预”，讲的就是设计、规划或计划。开展校园足球教学活动，如果没有好的宏观设计、中观设计及微观设计，那么就可能是盲目的，也可能会迷失方向。

2. 教学设计的内涵

所谓教学设计，是指教育实践工作者以各种学习和教学理论为基础，依据教学对象的特点和自己的教学理念、风格，运用系统的观点与方法，遵循教学过程的基本规律，对教学活动进行规划、安排和决策。也就是说，在教学过程中，并不是教师想怎样教就怎样教，而是必须有一个总体的规划和各环节的实施方案。

3. 教学设计必须充分考虑教学对象的特点

校园足球的教学必须依据教学对象的特点。小学、初中、高中等不同学段的学生，有着相应的身心发展特征。同时，在进行校园足球教学设计时，教师也要有自己的教学理念和教学风格，还要依据一定的教学理论。

4. 从宏观层面制订校园足球教学的水平计划

如果只谈课堂教学，容易出现“只见树木不见森林”的现象，因此，教学设计要从宏观到中观再到微观。在进行课堂教学设计之前，先要弄清宏观教学设计，就是制订水平计划。校园足球不是游离于体育与健康课程改革之外的。足球是一项运动，是一项重要的教学内容，还是体育与健康课程内容中的运动技能之一。运动技能本身是目标，也是实现其他方面目标如身体、心理、社会适应目标的一个重要载体。在做教学计划的时候，首先要有一个水平计划。比如，小学阶段可以分为水平一、水平二、水平三，初中阶段属于水平四，高中阶段属于水平五，那么，对应的足球技能水平需要有一个总体规划。我国学校体育界普遍认为课程体系一直存在衔接的问题。校园足球的教学中也存在类似的问题：小学在教颠球，初中在教颠球，高中还在教颠球。因此，小学、初中和高中对同一个动作必须有不同的要求，即使是同一个水平也要体现出递进的关系，在宏观上要有一个水平计划。例如，依据课程标准，小学低年级以教单个动作为主，小学高年级以教组合动作为主；到了初中，可以教简单的技战术；到了高中，则要教运用足球的技战术。在做水平计划时，要从学校具体的足球资源等情况出发，注重突出校本特色和各水平之间的衔接，科学合理地制订水平计划，这是开展校园足球教学的前置条件。

5. 从中观层面制订学年计划、学期计划和单元计划

中观层面的教学设计包括学年计划、学期计划和单元计划。学年计划一般来讲是从每年的9月到第二年的6月，其间如何确定教学目标，如何安排教学内容，需要在学年计划和学期计划中明确。单元计划或模块计划，要通过若干次课堂教学使学生掌握这个技术动作。校园足球教学最终要落实到课堂教学计划中，如果说中观计划注重承上启下，课堂教学计划就要注重实效性和可行性。本文重点阐述的课堂教学设计，主要适用于校园足球教学的展示课、评比课或公开课。

（二）校园足球课堂教学设计的基本要素

一个完整的课堂教学设计，要包括学情分析、教学指导思想、学习目标、教学内容、组织与教法、教学流程、单元教学计划和教案八个要素。

1. 学情分析

一堂优质课应该把学情分析作为起点。2001年以来，我国基础教育体育与健康课程改革强调学生本位，因此，教学设计要从学情分析开始，从两个层面分析学生的基本情况。在宏观层面，要分析本学段，即水平一、水平二、水平三、水平四或水平五学生身心发展的基本特征及足球教学的总体要求。教育部印发的《全国青少年校园足球教学指南（试行）》，对每一个学段学生的足球教学都提出了具体的要求和不同的建议，就是基于对学生宏观层面的分析。在微观层面，要分析所教授学生的身体素质、技能基础、兴趣爱好、组织纪律以及足球基础。具体来说，就是教师所授课的班级有没有学过足球，如果学过，那么学生对技能要掌握到什么程度。教学设计从学情分析开始，按照教学原则来讲，这就是因材施教的教学原则。

2. 教学指导思想

校园足球教学设计的第二个要素是教学指导思想。党的十八大报告指出，教育的根本任务是立德树人。学校教育的根本任务要落实到课堂上，体育与健康课程要着重培育学生的体育与健康学科核心素养。体育与健康学科核心素养主要强调三个方面，即运动能力、健康行为和体育品德。在校园足球课堂教学中，培养学生运动能力、健康行为、体育品德的教学指导思想必须清晰。

校园足球教学要落实以学生为主体的教学观念。我国体育教学的价值取向，经历了从社会本位到学科本位再到学生本位的过程。校园足球教学是为了促进学生身心健康发展，树立并践行以学生发展为中心的观念。

3. 学习目标

（1）学习目标的含义

在校园足球教学中，要以学习目标引领内容和方法的选择。所谓学习目标，是指学生通过足球学习，期望发生的一些积极变化，或预期的学习结果。校园足球是一个载体，是一种手段，是一条重要途径。校园足球的最终目标，是促进学生的健康发展。在义务教育阶段，要注重运动参与、运动技能、身体健康、心理健康和社会适应；在高中阶段，则强调运动能力、健康行为和体育品德。这是学生通过校园足球学习可能发生的积极变化。足球运动在培养学生核心素养上的效果是最综合、最全面的。足球运动对于培养学生的体育精神、体育品格、体育道德的作用也是很大的。

具体来说，学习目标包括四个部分：一是行为主体，这个动作由谁来做；二是行为动词，即这个动作是什么；三是行为条件，在什么情况下去做这个动作；四是行为程度，指学生完成动作的熟练程度或成功率。例如，“通过观察、领会、比较，知道动作名称和‘马修斯’过人的动作方法，明确在比赛中如何运用。在体验、模仿学习中，80%左右的学生能够完成‘马修斯’过人动作，发展灵敏性和协调性等身体素质，提高控球能力。通过游戏、竞赛，培养学生的兴趣和争先意识，体现团队合作精神”，这一学习目标表述得很好，该课获得了第七届全国中小学优秀体育课教学观摩展示活动特等奖。

这里有几点值得注意。①行为主体在表述中通常是省略的，默认为学生。比如，观察、领会、比较、知道、体验和模仿，这些通常是学生来完成的。这些行为主体都是学生。②在使用行为动词时，教师要进一步地细化，使动作更加明确。动作技能的形成与发展有一定的规律，通常可以分为三个阶段，即初步掌握阶段、改进提高阶段、巩固与运作自如阶段。不同的学习阶段，在制订学习目标时要有所区别。比如，体验和模仿、感知和学习，主要安排在第一个阶段，就是学生刚刚开始学习的时候，不一定能够应用，也不一定很熟练，但是可以感受、体验。③行为条件是指“通过……，在……中间”。④要指出行为程度，如控球能力提高到什么水平，达到何种熟练程度。

需要强调的是，课程标准的“标准”和“目标”都是针对学生而言的，即期望学生通过体育与健康课程的学习，达成的学习结果，因此，在制订教学计划时，都要用学习目标来描述。教学目标与学习目标表述的区别主要体现在，如果是教学目标，就是这个动词是老师和学生共同要去做的；如果是学习目标，这个动作就是学生来完成的。

（2）学习目标的制订要处理好竞技化问题

竞技运动项目是学校体育教学的主要载体，但是不能够把竞技运动直接搬到课堂中来。某些经济发达的沿海城市，动辄一年花几百万元聘请外籍教练，把这些足球教练安排到学校足球训练中。这种做法无疑具有竞技化倾向。在制订足球学习目标的时候，不要过于竞技化。竞技化通常意味着成人化、规范化，意味着拔苗助长。在足球进校园、足球从娃娃抓起的今天，足球学习目标可以更加宽泛，更加多元化，要适应学生足球综合素质发展的要求。

4. 教学内容

（1）教学内容选用的依据

进行教学设计时，要对教学内容进行分析，也可以表述为教材分析。不要简单地把上课内容陈列出来，而是要从学生特点和教学目标的角度，着重分析足球教学内容的作用、重点、难点，及其选用的依据。例如，在教传球的时候，脚背内侧传球、脚背正面传球、脚背外侧传球有什么区别？在选用教学内容的时候，就要分析：选用这版教材的依据是什么？课程标准中是否有相应的内容标准？教师不能脱离课程标准，小学课标中有小足球，初中、高中课标中有球类运动，有足球。除了要分析内容标准的项目之外，还要分析参考教材的版本所选用的教材中有没有相应的教学内容，这就要分析教材选择的依据。

（2）教学内容选用的注意点

足球教学内容的选用，要注重主要动作技战术的学练，像传球、踢球、运球、颠球等。这并不是说守门员技术不重要，而是在校园足球活动中大多数学生运用得不是太多。除此以外，还要考虑学生练习足球的强度、密度和技术技能的掌握等。

足球教学内容的选用要因地制宜、因校制宜。我国现阶段校园足球活动存在发展不平衡不充分的现象，在足球教学资源方面体现得尤其明显。在足球师资、场地、器材和设备等方面，各学校是千差万别的。据了解，有的学校能做到人手一球，就是每名学生一个足球。而有的学校，特别是偏远山区的学校，足球器材相当少。总之，教学内容的设计要考虑学校的场地、器材、师资等教学资源。

5. 组织与教法

（1）合理运用教学组织形式

在足球教学中，组织与教法主要包括队伍的安排与调动、分组教学的运用和场地及器材的布置等。在校园足球课堂教学中，教学组织形式的设计很重要。队伍该怎么安排？是四列横队还是纵队？是原地练习还是行进间练习？是分组还是不分组？分组后轮换还是不轮换？总之，教学组织形式的运用关系到练习密度和练习效果。

（2）合理选用教学方法

常用的教学方法包括讲解法、动作示范法、竞赛法、游戏法、练习法和情境教学法等，其中有三种方法要多用，要用好。

第一种是讲解法。

虽然要求精讲多练，但是在教学过程中不讲是不行的。例如，“同学们，今天我们学习脚背内侧踢球，这个动作的重点是……，难点是……，容易出现的错误动作是……”，这样的讲解是必不可少的。学生在练习过程中，教师要巡回观察指导，比如提示学生“击球部位再提高一点”“摆腿再充分一点”，这些都是非常重要的。

第二种是动作示范法。

俗话说，“百闻不如一见”。在校园足球教学中，教师讲得再多，表达得再精彩，都不如“同学们，请看老师的动作示范”这简短的一句话和熟练、准确、优美的动作示范。教师的动作示范更能激发学生的学习兴趣，帮助学生形成深刻的动作表象。为什么要培训校园足球教师？其目的之一就是要提高教师的足球技艺，以便能熟练地运用动作示范法。当然，动作示范不一定是由教师来做，也可以由具有一技之长的学生来做。

第三种是竞赛法。

在体育课中学生最喜欢干的事是什么？是运动练习、体育比赛或体育游戏。据一位从德国考察回来的学者介绍，德国的老师讲得很少，整个课堂教学基本上不是练习就是比赛。当然这也要考虑实际情况，具体问题具体分析，因为德国的情况和我们中国的情况不一样。

可以多用竞赛法，俗话说，“卫生靠检查，音乐靠表演，美术靠展览，体育靠竞赛”。世界杯为什么备受关注？奥运会为什么举世瞩目？就是因为它们是运动竞赛。所以，校园足球虽然要以教学为抓手，但是教学中不妨善用竞赛法。不过，校园足球教学的竞赛法不一定是 5 对 5、7 对 7、11 对 11，可以是多种多样的，比如颠球比赛、运球比赛、传球比赛、看谁踢得准、看谁踢得远……，竞赛的方式有很多，可以把足球运动的很多技战术拿来比赛，这些都是竞赛教学法。

总而言之，教学有法，但无定法，贵在得法，创造新法。应该改变过去传统的教师讲—学生听、教师做—学生看、教师巡—学生练的单一线性教学方式，要把教学活动变成学生主动学习的过程。

6. 教学流程

（1）重视基本部分的教学效果

体育课的教学过程通常包括准备部分、基本部分和结束部分。基本部分通常占据一节体育课或一节足球课的大部分时间。因此，足球课教得好不好，主要看基本部分的教学效果。基本部分主要有两个环节：一个是技能学练环节，另外一个是体能发展环节。在技能学练环节，主要围绕足球的某个动作或组合动作、某项技战术或者某几项技战术的组合，运用讲解、示范、练习等方法开展教学活动。如果说基本部分有 30 分钟，那么技能学练环节要占到 20 分钟。

（2）合理安排补偿性体能练习

在设计体能练习的时候，要跟技能学练的内容相结合，通常称之为“补偿性体能练习”。所谓补偿性体能练习，就是体能练习要跟技能学练环节的技能形成相辅相成、相得益彰、相互促进的关系。例如，脚背正面运球这项技术需要快速奔跑的能力，而足球活动中的快速奔跑具有不断改变方向、需要短距离冲刺等特点，那么，在基本部分的体能发展环节，就要有针对性地去提高学生快速奔跑和短距离冲刺的能力。又如，在学习运球过人的时候，需要发展协调性、灵敏性等素质，在体能练习的时候就要重点加强学生的协调性和灵敏性练习。

（3）合理安排足球课的密度和强度

当前，关于足球教学和训练的几个数据是需要注意的。一是每节足球课的练习密度要达到 50%左右，每一名学生在课堂上要用一半的时间来做练习，要么是技能练习，要么是体能练习。二是运动密度①要达到 75%左右，也就是说约每节课 3/4 的时间，整个班的学生都在练习、活动。三是平均心率要达到 140~160 次/分钟，所有学生学完之后没有气喘吁吁，也没有汗流浃背，则说明这个运动量是合适的。

7. 单元教学计划

单元教学是指在一个相对集中的时期内，对某个足球技战术进行较为系统的学习或阶段学习。单元教学计划主要包括单元学习目标、单元学习内容及重难点，还包括本单元各课次的学习目标、学习内容及进度安排等。在动作技能形成与发展的不同阶段，动作技能学习的重难点各不相同，因此，在单元教学计划中要说明本次课是单元中的第几次课。

8. 教案

教案是课堂教学的具体实施方案，其设计主要包括三大核心问题，即为什么教、教什么和怎样教。在足球课的教学中，对这三个问题必须思考清楚。第一，在制订课时计划时，必须考虑清楚学生的学习要达到什么程度，学生具体能做什么，在体能、技能、足球技战术及心理和社会适应方面，预期会有哪些积极变化。第二，就是对学习内容的设计。很多教学内容，即使是简单的脚背运球，也不是学生一节课就能学会的，这就需要做一个单元计划，把学习内容设计好。第三，就是教学策略。采用什么教学方法？运用什么样的教学组织形式？这些问题都要在课时计划中予以清晰地表述。

---

① 运动密度是指一节体育课中学生的练习时间与一节课总时间的比例。

二、校园足球教学质量的提升

（一）校园足球教学质量提升的三大策略

1. 贯彻好课程理念。贯彻落实立德树人、健康第一、健身育人的指导思想；注重激发学生学习足球的兴趣；以学生发展为中心，充分体现学生的主体地位；因材施教，尊重学生的个体差异，确保每名学生都受益。

2. 把握好教学过程。确立新型师生关系，在教学过程中，教师要与学生建立民主与平等、尊重与信任、理解与合作的友好关系；同时，要更新教学观念，把足球教学过程变为师生交往、积极互动、共同发展的过程。

3. 注重运动负荷。在校园足球教学中，无论是体能练习还是技能学习，都要保证适宜的运动负荷。运动负荷涉及运动强度和运动密度。运动密度通常要达到75%以上。运动强度达到平均心率140~160次/分钟。

（二）足球教学质量提升的三个基准点

1. 第一个基准点是学校。学校领导要成为校园足球的积极推动者，改变教育观念，加大宣传力度，提倡普及与提高相结合，加大对足球教学投入，改善场地、器材等硬件设施，创建校园足球文化。

2. 第二个基准点是教师。教师要注重教学方法的改革，优化校园足球课堂教学设计；培养学生的足球学习兴趣，注重学生个体差异，提高学生学习的积极性和主动性；注重技能与体能练习，强化合作精神和规则意识，营造快乐足球氛围。

3. 第三个基准点是课堂。在开展校园足球的过程中，想切实提高校园足球的教学质量，就要从足球课堂教学的规律和特征入手，找准问题，然后提出相应的提升策略。教学设计正是校园足球课堂教学的起点。因此，要高度重视校园足球课堂教学设计的科学性和实效性。

（广东第二师范学院）

“足球活力校园”的多元途径探索

汪晓赞

儿童青少年的身心健康是国家繁荣、民族昌盛和社会文明进步的重要标志，是实现中华民族伟大复兴中国梦的重要基础。而如今，儿童青少年身体活动不足以及久坐等不良的生活方式导致的肥胖、超重以及近视率提高等问题日益严重。高质量的学校体育工作是提升学生体质健康水平的重要支撑。儿童青少年参与规律性的体育活动和提高体质健康水平，需要社会各方力量的共同努力。健康的问题虽然不是由体育一门学科所决定的，但是体育对于儿童青少年健康的促进作用是其他任何一门学科都不可替代的。

2015年，《教育部等6部门关于加快发展青少年校园足球的实施意见》，提出了“形成内容丰富、形式多样、因材施教的青少年校园足球教学体系，课程设置、教学标准、教材教法和教学资源等教学要素更加衔接配套，校园足球教学质量明显提升”的目标。2016年10月25日，中共中央、国务院印发了《“健康中国2030”规划纲要》，并要求把文件精神渗透到各行各业。结合国家相关教育政策，本文将从儿童青少年体质健康现状出发，提出“足球活力校园”行动框架，并对框架的每一部分进行了详细的讲解和介绍，就如何开展“足球活力校园”给大家提供一些参考和借鉴。

一、儿童青少年身体活动水平现状

儿童青少年体质健康下降的主要原因是什么？实际上这不仅仅是因为体育课上运动负荷少，体育教学质量有待提升，也不仅仅是因为体育教师日常工作方面存在问题。那问题主要出在哪里？这是因为日常的身体活动水平在急剧下降。日常的身体活动水平包括在体育课上和课外体育活动上的身体活动水平，但是更多的是课外的身体活动。课外的身体活动谁来关注？难道都由体育教师来关注吗？

体质健康下降主要跟我们生活有关，身体活动水平的大幅度下降，还有久坐行为的大幅度增多，是导致我们体质健康下降很重要的一个因素，而这个又不仅仅是体育教育工作者所能左右的。

《身体活动与时间支配：全球都在远离运动》中指出，美国在一代人的时间里身体活动水平下降了32%，英国下降了20%，而中国在半代人的时间里就下降了45%（“一代人”相当于18年到20年）。

基于上述现状，我们提出了“足球活力校园”，通过足球运动提升儿童青少年的身体活动水平。我们的行动口号是“有身体就是运动员”。“足球活力校园”行动框架包括：高质量的足球课堂教学；丰富多彩的足球课外活动；文化课中的足球活动；教职工参与足球运动；学校和家庭的足球联动；“校长挑战杯”奖励计划；运动智能监控，打造足球智慧教学。（见图1）

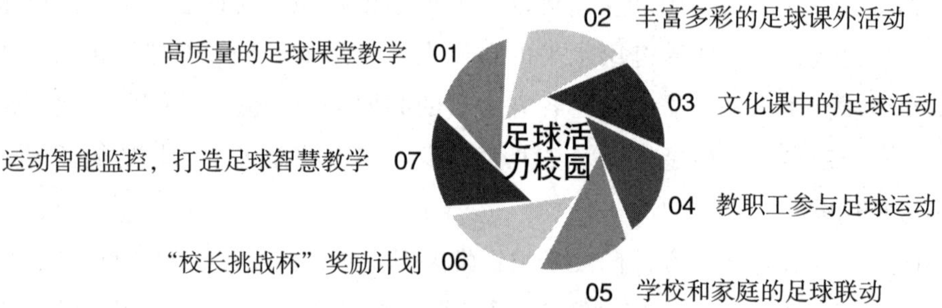

图1 “足球活力校园”行动框架

二、高质量的足球课堂教学

（一）足球教学的层级关系

足球教学主要包括三个层级。一是教育部颁布《体育与健康课程标准》《全国青少年校园足球教学指南（试行）》《学生足球运动技能等级评定标准（试行）》等体育与健康教育和足球开展的指导性文件，为教学指明了方向。二是体育教师作为教学的具体执行者，进行高质量的足球课堂教学。三是专家学者作为教育部和体育教师之间的桥梁，指导足球教学更好地实施。如专家学者根据课程标准及有关文件精神，开发一些体育课程模式或足球课程。教育部、专家学者和体育教师三者之间层层递进，共同为儿童青少年足球教学服务。

（二）中国健康体育课程模式

中国健康体育课程模式是由华东师范大学体育与健康学院季浏教授提出的，可以有效地指导足球教学。该模式主要包含三个关键要素。

1. 运动负荷：每节课的运动密度应该在75%以上，中小学生运动强度达到平均心率140~160次/分钟。

2. 体能练习：每节课中要有10分钟左右的体能练习。

3. 运动技能：运动技能学习以活动和比赛为主，强调用结构化的知识和技能解决复杂、真实运动情境中的问题，每节课应保证20分钟左右。

（三）足球教学组织形式

在日常足球课堂教学中，建议根据中国健康体育课程模式的教学形式进行设计。在进行足球单元的教学设计时，避免传统的从单项技能到复杂技能，再到比赛、游戏活动的设计思路，提倡在整个教学单元以赛季形式呈现，赛季前主要进行技能学习，赛季中注重技能运用、比赛经历体验，最后设置季后赛、锦标赛。这样学生不只作为课堂的学习者，还扮演不同的角色，比如教练、记录员、领队、队长、裁判员等。足球教学结束时，可以安排球队与球队之间开展比赛，或是学生与教师之间进行比赛等，并颁发奖牌和证书等。

（四）KDL足球课程

1. KDL的含义

（1）K（Know it，知之）：对足球运动有深刻的理解；应对日常生活中的挑战；用足球运动进行情感表达和信息交流；纠正自己和他人在足球运动中出现的错误。

（2）D（Do it，行之）：有良好的足球行为素养；选择和运用正确的技战术。

（3）L（Love it，乐之）：了解自己和自己身体的能力；自觉地参与到足球运动中；理解爱护身体以及认识到健康的重要性。

2. KDL足球课程理念

该课程主要遵循体育与健康课程的知识与技能、过程与方法、情感态度与价值观的三维课程目标体系，培养懂足球运动文化、有足球运动能力和热衷足球运动的人。（见图2）

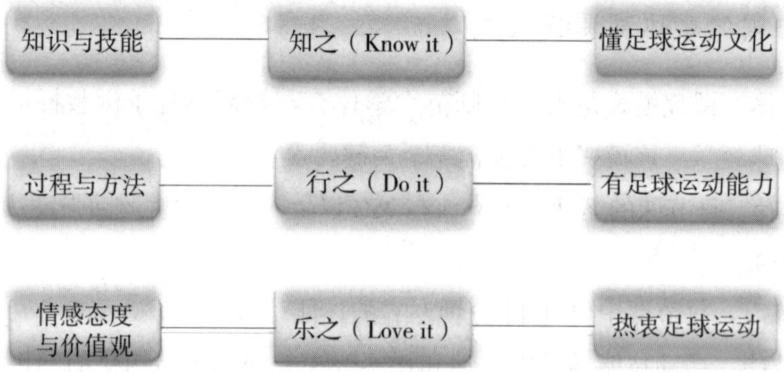

图 2　KDL 足球课程理念

3. KDL 足球课程的开发依据

（1）《体育与健康课程标准》的主要精神和《全国青少年校园足球教学指南（试行）》的指导建议；

（2）中国健康体育课程模式的关键要素；

（3）儿童青少年动作学习与发展规律。

4. KDL 足球课程的特点

在足球应用情境下开展教学，注重能力培养；打破传统足球体育课堂教学内容构建；注重足球结构化知识与技能教学；强调规则意识的建立、团队合作；重视健康行为习惯和体育品德的养成；注重多学科知识融合；灵活运用足球课堂教学风格；设立激励与奖励机制。

5. KDL 足球课程内容

基本动作技能主要分为操控性动作技能、非移动性动作技能、移动性动作技能三大类，具体包含投掷、跳绳、滚动、支撑与悬垂、钻爬和攀登等内容。KDL 课程基于以上分类和内容，在每个水平设计了不同的教学主题。每个教学主题包含学习目标、术语、技术要点、活动器材、学习内容和学习评价等。

6. KDL 足球课程实施

（1）KDL 足球课程提倡进行足球结构化知识与技能学习，建议在比赛情境中促进学生足球运动技能的提高，在比赛中注重有球队员、防守队员和运动队员各自的表现。

（2）不同层级的体育教师使用建议。

新教师：按照主题的排列顺序进行教学，保持相对统一的教学进度，有利于体育教师间进行交流和学习。

有一定经验的教师：根据具体的教学条件（学生的学习基础、教师个人能力、场地设施、教学需要等）选择主题和活动任务进行教学。

专家型教师：可以采用“选项式、菜单式”教学，自由调整授课主题顺序，组合教学内容。

（五）高质量足球课堂教学实践经验

强调所有学生充分参与足球运动；给所有学生提供在足球运动中获得成功的机会；重视足球运动的育人功能；关注学生的足球学习的主体地位；通过足球课堂教学，培养出懂足球运动文化、有足球运动能力和热衷于足球运动的人。

三、丰富多彩的足球课外活动

多方合作开展足球外教进校园活动，丰富足球课外活动。自 2015 年起上海市教委、华东师范大学体育与健康学院、耐克体育公益部、聚运动等多方合作开展了足球外教进校园的活动。该活动选取了上海市 10 个区（县）的 20 所幼儿园和小学，由第三方提供外教团队，每校每学年开展 500 多学时的足球体育课教学及课外训练，借此培养儿童积极的运动体验，提高儿童对足球运动的兴趣，促进儿童的身心健康，改善儿童与家长的关系。

四、文化课中的足球活动

有研究表明，幼儿和小学生不能长时间集中注意力，但一节课却长达 40 到 45 分钟，为此在文化课中开展相应的足球活动，让学生上 20 分钟课之后站起来做 3 到 5 分钟的运动。学生在课桌椅边活动，做完以后坐下来再接受后面 20 分钟的教学。

研究数据表明，虽然减少了文化课学习的时间，但是学生的学习效率更高了，进行 3 到 5 分钟的运动，可以重新唤醒学生的注意力。文化课中的微运动是让运动无处不在，尽可能地想办法让孩子们有更多可以运动的机会，让大脑得到积极的休息。

五、教职工参与足球运动

该行动是针对所有教职工开展足球运动锻炼的，主要的目的是提高教职工身心健康水平，发挥教职工的模范作用，塑造“活力教师”，从而带动学生积极参与足球活动，为儿童青少年营造健康的、充满活力的足球校园环境和氛围。活动形式可以灵活多样，如活力园丁足球挑战赛、活力足球运动周、足球运动积分卡、活力办公室、教师健康中心等。

六、学校和家庭的足球联动

（一）为什么要进行家校联动

家长的行为习惯对孩子的影响是非常大的。我们团队曾做过一个测试，发现从周一到周五，总体来说孩子们的身体活动水平是逐渐递增的，但是每个周一都下降到最低点，周五再上升到顶点。孩子们周末的学习压力可能比周一到周五还要大，参加各种补习班、兴趣班等，根本就没有机会去参加体育活动。家长的运动意识极为欠缺。所以，在大力发展学校体育的时候，不要忘记家庭的配合。家长要注重孩子的体育锻炼，而且自身也要养成良好的运动习惯。

（二）如何联动

1. 组建家长志愿者团队：充分开发和调动家长资源，着重关注具有足球专业运动背景且积极性较高的家长。

2. 开展各类周末和节假日亲子足球活动：吸引家长与学生共同参与，以趣味性、娱乐性、健身性的足球活动为主。增加家庭参与足球活动的时间，改善亲子关系，发挥家长的模范和引领作用。

3. 成立家长学校：通过定期开设家长学校足球课程，对学生家长进行足球方面的培训。从学生的需求、家长的需要出发，丰富足球授课内容及活动形式，加强授课内容的针对性，使之具有吸引力和实效性，也可寓教于乐，把足球教育渗透到由家长参与或由家长和学生共同参与的足球活动中去，增加足球教育的实践性和实际意义。

七、“校长挑战杯”奖励计划

（一）“校长挑战杯”奖励计划（见图 3）

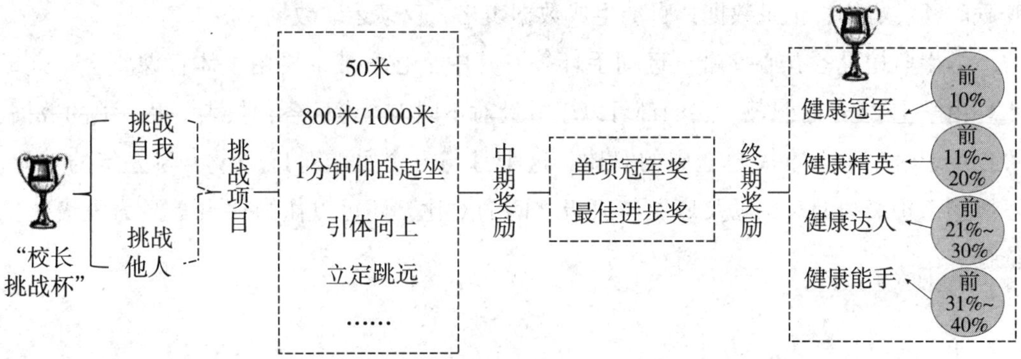

图 3　“校长挑战杯”奖励计划

（二）“校长挑战杯”积分办法

绝对成绩积分：根据每个单项所处百分位进行积分，如引体向上成绩处在前 10%，则加 20 积分。总分等于各单项积分之和。

进步幅度积分：与自身最好成绩进行比较，然后积分，如引体向上成绩进步幅度大于等于 30%，则加 20 积分。进步幅度总积分等于各单项进步幅度积分之和。

奖励性家庭合作项目积分：每份优秀家庭锻炼计划奖励 5 积分；每份运动日志奖励 10 积分；每份终期展报奖励 5 积分，其中优秀展报奖励 20 积分。

总积分=绝对成绩积分+进步幅度积分+奖励性家庭合作项目积分。根据总积分进行排名。

（三）“校长挑战杯”奖励办法

奖励可以设置中期奖励和终期奖励，也可以根据实际情况制订本校奖励办法。比如：总积分奖（健康冠军、健康精英、健康达人、健康能手）、单项奖（单项体能冠军奖）、进步幅度奖（最佳进步奖）、征文奖（最佳运动日志奖、最优锻炼计划奖）、荣誉奖（活力少年）；实物奖励，可用积分兑换实物奖品。

八、运动智能监控，打造足球智慧教学

运动智能监控可以使用专门的监测设备采集学生的运动数据，为教学提供指导，可对学生的课内和课外运动情况进行监控。比如，它可以监测步数、距离、卡路里、睡眠时间、心率；记录数据，自动生成数据表格，反馈运动数据。

学生监控设备有心率带、运动手环等。其中，心率带主要用于体育课堂上，运动手环由学生 24 小时佩戴。它们都可以生成针对不同人参考的各种报表。报表中的数据，可以用于学生个人本周与上周的对比、这个月与上个月的对比、今年与去年的对比，可以用于班级内的对比以及班级与班级之间的对比，还可以作为评出“活力班级”的依据。

九、“足球活力校园”评价标准

“足球活力校园”评价维度主要包含足球课堂教学、大课间足球体育活动、学生体能发展、学生参与家庭足球体育锻炼、足球课外活动、足球运动习惯 6 个方面，每个方面有四级（0~3）或三级（0~2）评价等级。

（华东师范大学）

校园足球大课间活动的组织与实施

赵宗跃

一、开展足球大课间活动的目的和意义

（一）足球大课间活动是提高学生体质水平的有效措施

从1985年到2014年的近30年间，我国学生体质持续下降，肥胖率持续增长，其中城市男生肥胖率增长了11个百分点。更为严峻的形势是我国学生的视力情况，报告显示，2005年至2014年，我国学生视力的不良检出率不断增长，乡村学生视力不良率增长更快。一次次的学生体质健康监测结果显示出我国青少年学生的健康水平日渐下滑，情况不容乐观。如何改善这种不良状况，已经成为教育部门及体育研究者重点考虑的问题。体育锻炼是缓解、改善这一现状的有效手段之一。

2007年4月29日，“全国亿万青少年学生阳光体育运动”全面启动。同年5月24日，《中共中央国务院关于加强青少年体育增强青少年体质的意见》，明确提出“确保学生每天锻炼一小时”。每天上午统一安排25~30分钟的大课间体育活动，认真组织学生做好广播体操、开展集体体育活动，没有体育课的当天，学校必须在下午课后组织学生进行1小时集体体育锻炼并将其列入教学计划，这些充分体现了“以人为本、健康第一”的基本理念。希望通过足球大课间的广泛开展，广大学生走出教室、走进操场、走到阳光下积极参与体育锻炼，提高体质健康水平。

（二）足球大课间活动是推进校园足球活动的有效手段

2009年4月，国家体育总局和教育部联合下发的《关于开展全国青少年校园足球活动的通知》，号召全国大、中、小学校广泛开展校园足球活动。同年10月，国家体育总局和教育部在北京联合召开了全国青少年校园足球活动工作会议，制定了《全国青少年校园足球活动实施方案》，全国青少年校园足球活动正式启动。在此后的5年中，校园足球工作取得了很大的成绩。国家体育总局主导下的校园足球工作大力推进

了校园足球活动，构建了小学、初中、高中、大学四级联赛竞赛体系，确定了一批试点地区，布局了5000所试点学校，对教师进行足球技能培训等。

2014年11月26日，国务院召开全国青少年校园足球工作电视电话会议，中央政治局委员、国务院副总理刘延东在会议上对校园足球做出重要指示，并推出一系列措施，明确校园足球活动由教育部门牵头，国家发展改革委、财政部、新闻出版广电总局、体育总局、共青团中央6部门配合参与工作。这标志着校园足球进入新的阶段。2015年7月22日出台的《教育部等6部门关于加快发展青少年校园足球的实施意见》，对校园足球活动提出了具体的要求：提高校园足球普及水平，深化足球教学改革，加强足球课外锻炼训练，完善校园足球竞赛体系，畅通优秀足球苗子的成长通道。新阶段强调校园足球的普及，而如何普及校园足球一时间成为重点探讨的问题。

教育部体育卫生与艺术教育司司长王登峰在河南省第四届学校阳光体育推进会上提到，体育课不能只要求接触得多，要钻研一项运动，把一项运动学透学好，下一步全国将建2万所足球特色学校，保证每天1节足球课，每个学生学会踢足球。现阶段的重点任务是提高校园足球普及水平和加强足球课外锻炼训练。足球特色学校要把足球运动作为学校大课间和课外活动内容，鼓励引导广大学生“走下网络、走出宿舍、走向操场”，积极参加课外足球运动，通过足球大课间活动让更多的孩子参与到校园足球活动中去。

（三）足球大课间活动是普及校园足球活动的重要举措

2015年3月颁布的《中国足球改革发展总体方案》，有十几处涉及校园足球，足见校园足球的重要程度，第二十条特别强调推进校园足球普及。其中指出，各地中小学把足球列入体育课教学内容，加大学时比重。校园足球特色学校数量到2020年要达到2万所，2025年达到5万所。统计数据显示，截至2019年7月，全国已有24126所校园足球特色学校，102个校园足球试点区（县），38个校园足球改革试验区。

王登峰司长在有关校园足球改革的讲话中强调：校园足球活动首先是普及。在校园足球特色学校里，学生除了掌握基本的运动技能以外，还要有一定的时间来上足球课。我们可以组织班级比赛、年级比赛、学校比赛，可以把课堂学的足球核心技术编排成足球大课间操。

（四）足球大课间活动可以有效保证每天锻炼1小时

王登峰司长在河南省第四届学校阳光体育推进会上指出，学生们要每天在学校参加1小时的体育锻炼，这种锻炼形式在足球特色学校中就是足球活动。在校园足球特色学校里，学生们可以参与到足球活动中，通过足球大课间活动来有效保证每天锻炼 1 小时，从而增加我国足球人口（能保证每周参加 2 小时及以上足球活动的人群）。

足球大课间是在普通体育大课间的基础上，以足球运动贯穿整个活动的一种大课间形式。足球大课间的活动时间为上午、下午各 30 分钟，要求全体师生参与。学生通过每天的足球大课间活动养成踢足球的习惯，进而积极主动地利用课余时间去进行足球活动。所以，足球大课间活动不仅能充分保证学生们每天锻炼 1 小时，而且还是增加足球人口的有效手段。

二、校园足球大课间活动的设计原则

自校园足球大课间活动开展以来，我们在实践活动中总结了足球大课间活动的内容，提出设计足球大课间活动内容的 6 项基本原则。

（一）全员性原则

足球大课间不单单是学生们的活动，也是学校全体教师的活动。在设计编排过程中，各学科教师要合理分工，比如：音乐的选择要有音乐教师参与，学生的组织要由各班主任和副班主任负责，内容的设计要由体育组的教师去完成，内容的教授更要由很多方面的力量共同来完成。在足球大课间分组活动的过程中，教师要融入学生中去，与学生们一起活动起来，这样增加了与学生的交流机会，从而更好地完成日常教学工作。

（二）教育性原则

教育性原则是指足球大课间活动设计要遵循校园足球的育人功能，使学生们了解足球知识、掌握足球技能、热爱足球运动、增强健康的体育锻炼意识，真正发挥足球运动的魅力，使学生树立终身体育的思想。可以把足球大课间作为足球技术教学的一个途径，在设计时将足球基本技术融入足球大课间内容中去。这样可以使学生们在锻炼的过程中既能达到健身效果，又能掌握足球运动技能。

（三）科学性原则

足球大课间的设计要注重科学性，科学地设计内容、科学地组织管理、科学地指挥练习、合理地安排运动负荷等。足球大课间处在发展阶段，没有一种可以借鉴的设计理念，足球大课间活动内容都是由各学校自己设计，这导致一些学校“依葫芦画瓢”，没有理解足球大课间的意义，设计出一些并不科学的活动内容。尤其在运动负荷的设计上，如果负荷过低，将达不到练习效果，进而失去足球大课间的意义；相反，如果负荷过高不仅会影响后面的课程学习，还会损害处在成长期的孩子的身体健康，使学生在心理上抵触足球运动。总而言之，足球大课间活动不能成为形式工程，坚持科学性原则是足球大课间活动效果的重要保障。

（四）技能性原则

技能性原则是指足球大课间活动在注重普及足球知识的同时，还要进行足球技能方面的训练，使学生在活动过程中用脚充分地接触球，从而达到提升足球基本技术的效果。足球大课间活动的足球技术设计可以与足球课堂教学相结合。在不同的年级安排不同的技术动作练习，让学生从小学一年级开始逐步接触不同的足球技术动作，由简单到复杂，持续地提高足球技术。

（五）趣味性原则

在小学足球大课间活动设计中，一定要注重内容的趣味性。足球大课间相对于传统体育大课间，其优势在于可以根据学生的身心发展规律设计内容，针对学生的水平、年级、足球技术的掌握程度设计不同的游戏，让学生通过游戏掌握足球技术。相反，过于单调的大课间内容会使学生失去兴趣，达不到想要的效果。

（六）实效性原则

足球大课间活动的内容设计和组织形式要符合不同年龄段学生的生理和心理特征。要根据学生的掌握情况分层次地设计与足球相关的游戏，使学生逐步提高足球技能。另外，要把握好活动时间，要考虑集合、列队、进场、整理、退场的时间，还要留出学生上厕所的时间等。学校要根据自身情况来进行设计，考虑场地的大小、人数的多少、器材的利用率高低等多方面因素。

三、足球大课间活动的组织与管理

1. 全校学生集体活动时，要规划好场地的布局，根据班级的数量、班级的人数设置练习的区域。

2. 练习区域可以设置在足球场，也可以设置在教室前的空地等有效区域内。

3. 根据学生的年龄、技术水平确定各区域练习的重点技术动作。

4. 各个练习区由班主任、体育教师管理。

5. 练习区域内合理放置练习器材，标志桶、标志杆、标志盘要统筹安排。比赛活动可以设置守门员，也可以不设置守门员，球门的大小可以根据场地的大小而定。

6. 要规划好学生站位。开始练习站位时可以考虑在场地做上记号，打上标志点。

四、足球大课间活动的内容设计

（一）足球大课间趣味性活动的设计与实施

趣味性是能很好地调动学生参与足球大课间活动积极性的重要方面，可根据不同年龄段选择不同的游戏使学生既能掌握足球基本技术，又能体验足球运动带来的乐趣。在低年级学生的内容设计中，要以基本的跑、跳为主，再辅之以一些简单的游戏，将足球作为游戏的工具，让学生了解足球、认识足球，活动形式可以为手抱球跑、腿夹球跑、简单的跳跃等。针对高年级学生可以设计一些脚下足球游戏，如练习传球技术的“踢保龄球”游戏、练习带球技术的“你追我赶”游戏等。在设计游戏的过程中，既要考虑游戏是否适合学生，又要考虑趣味性活动在整个活动中所占的比例，还要考虑学校场地、人数和队形，根据现有条件来开展足球大课间活动。

（二）足球大课间技术性活动的设计与实施

足球大课间的目的与普通体育大课间是一致的，即让学生走向阳光、走进操场，锻炼身体，从而提高身体素质。但在设计足球大课间内容时不仅要让学生达到锻炼效果，还要安排一些以运、控球为主的足球基本技术动作练习。由于足球大课间活动是面向全校师生的体育大课间活动，在开始实施阶段，全校学生的足球基本技术处于“零起点”，在设计过程中要充分考虑课间足球操中的足球技术要适合全体，内容可以是简单的原地球性练习，如原地脚底揉球、踩球、拉球、推球等，也可以根据学校场地和人数情况安排一些短距离面对面的运球技术练习等。

学生们通过足球大课间基本掌握了简单的足球技术之后，还要开展一些实际运用层面的内容。一些稍复杂的足球技术可以安排在分组活动环节，如停+传、运+传、停+运等足球组合技术动作。

（三）足球大课间比赛活动的设计与实施

足球特色学校开展足球大课间活动，让学生从初步接触足球到基本掌握足球技术，再进行足球技术动作的组合练习，然后把足球技术运用到比赛中去。因此需要设计一些简单的比赛活动。在设计中，要考虑学生的水平和场地的合理安排。

足球大课间的比赛活动主要针对高年级，低年级的活动依旧以游戏和基本技术为主。要认识到比赛活动的目的：使学生了解足球比赛规则；了解足球比赛中场上的基本位置；选拔出理想的校足球队队员等。比赛时，可以安排一些有对抗性的练习，如 1 对 1 射门练习，2 对 2、3 对 3 小比赛等。

五、足球大课间活动的导学策略

（一）体育教师利用体育课对活动内容进行指导

由于学生在校外参加体育活动的时间相对较少，体育教师要利用课内时间将足球大课间活动的内容教授给学生。在教授过程中，既要考虑到个体差异，合理选择教学方法，又要在学生学习技术的过程中积极给学生答疑解惑，使学生掌握设计好的活动内容。利用大课间时间组织学生将课内所学技能加以练习，此时教师要把握好练习人数和练习时间，分批次进行指导。

为了使整个足球大课间活动顺利进行，在足球大课间活动过程中，体育教师要做全面统筹、全程监督、全方位了解学校师生对活动内容的掌握情况，善于总结，能在活动中发现问题，并在日常教学中解决问题。

（二）班主任利用课外活动时间对活动内容进行指导

班主任可以先学会足球大课间活动的内容，然后利用课外活动时间指导本班学生进行练习。此外，班级与班级之间还可以定期举行足球大课间活动评比，调动班主任的积极性。

在足球大课间活动过程中，班主任始终是被模仿者。如果班主任带领学生入场时态度懒散，那么学生会认为既然班主任都那么不认真，自己也不必认真。相反，如果班主任在队伍前认认真真地活动，那么学生就会感到班主任的“指示”，认认真真地完成活动。所以，从入场开始到活动结束，班主任在学生面前表现出的态度，直接影响学生的活动效果。

（三）学生骨干通过课余时间对同学进行活动内容指导

体育教师在平时的体育教学中积极发现身体协调好、柔韧性好并且理解能力强的学生。此外，学校足球代表队的学生对足球技术的掌握也要好于其他学生。教师可以先教会这些学生，再让这些学生辅助教师分组对同学进行指导。教师布置好学习任务，规定时间内看哪组任务完成得较好。这样不仅可以真正让学生参与到足球大课间活动中，也可以调动学生学习的积极性。

在足球大课间活动过程中，教师不一定要把足球水平好的、完成质量高的同学安排到前几排，可以让这些学生穿插在队伍中，这样既能起到带头示范的作用，又能在整个活动过程中辅助教师来进行指导。

（四）家长利用校外时间对活动内容进行指导

家长是孩子的第一任老师。足球大课间活动作为校内的体育活动之一，离不开家长的支持。要让家长明白，孩子加强体育锻炼、增强体质的重要性。如果家长非常愿意自己的孩子去踢足球，去参与足球大课间活动，那么对孩子来说会是一种激励，这种激励会让孩子全身心地投入到足球大课间活动中去。

学生学习足球大课间活动内容，在校内有教师给予指导，在校外就要由家长来指导。家长的指导可以是语言的肯定，也可以是物质的奖励等。这样才能真正实现校内校外共同培养，使孩子身心得到全面发展。

六、不同形式足球大课间活动的案例

足球大课间活动可以有很多种组织方式，主要宗旨在于让学生通过学校足球大课间活动得到充分锻炼，从中学到一项运动技能，真正喜欢足球运动。

设计方案包括整体足球操设计方案、足球操与分组活动相结合设计方案、分组活动设计方案、与传统项目相结合的设计方案。

（一）足球大课间整体足球操的组织与实施

现阶段足球大课间的主要活动形式是整体足球操，即全体学生听广播来统一完成教师设计的足球基本技术动作，多用于练习球性、踢球动作、短距离传接球、短距离运球等。活动内容的设计要合理，不宜有过于复杂的技术动作，尤其要注意尽量避免“手抱球做操”的方式。

在技术动作练习后，可以根据时间安排一些身体素质练习，如高抬腿、小步跑、原地纵跳、立卧撑等，运动负荷不宜过大，可以根据学生具体情况进行调整。在实施过程中要注意以下几点：要考虑入场时间，即学生从教室走到操场的时间；热身部分可以采用“O”形跑；足球技术练习环节（基本部分）要以脚下控制球为主，抱球动作可用以辅助牵拉练习；身体素质练习（素质部分）要结合学生的身体特点，注意运动量的把握；结束部分要进行简单的放松。整体足球操活动方案（见表1），为校园足球特色学校开展足球大课间活动提供参考。

表1　校园足球特色学校足球大课间整体足球操活动方案

	活动内容	活动时间	指导方法	设计理念
入场部分	铃响下课，全体学生跟着音乐节奏进入操场并列队，等待开始。	4分钟	入场时注意队伍的整齐，班主任指挥本班学生，学生携带自己的足球到达操场指定地点，等待开始。	依次入场，有序管理，为练习节省时间。
热身部分	“O”形跑	4分钟	相邻两排学生统一把足球放到一侧，围绕两排足球进行跑步练习。	合理放置足球，提高场地利用率，提高练习强度。
基本部分	①揉球 ②原地双脚底踩球跳 ③原地双脚内侧推球 ④原地四个方向转动踩球跳 ⑤原地四个方向转动双脚内侧推拨球 ⑥右脚“V”字拉推球 ⑦左脚“V”字拉推球 ⑧原地左脚拉右脚推球 ⑨原地右脚拉左脚推球 ⑩原地跨球“踩单车”	10分钟	每人一球，跟着音乐节奏进行四个八拍的动作练习。音乐总时间根据内容设定。练习必须跟着音乐节奏完成。	根据足球的基本球性练习编排。大课间活动内容要体现出足球基本技术。

（续表）

	活动内容	活动时间	指导方法	设计理念
素质部分	①原地小步跑 ②原地高抬腿 ③立卧撑 ④坐位体前屈 ⑤原地收腹跳 ⑥仰撑平板 ⑦仰卧推起成桥	4 分钟	要根据具体情况调整练习强度、练习密度、练习方法等。 每项练习可限定次数或时间。	结合足球大课间设计编排一些针对小学生的身体素质练习，提高学生的心肺功能，达到锻炼身体的效果。
结束部分	放松、调整呼吸；按入场顺序依次退场。	3 分钟	跟着音乐进行放松，尽量选择舒缓音乐；班主任带领学生依次退场。	学生通过放松、调整呼吸恢复平静，进入学习状态。

按照足球技术的难易程度，由简单到复杂设计出不同的练习。如：①双人模仿脚弓传球；②双人原地脚弓传球；③右脚停球左脚弓传球；④右脚停球右脚弓传球；⑤左脚停球右脚弓传球；⑥左脚停球左脚弓传球；⑦双人模仿头顶球；⑧双人原地头顶球；⑨双人原地脚底停半高球；⑩双人脚弓传球。还比如：①原地双脚底踩球；②一周双脚踩球；③行进间向前双脚踩球；④行进间向后双脚踩球；⑤原地双脚内侧推球；⑥一周双脚内侧推球；⑦行进间向前双脚推球；⑧行进间向后双脚推球；⑨双人脚背内侧运球；⑩双人脚背外侧运球。

（二）足球大课间足球操与分组活动相结合的组织与实施

设计足球操与分组活动相结合的方案时要注意足球操是分组活动的热身环节，分组活动是重点。此外还要注意：足球操以简单的脚下技术动作为主，分组活动以游戏为主；合理安排活动地点，尽量避免衔接过程中因变换队形而耽误时间；积极鼓励班主任参与到足球大课间活动中；注意控制运动量等。设计方案如表 2 所示。

表 2　校园足球特色学校足球大课间足球操与分组活动相结合设计方案

	活动内容	活动时间	指导方法	设计理念
入场部分	铃响下课，全体学生跟着音乐节奏进入操场并列队，等待开始。	4 分钟	入场时注意队伍的整齐，班主任指挥本班学生，学生携带自己的足球到达操场指定地点，等待开始。	依次入场，有序管理，为练习节省时间。
热身部分	练习自编足球操。	5 分钟	进行自编足球操的练习，注意时间的把握。	跟随音乐进行足球操演示。
基本部分	内容一：快乐颠球	15 分钟	学生一人一个足球，进行颠球练习，可以以各种方式进行，比如脚踢一下手抱一下，头顶一下手抱一下。根据学生水平提出不同要求。	学生认真完成每个练习，借此培养球性。
	内容二：快乐运球		学生可以围绕带球进行练习，练习方式可以多样，如双脚内侧、脚外侧、左右脚交替带球等。可以以分组比赛的形式练习。练习原则：由简单到复杂、由原地到行进间。	要求动作标准到位、不能乱踢球、学生要认真练习。
	内容三：精英运球		学生要熟练掌握运球的基本动作，更好地控制球，培养急停变向、快速带球跑的能力。可以以游戏的形式练习。	要求学生注意安全，带球时注意技术动作的合理运用以及力量的掌握。
	内容四：快乐传球		学生主要练习停、传球，初步掌握脚弓停、传球，脚背外侧停、传球，头球传球练习。可以根据人数分组进行练习，可以两人一组进行练习。可以以游戏的形式练习。练习原则：由简单到复杂、由地面到半高球。	要求动作标准到位，注意触球的合理性，保证技术动作的正确性。不能乱踢球。

（续表）

	活动内容	活动时间	指导方法	设计理念
基本部分	内容五：保护足球		学生进行分组练习，主要围绕运球过程中的护球、停球后的护球进行练习。可以以游戏的形式进行练习。锻炼学生利用身体等各种条件保护足球的能力，培养学生观察场上情况的能力。	按照动作标准，合理运用身体和技术保护足球，注意护球力量的把握。
	内容六：龙争虎斗		可以安排一些对抗性的小比赛和射门练习。练习难度要根据本年级学生对足球技术的掌握情况设定。可以以游戏的形式进行练习。	教师要时刻监控场上情况，指导学生进行练习。学生要合理运用各种技术。
结束部分	放松、调整呼吸；按进场顺序依次退场。	5 分钟	跟着音乐进行放松，尽量选择舒缓音乐；班主任带领学生依次退场。	学生通过放松、调整呼吸恢复平静，进入学习状态。

（三）足球大课间分组活动的组织与实施

此种形式的足球大课间活动要充分融入足球游戏，以游戏的形式提高学生参与的积极性。开始时要以“O”形跑作为热身活动，然后直接进行分组活动。在分组活动过程中要充分发挥班主任的作用，要求班主任与学生共同活动。设计方案如表 3 所示。

表 3　校园足球特色学校足球大课间分组活动设计方案

	活动内容	活动时间	指导方法	设计理念
入场部分	铃响下课，全体学生跟着音乐节奏进入操场并列队，等待开始。	5 分钟	入场时注意队伍的整齐，班主任指挥本班学生，学生携带自己的足球到达操场指定地点，等待活动开始。	依次入场，有序管理，为练习节省时间。
热身部分	“O”形跑	5 分钟	相邻两排的学生统一把足球放到一侧，围绕两排足球进行跑步练习。	合理放置足球，提高场地利用率，提高练习强度。

（续表）

	活动内容	活动时间	指导方法	设计理念
基本部分	内容一：一拍一颠	10 分钟	每人一球，按照手拍一次、脚颠一次的顺序循环进行计数。计数多者获胜。	根据本年级学生的年龄和对足球技术的掌握程度设计的，通过游戏练习各种足球技术动作。要简单易懂，到高年级逐步增加游戏的难度。 4 个班级可以每周轮换 1 次练习内容。班主任要起到组织和维持纪律的作用。
	内容二：一顶一接		每人一球，按照头顶一次、手接住一次的顺序进行计数。计数多者获胜。	
	内容三："海豚顶球"		每人一个足球，将足球放置在前额部分。看谁把球放在头上的时间长。时间长者胜出。	
	内容四：顶球接力		分两组，每组成纵队站在起点线。教师发令后，每队的排头把球放到前额向前跑，在跑动中不能使足球从头上掉下，绕过标志杆再跑回本队，将足球交给第 2 人继续做，直至全队做完为止，先完成的队获胜。	
结束部分	放松、调整呼吸；按进场顺序依次退场。	5 分钟	跟着音乐进行放松，尽量选择舒缓音乐；班主任带领学生依次退场。	通过放松、调整呼吸，学生逐渐恢复平静，进入学习状态。

除上述案例外，基本部分的足球技术练习，也可根据活动内容的复杂程度加以调整，以下活动内容的方案可供参考。

传球比赛：在规定区域内进行传球比赛，双方队员人数要相等，如不相等则设置自由人。队员分队比赛，连续传球 10 次得 1 分，最后计算得分次数多者获胜。

"包罗万象"：根据人数不同，进行分组，开始时可以设计直线运球方式，逐步可以变成曲线运球绕杆比赛。也可以是触球部位的不同来进行，如脚背内侧、脚背外侧。设置比赛规则及奖惩制度，可以很好地刺激学生的积极性。

踢小球门：根据人数摆出一个场地，在中线两侧等距离处用旗子标出两个球门。将学生分为人数相等的甲、乙两队，相对站立在各自场地的端线上。准备，双方游戏者每人各持一球。开始，双方可任意选射一个球门，在固定的时间内，以进球多的一队为胜。

“龙争虎斗”：在规定区域内，分为两组，每组人数相同并按照顺序报数，每个人记住自己的号码。队员站于球门两侧，根据自己的号码，当教练叫到相应的号码时，相应的队员出来进行 1 对 1 比赛。获得球权者可以选择任意 4 个球门进攻，防守方进行防守。最后计算两队队员的总进球数，进球多者为获胜队。

（四）与传统项目相结合的足球大课间活动的组织与实施

许多校园足球特色学校在以前还有开展其他体育活动的传统。比如，河南省开封市杏花营小学不仅是校园足球特色学校，还是武术进校园的传统项目学校。学校在开展好传统武术项目的同时，又设计了足球大课间活动。在实施过程中，学生先做一套旭日东升的武术操，然后再进行足球大课间活动。各足球特色学校可以将学校特有的体育大课间活动内容融入足球大课间活动中。比如，一些学校原有的大课间活动内容是踢毽子、跳绳、太极拳等，并形成了自己的特色。这些学校在成为足球特色学校后不应该“抛弃”原有的优势项目，而应该将这些项目与足球大课间活动相结合。在活动内容设计方面，各学校的传统优势项目可以作为足球技术活动前的热身活动。在设计时要充分考虑时间安排以及器材的摆放等因素，真正做到足球大课间活动多样化，使学生更加愿意参与活动，体验足球带来的快乐。设计方案如表 4 所示。

表 4　校园足球特色学校与传统项目相结合的足球大课间活动设计方案

	活动内容	活动时间	指导方法
入场部分	铃响下课，全体学生跟着音乐节奏进入操场并列队，等待开始。	5 分钟	入场时注意队伍的整齐，班主任在前面指挥本班学生，任课教师在队尾。学生携带自己的足球到达操场指定地点，等待开始。
热身部分	优势项目、传统项目	6 分钟	根据自身传统优势项目进行活动。
基本部分	①原地左右脚前后揉球 ②原地左右脚左右揉球 ③原地脚内侧推拨球 ④原地左右脚侧揉球 ⑤原地左右脚跳踩球 ⑥原地左右脚踩拉球 ⑦双脚内侧推拨球 ⑧原地拉推球 ⑨双脚踩跳球 ⑩双人模仿脚内侧踢球	10 分钟	每人一球，跟着音乐节奏进行 8 个八拍的动作练习。音乐总时间根据内容设定。 班主任在队伍前面，任课教师在队伍后面，和学生一起认真完成足球操。

（续表）

	活动内容	活动时间	指导方法
结束部分	放松、调整呼吸；按进场顺序依次退场。	5分钟	跟着音乐进行放松，尽量选择舒缓音乐；班主任带领学生依次退场。

（广东第二师范学院）

足球教学设计与质量提升方法

袁　野

一、足球教学设计

（一）教学设计的定义

教学设计是应用系统方法分析研究教学的问题和需求，确定解决它们的教学策略、教学方法和教学步骤，并对教学结果做出评价的一种计划过程与操作程序。

体育教学设计是以教学理论、学习理论、信息传播理论以及体育专业理论等相关理论为基础，运用系统方法分析体育教学问题，确定体育教学目标，设计解决体育教学问题的策略、试行方案、评价结果和修改方案的系统化计划过程。

（二）足球教学设计的依据

足球教学设计的依据包括：《义务教育体育与健康课程标准（2011年版）》，《全国青少年校园足球教学指南（试行）》和《学生足球运动技能等级评定标准（试行）》，青少年足球运动的规律，不同年龄、不同年级学生的生长规律和身心特点，学生对学习足球运动项目的需求，足球教学内容，足球教师的专业知识水平与教学能力，足球教学场地与设施，信息传播方式与手段。

（三）足球教学设计的基本要素

足球教学设计的基本要素包括：足球教学目标，足球教学任务，足球教学内容，足球教学方法与手段，足球教学场地与设施，足球教学设计方案评价。

（四）足球教学设计的基本过程

足球教学设计的基本过程包括，认真研究《全国青少年校园足球教学指南（试行）》，详细分析教学大纲与教材，制定教学目标，分解学习任务，设计教学方案，评估教学过程。

（五）足球教学设计遵循的指导思想

足球教学设计应遵循健康第一、立德树人及以学生为主体的指导思想。

（六）足球教学设计应遵循的基本理念

1. 坚持立德树人、健康第一，促进学生健康成长

校园足球教学以立德树人、健康第一为宗旨，努力构建与足球有关的知识与技能、教学过程与方法、情感态度与价值观有机统一的足球教学目标和学习框架。在学习足球技能的同时，融入与学生健康成长相关的知识。足球教学，使学生掌握足球运动的基本技能，发展体能，强身健体，逐步形成健康和安全的意识以及良好的生活方式，促进学生身心全面协调发展。

2. 教学内容符合现代足球运动规律与教育教学理念

参照《全国青少年校园足球教学指南（试行）》，结合本校实际，在教学内容方面，选择符合学生实际水平的足球运动基础知识和基本技战术，并根据学生成长规律以及足球教学规律进行逻辑性设置；在教学方法与手段方面，力求改变孤立的技战术教学方法和过于单调的教学形式，创设有利于学生发挥主动性，乐于探究，接近游戏和比赛情境的教学环境。

3. 激发学生参与足球运动的兴趣，培养学生参与足球运动的意识和习惯

校园足球教学强调各个阶段目标的确定，内容和方法的选择与运用要符合学生的实际需要。教学过程中，引导学生体验足球运动的乐趣，提高学生学习足球的动机，重视对学生进行正确的体育价值观和责任感的教育，让学生在足球运动中感受竞争与对抗、胜利与失败、团队合作与个人努力的辩证统一关系，培养学生积极参与足球运动的习惯。

4. 普及与提高相结合

校园足球教学以课堂教学为基础，对学生进行足球知识技能的传授，培养学生的足球运动意识。课外足球活动以及校内、校际足球竞赛，进一步激发学生对足球运动的兴趣，吸引更多的学生参与足球运动，从中发现具有足球运动天赋的人才并着力进行培养。

二、足球教学任务

足球教学任务作为足球教学设计的基本要素之一，应注重以下几个方面。

（一）传授知识

（1）足球历史与文化：足球起源，东西方早期足球运动的概况；
（2）足球技战术：运控球、传球、射门、接球、抢截球，以及基本的攻防战术等；
（3）足球规则：足球的基本规则与裁判法；
（4）足球产业：足球对经济的贡献，拉动就业，形成庞大的足球产业链。

（二）学习技能

（1）感知球性：①用脚的各个部位（脚背、脚底、脚背外侧、脚内侧、脚尖、脚后跟）触球；②有足够多的触球次数。（2）掌握足球运动技术：①技术动作及组合方式；②技术动作结构与动作要领；③动作练习次数与动作组合；④练习人数与分组；⑤对抗与非对抗；⑥练习区域与辅助练习器材；⑦练习信号；⑧运动负荷及变化方式；⑨信息传递及变化方式。（3）合理运用足球运动战术：①球场区域划分；②球门大小设置及数量；③练习人数；④练习分组；⑤攻守方向；⑥练习规则；⑦对抗与非对抗。

（三）亲身体验

（1）体验足球运动的乐趣；（2）体验足球技术的复杂性；（3）体验参与足球运动过程中的成功与遇到的挫折。

（四）培养学生核心素养

《国家中长期教育改革和发展规划纲要（2010—2020年）》提出，“把促进人的全面发展、适应社会需要作为衡量教育质量的根本标准”，学校教育的主要任务是培养学生的核心素养，并为此提出了我国学生核心素养的六大内容，即（1）人文底蕴：通过学习、理解、运用人文领域知识和技能等形成的基本能力、情感态度和价值取向；（2）科学精神：理性思维，批判质疑和勇于探究；（3）学会学习：认识自我，勤于反思和信息意识；（4）健康生活：强身健体，健全人格和自我管理；（5）责任担当：勇于承担责任，敢于解决问题；（6）实践创新：创新意识，勇于挑战。

三、足球教学设计的程序

（一）设计足球教学总体目标

（1）学习和理解足球基础理论知识，足球运动的功能和价值；

（2）达到增强体质的目的，形成积极参与足球运动的习惯；

（3）较为熟练地掌握和运用足球的基本技术、战术，学会比赛；

（4）在足球运动中能够表现出个人的责任意识，以及竞争与合作、吃苦耐劳、顽强拼搏的精神；

（5）能够理解和尊重个人在足球运动中的差异，懂得通过足球运动获得展现自我和与人交往的机会。

（二）确定足球教学内容的步骤

（1）学习并研究《全国青少年校园足球教学指南（试行）》；

（2）调研分析教学对象的足球知识水平和足球技能水平；

（3）制订各层次（学段）的足球教学目标；

（4）制定足球教学大纲与安排教学进度，结合本校学生实际选择合适的足球教材；

（5）确订主要教学内容，以及讲授的顺序、重点、难点。

（三）设计足球教学内容的原则

（1）教学内容要有知识性、教育性、时代性和趣味性；

（2）教学内容要符合《全国青少年校园足球教学指南（试行）》的要求；

（3）教学内容要符合不同年龄、不同年级学生的生长规律和身心特征；

（4）教学内容（包含球性、基本技术、基本战术和基本身体素质）均有先后顺序；

（5）教学内容要循序渐进、实用；

（6）教学内容要注意理论与实践相结合；

（7）教学内容要注意统一性与灵活性相结合，普适性与特殊性相结合。

（四）选择足球教学方法

（1）语言指导法。语言指导法是基本教学方法之一，是教师运用语言指导学生学习和练习的方法。

（2）示范法。示范法是指在足球教学中，教师运用自身的动作来演示技战术等的教学方法。

（3）分解教学法。分解教学法是教师将所教的技术、战术内容分解成若干环节进行教学的方法。

（4）完整教学法。完整教学法是教师将所教的技术、战术内容不分解成若干环节，而是完整地进行教学的方法。通常分解教学法和完整教学法要结合起来使用，先进行分解教学法，再进行完整教学法。

（5）重复教学法。重复教学法是多次重复同一练习，两次（或两组）练习之间安排一定间歇时间的教学方法。

（6）纠正错误法。纠正错误法是在教学过程中对学生出现的错误动作进行及时纠正的教学方法。

（7）启发诱导法。在教学中，教师向学生提出某些问题并创造一定的学习环境，诱导学生通过自己积极主动的探索和尝试来分析问题和解决问题，这种方法叫“启发诱导法”。

（五）掌握足球教学评价

（1）足球教学评价的原则包括：正确导向，科学合理，简易可行，定性评价与定量评价相结合，单项评价与综合评价相结合。

（2）足球教学评价的基本程序包括：足球教学评价指标的设计，足球教学评价表格的设计，足球教学评价人员的确定，足球教学评价的实施，足球教学评价结果与反馈。

（3）足球教学评价的内容包括：教师教学常规评价，对教师组织教学的评价，对学生学习效果的评价，足球课中对练习密度与运动负荷的评价，运用足球教学方法的评价，足球场地与教学器材使用的评价，足球教学中对立德树人相关内容的评价。

四、足球教学质量提升方法

足球教学质量提升的关键是足球教师教学水平的提升。足球教师要不断学习和了解足球运动的新动向，钻研足球教学规律，探索与创新足球教学方法与手段。足球教师还要不断参加足球方面的各种专业培训，利用新媒体扩大自身的知识面和足球视野，不断提升自身专业水平。具体提升方法可从如下几个方面加以实施。

1. 教学大纲与教材

（1）认真研究《全国青少年校园足球教学工作指南（试行）》，制定符合本校实际的足球教学大纲；（2）吃透教材精神；（3）解剖教材内容；（4）精心设计教案。

2. 教学时间

为解决教学时间短与内容多的矛盾，应突出主要教学内容，即在一个教学练习中体现多种练习内容，如本节课中有运球、传球、射门的教学内容，可以把这三项内容组合起来进行练习。

3. 教学场地

为解决场地小与学生多的矛盾，应将场地分割成多个区域，合理分组，选拔足球水平较高的学生当小老师。

4. 教学内容

为解决趣味与枯燥的矛盾，低年级教学应以游戏性为主，高年级游戏教学应逐渐减少；要不断变化练习内容，采用多种教学方法让学生感受到乐趣。

5. 运动强度

（1）练习项目的组数和练习的重复次数要合理；（2）每两个练习项目之间有一定的间歇时间；（3）时刻观察学生的身体反应，特别是强度较大的练习项目；（4）小学生以有氧练习为主，初、高中生应适当增加无氧练习。

6. 辅助器材

（1）标志盘、标志桶、旗杆和呼啦圈等辅助器材不宜太多；（2）辅助器材在足球场上的摆放应标识清楚，让学生理解其用途。

7. 安全防护

（1）课前对学生进行着装检查和上课安全告知；（2）课前应重视足球场地、教学器材的检查，确保安全；（3）学生应充分做好准备活动，避免不必要的损伤；（4）课中教师应随时观察学生的身体状况，关注学生在练习中的身体反应；（5）出现创伤要及时处理。

8. 教师的语言指导与肢体示范

（1）在指导学生的过程中语言要简洁明了，避免长篇大论；（2）教师不要总是中断练习进行指导，可将个别指导和全体指导相结合；（3）教师的技术动作示范应力求准确、规范、到位，同时应注意动作示范的位置与时机；（4）教师示范与学生示范相结合。

9. 小型比赛

（1）利用课内课外时间多次组织小型比赛，让学生在比赛中体验足球课中学习过的技术并在比赛中加以运用；（2）采用2对2、3对3、4对4的形式，也可以采用1球门与多球门形式；（3）让学生担任裁判。

（南京体育学院）

第三章

校园足球的训练安排与赛事组织

校园足球训练计划的制订

蔡向阳

一、不同学段学生的发展特点和足球训练要求

（一）小学——基础训练或基本技艺阶段

小学阶段重在基础，如果基础打得好，对其他阶段的学习可以起到非常重要的作用。足球运动跟其他项目是一样的，是一个从基础到技艺，从技艺的形成再到技术技能的形成过程。所以一定要打好基础。北京市劲松小学曾有一名学生颠球技术非常好，他可以从长城脚下颠球颠到长城上面。英国的杰克·查尔顿来到中国看到他的颠球技术说，这个孩子以后很有前途。但是这个孩子最后在足球方面并没有发展得很好，因为足球运动需要从技艺表演变成对抗性的运动项目，他没经历过这个过程，而只是在表演。所以我们认为他没抓住足球运动的本质。

（二）初中——逐步提高或对抗性技艺阶段

初中阶段是逐步提高或对抗性技艺的阶段。小学阶段是发展技艺的阶段，主要是培养兴趣。初中阶段要把足球运动当成一项对抗性的技艺。足球这个项目很难，为什么很难？因为足球运动不像田径项目，只要把孩子选对了，步数步频问题解决了，加

上他的起跑、冲刺能力，这个孩子就有较大希望成为一名优秀的运动员。足球运动不一样，需要多名队员合作，每一名队员都有自己独特的个性，且足球运动对处于不同位置上的队员要求也不一样。要把多名个性不同的运动员整合成一个整体，这是最难的地方。西班牙的足球训练是值得我们学习的。我们很多教练在训练时双手叉腰或放在口袋里，而西班牙的教练，两只手不停地在用肢体语言跟队员进行沟通，哪个队员做得好一点，伸出一个大拇指，做得更好一点，伸出两个大拇指，甚至跑过去给队员一个拥抱或者击掌；做得不好时，不会训斥队员。西班牙教练在训练中对心理学方面知识的运用，值得我们借鉴。因为孩子还处在学习的过程中，每个人接受能力不同，所以青少年足球教练应该具备这种技艺。

（三）高中——全面发展或比赛技艺阶段

高中阶段是注重比赛的阶段。这个阶段，教练一定要讲解足球项目的本质规律，不要停留在某种细节上，关键要把足球对抗性的技艺表现出来。很多高中进行了大量的足球比赛，把足球项目的高对抗、高协同配合的本质规律，通过比赛的方式让学生感受到，这是对的。因为任何训练都不能脱离比赛。在整个训练过程中，要尽可能把比赛场景呈现给学生，要不停地让学生经历各种各样的比赛场景，以提高比赛能力。

二、不同学段的足球训练指导思想

（一）小学阶段

培养足球兴趣、学习足球基本技术、发展足球基本技艺是小学足球训练阶段的重要工作。6~9 岁儿童足球的训练重点是游戏和小型足球比赛。这个阶段的孩子，注意力时间很短。在教学过程中，要充分利用这一点，让学生注意听老师在讲什么，其他时间要少讲多练。10~12 岁，是运动员学习技术和技巧的最佳年龄阶段，是学习和发展足球基本技术、基础战术和基本技能的关键时期。

（二）初中阶段

初中阶段是从基础过渡到对抗的阶段。有了小学阶段的基础，初中阶段一定要加入对抗元素。这个年龄段要以小型比赛为主，然后由 5 人制、7 人制逐渐过渡到 11 人制。7 人制及以下的比赛位置分工不用明确，因为人数很少，在场上的角色要不断转换。过渡到11人制后，运动员就要理解位置的概念，所以要从局部战术开始，逐步过渡到整体战术。阵型就是位置排列的表现形式，位置明确了，队员就能理解职责分工及在比赛中可能要承担的角色。

（三）高中阶段

高中阶段的足球训练，要进一步培养运动员的体育道德和敬业精神，形成良好的训练、比赛作风和责任感，着重建立与实际比赛相符合的、快速激烈的竞争氛围。通过各种形式的比赛积累经验，提高运动员控制比赛节奏的能力。一名足球运动员是否优秀，取决于四个条件：第一是技术；第二是战术；第三是身体素质，这是先天和后天因素综合作用的结果；第四是个人气势。

三、不同学段的足球训练要点

（一）小学阶段

1. 正确的训练指导。

2. 合理的训练内容与方法。

3. 培养决策技能。

4. 让学生熟悉球性、获得球感。

5. 制订接近比赛要求的技术练习，练习既要有团队的对抗，又要有相互的协同配合。因为足球运动有两大本质，第一是对抗，第二是合作与协同。足球项目不是由一个人完成的，它一定是同伴之间共同配合完成的，对抗与合作两者缺一不可。

6. 制订接近比赛要求的战术练习，如简单的二过一配合，以及由局部战术过渡到整体战术。

7. 借助小型比赛让学生了解比赛的目的和目标。

8. 培养识别特定比赛局面的足球意识。

9. 结合比赛实际进行身体素质训练。

10. 教练的榜样作用。教练要注意自己的一言一行，对学生来讲，教练是他们的榜样。

（二）初中阶段

1. 提高对抗环境下学生对技术的运用能力。

2. 提高学生的自信心。
3. 不断改进技术细节。
4. 发展个体的特长和技术。
5. 学习掌握基本的职责和要求。
6. 初步形成球队的技战术特点。
7. 结合比赛场景发展学生速度和灵敏能力，速度是关键。因为力量可能到 13 岁以后才能发展起来，速度肯定是在 13 岁前就要发展，初中阶段处于最佳敏感期。

（三）高中阶段

1. 提高训练的效率。
2. 选择合理的组织形式。
3. 发展实际比赛能力。
4. 形成学生个人技战术特点并不断完善。
5. 进一步完善全队整体战术能力。
6. 按比赛要求对学生进行身体训练。
7. 不断增强学生的自信心。

四、小学阶段足球训练计划

（一）制订学年训练计划应考虑的因素

1. 考虑不同年龄阶段孩子的身体发育特点和心理成长规律；选择合适、有针对性的训练内容；明确指导思想，树立训练目标。
2. 让孩子们享受到足球运动带给他们的快乐，培养孩子们对足球运动的兴趣。
3. 让孩子们熟悉球性，达到会控制球的目的。
4. 了解并能简单运用足球运动的基本技术，了解基本的“5 人制”比赛战术。
5. 了解足球运动中个人和整体的关系，了解基本的战术方法和战术原则。

（二）训练的目的

1. 注重开展体育道德和敬业精神的教育，形成良好的训练及比赛作风。足球运动讲究规则，要让孩子们懂得尊重规则、尊重对手、尊重裁判。足球比赛有胜利，也会有失败，孩子们对胜负要有正确的认识，教练要把这种教育贯穿到训练当中。

2. 初步掌握足球的基本技术，通过有目的的对抗游戏达到技术训练的目的和要求。

3. 了解同伴和对手是足球比赛战术中最基本的要素，孩子们要学会主动发现比赛中的问题，寻找解决问题的答案。

4. 在全面发展身体素质的基础上，进一步提高速度、爆发力及协调性。校园足球不仅要求孩子们身体素质均衡发展，还要重视其文化学习，培养其良好的生活习惯和团结合作精神。

（三）身体素质训练、技战术训练和比赛的安排

1. 身体素质训练

在小学阶段，一般身体素质训练占整个训练的17%①，专项身体素质训练占整体训练的23%，小学阶段要注重孩子们的身体素质训练。

2. 技战术训练

技术训练在小学阶段要多一点，一年级到三年级是玩中学，四年级到六年级是认真学，要规范技术动作，练习基本功如控球、颠球、各种运球转身，技术训练占36%。小学阶段不要急于教战术，主要练习简单的配合，战术训练占13%。

3. 实战训练

实战不能多，这时候孩子们的技术还没成型，不适合开展实战，因此实战训练占8%。

（四）训练的基本任务

1. 提高队员的全面身体素质，重点发展速度、灵敏、协调和爆发力等素质

足球运动是一项变向变速的运动，在训练过程中，不要把足球运动员训练成百米运动员，而是全面训练其身体素质。比如，5×25米跑中加入推倒矿泉水瓶（不能只是摸到）的动作，要求推倒后才能进行下一个动作。在小学阶段，技术训练需要贯穿在整个训练的过程中。足球运动中有一句话“球到人到”，就是说人跟球必须在时间、空间和速度上保持高度的一致。因为球的速度（飞行速度）快，而人的速度约为0.02秒，所以要有提前量，球还没传的时候，人就要开始起动。

2. 提高队员的基本技术，重点是传接球技术

提高对抗条件下控球的能力，当对手在左边的时候用右脚控球，在右边时要用左

① 数据根据实践经验统计得出，后同。

脚控球，形成条件反射。要学会正确地传接球，掌握传球的 5 个技术动作。在实际的足球比赛过程中，这些动作可以不用做，比如说接球，需要转身，就应该把球控到要转身的方向，合理的控球不一定是最标准的，但合理的控制一定是最有效的。还要在练习中，逐步发展队员的个人技术特长。

3. 提高队员的战术能力，重点是个人战术和局部战术

（1）明确个人攻守的职能，进攻和防守原则；（2）提高个人战术意识和局部 1 对 1、2 对 1、3 对 2 攻防能力；（3）确定基本阵容，初步形成 2 对 2、1 对 3、3 对 1 的基本打法。

（五）完成训练计划的主要方法

完成训练计划主要有以下方法：身体素质训练、技术训练和战术训练。其中，身体素质训练主要采用高抬腿跑、后蹬跑、跨步跑、起动跑、加速跑、哑铃快速挺举、蛙跳、多级跳和抛接实心球等形式。技术训练主要以对抗条件下的技术训练为主，非对抗性技战术不宜太长。

战术训练采用局部战术，即注重两三个队员之间传球，尽量一脚或两脚传球，半场内采用 2 对 1、2 对 2、3 对 2、4 对 4 的对抗攻守。训练和比赛应使用 3 号球。

（六）教学与训练中应注意的问题

1. 对儿童的训练存在不稳定性。训练时间不宜过长，应控制在 80~90 分钟，比赛时间 10 分钟，分 4 节开展。若时间一长孩子们注意力的稳定性就会降低。

2. 技战术训练时可采用分解演练的方法。

3. 多进行积极思维的启发，培养善于思考的能力。

4. 在完成组合技术时，应突出抓好各技术间的连贯性和协调性。

5. 战术训练时要明确体验三维空间，提升对地面、距离和高度的感知觉。

（七）训练安排

一般情况下，小学全年训练时长是 36 周，训练时数为 230~240 小时。校园足球比赛的举行一般在 5 月份左右和 9~10 月份。围绕着这两个比赛周期，我们把全年比赛分成两个周期，第一个周期是从 3 月 1 日到 6 月 30 日；第二个周期是从 7 月 1 日到 11 月 30 日，这个周期更适宜在南方开展。

第一个周期包含 3 个时期，即（1）准备期 4 周，从 3 月 1 日至 3 月 31 日；（2）比赛期 8 周，从 4 月 1 日至 5 月 31 日；（3）间歇期 4 周，从 6 月 1 日至 6 月 30 日。

第二个周期包含 3 个时期，即（1）准备期 8 周，从 7 月 1 日至 8 月 31 日；（2）比赛期 8 周，从 9 月 1 日至 10 月 31 日；（3）过渡期 4 周，从 11 月 1 日至 11 月 30 日。

准备期总共 31 个学时，24 课的内容。进行各种游戏以引领协调颠球、控球，一般身体素质训练占 20%，专项身体素质训练占 20%，技术训练占 10%，战术训练占 4%。

比赛期主要是注重比赛，围绕比赛提高身体素质，比如有球的各种跑，有球的各种强行突破，有球的各种转身跑。另外就是技战术训练，在比赛中运用技术的能力，在比赛阶段主要是打比赛，要把比赛战术提升起来。

间歇或过渡期主要是调整，一般身体素质训练正常开展，各种其他训练逐步增加，专项身体素质训练继续保持，要回到技术训练上。

阶段训练计划

阶段训练计划是指在学年训练计划的基础上，根据上下两学期的时间安排以及比赛任务的需要而制订的一种周期性训练计划。根据全年训练计划的安排，准备期的训练主要是为完成比赛任务做准备。阶段计划要考虑学期时间、周数、正常节假日、实际训练周数、训练内容和比赛时间。阶段计划还要考虑季节的变化和天气的变化。

训练目的：（1）培养良好的训练态度及比赛作风；（2）在技术、战术、身体素质、心理品质等方面为比赛做好充分准备；（3）提高局部攻防战术能力，学习 5 人制足球比赛的攻防战术；（4）在全面发展身体素质基础上，进一步提高速度、爆发力和协调性。

预期达到的目标：（1）身体素质、技术、战术和心理素质四个主要方面调整到最佳状态，为进入比赛做准备；（2）确定足球比赛的主力阵容和替补阵容。

周训练计划

周训练计划是阶段训练计划的一个单元。在准备期，根据阶段训练计划去完成的技术和战术的训练；在比赛期，根据比赛安排以及比赛对手制订有针对性的计划；在间歇期或过渡期，制订适合的恢复性训练内容。

训练周期的日期及时间安排

第一阶段 1 周，从 3 月 1 日至 3 月 7 日。（1）培养队员的兴趣和自信心；（2）提高队员速度、灵敏和协调能力；（3）学习掌握跑的基本技术和足球热身操；（4）学习颠球、个人运控球和传接球技术。

第二阶段 2 周，从 3 月 8 日至 3 月 21 日。（1）增加队员之间的交流；（2）提高队员速度、灵活性和协调性；（3）巩固改进技术，增加对抗性练习的比例；（4）学习在有对手压力的情况下传球与接应、创造空间、盯人和保护的个人攻守战术。

第三阶段 1 周，从 3 月 22 日至 3 月 31 日。（1）保持队员的注意力和热情；（2）

学习足球局部进攻与防守战术，学习在以多打少和以少打多局面下战术配合的能力；(3) 保持一定身体、技术训练，重视比赛前的训练调节，使队员处于良好竞技状态。

课时训练计划

课时训练计划是指有针对性地设置训练内容，有具体的训练目标和训练任务。课时训练主要有完整的训练环节，准备和放松部分不能忽视。在实践环节中，主题要单一、明确，一节课解决一个问题。在训练课的设计过程中，要非常重视每个训练内容与方法之间的逻辑关系和相互衔接，通过练习方法的变化逐步提高训练的难度。

体育课包括准备部分、基本部分和结束部分。根据凯洛夫教学模式，教学应建立在人体对运动和教育的从低级到高级的认识过程中，分为泛化、分化和自动化三个阶段。训练与教学不一样，训练相对单一，重在解决比赛存在的问题，该过程必须体现由局部到整体，由不对抗到对抗的转变。当训练目的没有达到的时候，可以再多花一些时间来解决。

五、初中阶段足球训练计划

初中阶段的足球训练是一个熟悉足球、了解足球运动、掌握基本技战术的过程。这个过程对初中阶段的足球运动员来说是一个技能技艺全面提高的阶段。

（一）制订学年训练计划应考虑的因素

初中阶段年度训练计划的制订要考虑的是提高队员对足球观察、判断和决策的能力，使其全面掌握足球基本技术与技巧，发展他们的足球技战术理解力和特长技术，初步完成基本技艺向对抗技艺的发展和转化。

（二）训练的目的

1. 注重体育道德和敬业精神的教育，形成良好的训练作风和比赛作风。

2. 技术方面强化有目的的停球，熟练掌握长传球技术，完善带球摆脱及与下一个动作的连贯性，提高头顶球技术，改进抢断球及连接动作，巩固进攻技术中的回传球和一次传球，精细射门技术和传中与包抄射门技术。

3. 战术方面强化接应与支持，合理站位，明确进攻与防守的基本概念，加强站位与回位的意识，了解个人在比赛中的位置。

4. 身体素质训练方面，进一步提高一般耐力、速度与力量素质，形成正确的姿态与姿势，发展弹跳力、协调性、柔韧性和灵巧性。

5. 继续加强心理素质训练。

（三）身体素质训练、技战术训练和比赛的安排

1. 身体素质训练

初中的一般身体素质训练可减少，占 15%，专项身体素质训练占 21%，逐渐加大力量训练的比重，在变速变向、运球转身、力量射门等动作中均需要力量做基础，尤其要经常练习在各种状态下射门的能力。例如，因为脚背正面射门，力量通过球心，让球做直线运动，不要让球旋转。若力量没有通过球心，会使球产生分力旋转，球速就会下降。射门的正确动作应该是助跑、支撑脚站位、摆动、击球、随前。但是在比赛的状态下，射门很少有充足的助跑距离，射门时机转瞬即逝，所以这种动作要多做才有可能在比赛中运用自如。

2. 技战术训练

技术训练继续保持 36%，但是战术训练要提升，初中的战术训练占 18%。

3. 实战训练

实战训练可由小学阶段的 8%，提高到 11%。

（四）训练的基本任务

1. 提高队员训练作风与比赛作风

（1）明确组织纪律和比赛纪律；（2）强化训练要求；（3）培养良好的体育道德作风；（4）培养勇猛顽强的战斗作风。

2. 提高队员的全面身体素质，重点发展速度、灵敏、协调、爆发力等素质

（1）学习掌握正确动作与身体姿势技术；（2）使速度与力量紧密结合，提高爆发力；（3）提高完成各种技术动作所需要的灵敏度和协调能力；（4）将足球技术与身体素质紧密地结合在一起；（5）有意识地发展一般耐力素质。

3. 全面提高队员的基本技术，逐步发展队员的个人技术特长

（1）提高对抗条件下的控球能力；（2）正确掌握传接球技术；（3）提高技术的临场运用能力；（4）注意发现队员特点并加以培养。

4. 提高队员的战术能力，重点是个人战术和局部战术

（1）明确个人攻守的职能，进攻和防守原则；（2）提高个人战术意识和局部 2 对 2、3 对 3、4 对 3 攻防能力；（3）确定基本阵容，初步形成 3-2-1、3-1-2、3-3-1 的 7 人制足球阵型基本打法。

（五）完成训练计划的主要方法

身体素质训练可采用起动跑、加速跑、哑铃快速挺举、蛙跳、多级跳、抛接实心球和一般耐力跑等方式。技术训练主要以对抗条件下的训练为主。战术训练采用半场内局部 2 对 2、4 对 4、5 对 5、6 对 6 对抗攻守。技战术训练时间为 90~120 分钟。7 人制足球比赛时间为 60 分钟，上、下半场各 30 分钟，中间休息 10 分钟。

训练和比赛应使用 4 号球。

（六）教学与训练中应注意的问题

1. 少年时期是获得足球知识的最佳时期，技术训练以对抗训练为主。

2. 开展技战术训练时，要给队员一个足球比赛的完整概念，让他们知道在比赛中如何运用和发挥作用。

3. 开展启发积极思维，养成善于思考、独立解决竞技场上出现的技战术问题的习惯。

4. 进行技术训练时应加入战术因素，提高技术的运用能力，积极提倡队员的独立思考和创造精神。

5. 在完成技术和战术配合时，应强调在快速运动中进行，并在此基础上追求准确性。

6. 在完成两三个单元组合技术时，应突出抓好各技术动作之间的连贯性和协调性。比如，接球射门、运球射门，虽然接球、运球和射门各是一个单元，但要把这几个单元变成组合技术。

7. 强调队员在快速移动、转体变向和跳跃倒地等非正常身体姿势下完成各种技战术训练。

8. 进行技战术训练时，要加强对地面、距离和高度的感知觉。

9. 在有对手干扰下完成技术和战术配合，培养队员的应变意识和能力。

10. 在足球比赛中正确理解和运用比赛进攻与防守战术原则。

（七）总结

1. 每阶段比赛后都要进行个人和全队小结。

2. 年终进行个人和全队全年训练比赛总结。

（八）主要措施

1. 加强对抗练习，增加比赛次数，提出比赛的基本要求。

2. 加强足球理论学习，每周定期学习 1 次。

3. 建立全队和各队员的技术档案。

4. 认真写好训练日记，及时了解队员的身体机能状况。

5. 在现有条件下做好医务监督。

（九）训练安排

初中全年训练的时长是 48 周，总计为 570～580 小时，全年大致分为两个训练周期。

第一周期：（1）准备期 8 周，从 1 月 1 日至 2 月 8 日；（2）比赛期 12 周，从 3 月 31 日至 5 月 31 日；（3）间歇期 4 周，从 6 月 1 日至 6 月 30 日。

第二周期：（1）准备期 8 周，从 7 月 1 日至 8 月 31 日；（2）比赛期 12 周，从 9 月 1 日至 11 月 30 日；（3）过渡期 4 周，从 12 月 1 日至 12 月 28 日。

阶段训练计划

训练目的：（1）培养良好的训练态度及比赛作风；（2）为参加 7 人制足球比赛做好技术、战术、身体素质、心理品质等方面的充分准备；（3）提高局部攻防战术配合能力，学习 7 人制足球比赛攻防战术；（4）在全面发展身体素质基础上，进一步提高速度、爆发力和协调性。

预期达到的目标：（1）身体素质、技术、战术和心理素质四个主要方面调整到最佳状态；（2）确定足球比赛的主力阵容和替补阵容。

周训练计划

相比小学的周训练计划，初中的训练主题更加明确，前后两周的训练内容需要更好地衔接。

训练周期可做如下安排：

第一阶段 1 周，从 8 月 1 日至 8 月 6 日；第二阶段 1 周，从 8 月 7 日至 8 月 13 日；第三阶段 1 周，从 8 月 14 日至 8 月 20 日；第四阶段 1 周，从 8 月 21 日至 8 月 31 日。

课时训练计划

在小学的基础之上，初中阶段课时训练计划要从提高的角度出发，强化基本技术能力，注意每节课的身体素质训练和裁判规则的介绍。

六、高中阶段足球训练计划

高中阶段的足球训练是巩固足球技术、了解比赛规则、掌握比赛技巧的过程。对高中阶段的足球运动员来说，这是一个全面发展比赛技术的阶段。

（一）制订学年训练计划应考虑的因素

高中阶段年度训练计划的制订要考虑如何巩固完善基本技术、提高比赛能力和掌握比赛规则。这个阶段是对抗技术向比赛技术转变的重要阶段，同时也是决定队员能否由业余训练进入职业足球生涯的重要阶段。这个阶段要通过掌握不同的训练方法强化全队的整体战术素养，提高队员控制比赛节奏的能力，帮助队员通过比赛积累比赛经验。

（二）训练的目的

1. 注重体育道德和敬业精神的教育，形成良好的训练作风及比赛作风。

2. 提高实战能力，增强对抗能力，继续抓好个人特长技术，提高位置技术的应用能力，注重提高完成动作的速度及准确性。

3. 提高局部攻防的能力，学习 11 人制攻防战术，提高比赛技战术应变能力，学习控制比赛的节奏。

4. 在全面发展身体素质的基础上，进一步提高速度、爆发力及耐力素质，尤其是耐力。足球比赛在高中阶段已经需要 40 到 45 分钟。

5. 继续加强心理素质训练。足球运动要面对成功和失败，要培养孩子们开朗的性格。

（三）身体素质训练、技战术训练和比赛的安排

一般身体素质训练要下降，占 12%；专项身体素质训练略有提高，占 12%。

技术训练保持不变，但是战术训练的比例增加，因为这要求全队的战术训练比例增加到 28%。

实战训练占 11%，高中阶段多开展比赛，以提高实际的比赛能力。

（四）训练的基本任务

1. 提高球队员训练作风与比赛作风

（1）明确组织纪律和比赛纪律；（2）强化巩固训练要求；（3）培养体育道德；（4）具备顽强的战斗作风。

2. 提高队员的全面身体素质

此阶段，肌肉系统的发育已基本成型，可以进行爆发力训练，各种形式跑的训练也可以进行。

3. 提高个人技术

（1）全面提高队员的基本技术；（2）逐步发展队员的个人技术特长；（3）重点发展队员一次性传球的能力。

4. 提高队员的战术能力，重点是局部攻防战术

除了提高全面技术外，还要注重在战术使用中发挥个人技术特长，如边锋的边路传中，中锋持球个人突破，中场控制球和长传转移，长传球速度、距离、准确性的把握，后卫的防守、转身踢球和头顶球。高中阶段，队员一定要明确自己的位置以及该位置应履行的职责是什么。确定基本阵型，如 4-3-3、3-5-2、5-3-1 等。采用哪种阵型要依据队员的能力特点来确定，比如，把哪个队员放在什么位置上，若有 2 个很好的前锋应该怎么搭配，若有 4 个前卫或 3 个前卫分别应该怎么搭配，等等。

（五）完成训练计划的主要方法

身体素质训练可采用起动跑、加速跑、往返跑、越野跑、蛙跳、多级跳等方式。

技术训练主要以对抗条件下的技术训练为主。

战术训练采用 6 对 6、8 对 8 对抗攻守与半场攻守，以及全场攻守练习和分队比赛。

技战术训练时间为 90~120 分钟，并适当加大训练的密度和强度。

训练和比赛应使用 5 号球。

（六）教学与训练中应注意的问题

1. 这个年龄段的队员，所有的足球技术和战术知识都应该完全掌握，今后能否成为优秀运动员，这时已经显露出潜质。

2. 需要采取不同的训练方法，只有这样，才能更好地培养个人技术特长。如有的队员速度上不去，有的队员技术很好，有的队员可能耐力不行，训练要针对每个人特点。此外，还要根据队员的位置来进行训练。

3. 要注意三个时刻的培养。进攻组织时刻、攻守转换时刻、防守组织时刻，这三个时刻队员之间要交流，要懂得观察场上的情况，如不要位置重叠，要控制与队友之间的角度和距离，要懂得转移。

（七）总结

1. 每阶段比赛后都要进行个人和全队小结。
2. 年终进行个人和全队全年训练比赛总结。

（八）主要措施

1. 加强比赛道德教育。
2. 加强纪律教育。
3. 加强足球理论学习，每周定期学习 1 次。
4. 注重位置技战术的运用，提高比赛能力。
5. 建立全队和各队员的技术档案。
6. 认真写好训练日记，及时了解队员的身体机能状况。
7. 在现有条件下做好医务监督。

（九）训练安排

高中全年训练时长为 48 周，总计为 630 ~ 660 小时，全年大致分为两个训练周期。

第一周期：（1）准备阶段 8 周，从 1 月 1 日至 2 月 28 日；（2）比赛阶段 12 周，从 3 月 1 日至 5 月 31 日；（3）间歇阶段 4 周，从 6 月 1 日至 6 月 30 日。

第二周期：（1）准备阶段 8 周，从 7 月 1 日至 8 月 31 日；（2）比赛阶段 12 周，从 9 月 1 日至 11 月 30 日；（3）过渡阶段 4 周，从 12 月 1 日至 12 月 28 日。

阶段训练计划

训练目的：（1）培养良好的训练态度及比赛作风；（2）为参加全市高中组足球比赛充分做好技术、战术、身体素质和心理品质等方面的准备；（3）提高局部攻防战术配合能力，掌握 11 人制足球比赛攻防战术；（4）提高体能训练强度和专项身体素质训练，按成人化、专业化的标准训练，具有较强的目的性；（5）继续加强心理素质训练。

预期达到的目标：全面提高运动员身体素质和技战术能力。

周训练计划

周训练计划可做如下安排：

第一阶段 1 周，从 8 月 1 日至 8 月 7 日；

第二阶段 1 周，从 8 月 8 日至 8 月 14 日；

第三阶段 1 周，从 8 月 15 日至 8 月 21 日；

第四阶段 1 周，从 8 月 22 日至 8 月 28 日。

课时训练计划

高中的训练计划不同于小学和初中的训练计划，一定是具有针对性的，要根据现阶段的目标和任务，根据球队存在的问题，有针对性地去训练。所以在训练过程中，一定要注意训练逻辑的关系。这个问题可能在小学阶段不典型。高中阶段可以采用引导的方式去解决某一个问题，最后解决这个问题，通过练习因素的不断改变，逐步提高训练难度，由浅入深、由易到难，逐步推进。

（福建师范大学）

足球比赛的实战技战术分析

王海鸣

一般认为，技术、战术、身体素质和心理素质四大要素在足球比赛中起着绝对性的作用。但是我认为足球智力和足球意识更加重要，简单来说即用脑踢球。过去训练的焦点在肌肉，但肌肉本身并不具备学习能力，是大脑通过神经系统控制肌肉。球员理解比赛意识越强，他寻求正确决策的速度就越快。因此，这就需要了解和分析比赛，具备比赛意识。

一、了解比赛

（一）比赛阵型

（1）无论任何阵型，如4-2-3-1、4-3-3、3-4-3等，都仅仅是一种形式（见图1）。

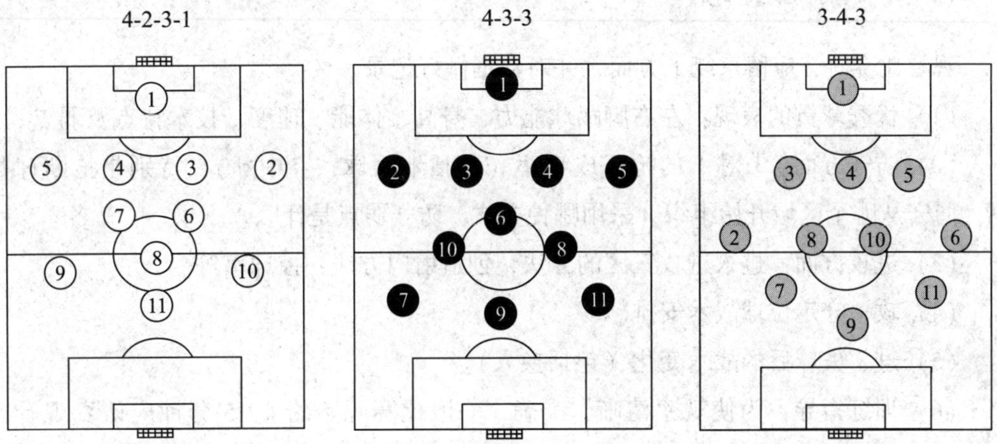

图1　比赛阵型（1）

（2）要根据球员的特点及教练对不同阵型的理解程度设计比赛阵型。

（3）如何布阵只是工作的开始，主要考虑的应该是让球员知道自己有球和无球时的位置职责。

(4) 让球员清楚自己的站位和如何比赛，特别是攻守转换瞬间如何创造有利局面。

(二) 阵型变化

(1) 根据对手情况和我方比赛目标，知己知彼地选择比赛阵型及变换结构。

(2) 对手实力强于我方或比赛接近尾声且我方领先时，可采用双后腰战术。

(3) 我方实力强于对手或比赛接近尾声且我方暂时落后时，可采用双前腰战术。

(4) 3-4-3 阵型防守可演变成 5-4-1 阵型，3-4-3 阵型更具攻击性，4-4-2 阵型是一个攻守相对平衡的阵型。

(5) 训练指导：任何比赛阵型都需要在赛前进行反复演练，建议一支球队掌握两种比赛阵型即可。(见图 2)

图 2 比赛阵型（2）

(三) 如何观看比赛

观看比赛时，应留意以下方面，并对数据做好记录。

(1) 优秀球员的表现：左右脚踢球能力、身高、体能、速度、技术特点及弱点。

(2) 防守方面：1 对 1 的抢截成功率（包括地面球、空中球），特别是抢断球数据。防守从哪个区域开始组织，采用哪种方式，防守弱点是什么。

(3) 进攻方面：进入进攻三区的方法，创造射门方法，控球率等。

(4) 攻、守定位球战术安排。

(5) 进、失球后的战术变化（包括换人）。

(6) 训练指导：为使观察清晰、准确，一般比赛开始的前 15 分钟应认真观看比赛，然后开始记录。记录的问题不要太分散，应突出重点。记录时不但要认真记录得失分的过程，而且要仔细观察定位球情况，特别要把重点队员的情况详细记录下来。

二、比赛分析

比赛分析，可从进攻组织时刻、防守组织时刻、由守转攻时刻、由攻转守时刻四个时刻入手。

（一）进攻组织

1. 进攻原则

（1）灵活运用切入、支援、深度、宽度、跑动、空当、应变，为进攻创造机会。

（2）不是一大脚，也不是层层推进，而是三传两递推进到对方罚球区。

（3）在进攻表现过程中，要始终强调增加球队攻击性、发展快速进攻的原则。

2. 组织

进攻时要强调拉开，利用横向的拉开为纵向或向前突破做准备；在对手罚球区附近敢于冒险；当没有快速反击时，不要轻易丢球，进攻需要有创造性。

2018 年的俄罗斯世界杯再一次提示，传统的以传控球、层层推进、进攻速度慢为主要打法的老牌强队阿根廷、西班牙、巴西和葡萄牙等队都没能进入前四名，而以快速进攻为主要打法的法国队最终夺冠。这提示在训练时应加强快速进攻打法的应用。

3. 比赛节奏

比赛节奏，也可称为比赛速度。90 分钟比赛不能总是一个节奏。高水平的球队有良好的控制比赛节奏的能力，他们会在不同情况下运用不同的比赛节奏。

①当本方控球时，如下几种情况应该加快比赛节奏：当对方实施逼抢时；当对方防线出现空当时；当本方比分落后时；当本方必须获胜时；当对方少一人时。

②当本方控球时，如下几种情况应该放慢比赛节奏：诱使对方压上或逼抢时；本方领先时；为使本方控制球时；对方强于本方时；使本方能进行必要的休息和调整时。

4. 本方控球时快攻

现今球队进攻大多在有组织进攻（控球）与快速进攻之间合理转换，其中的快攻即追求三传两递就攻到对手罚球区的打法。

没有快攻机会时不要轻易丢球。

5. 本方控球时反击

一种是后场断球后团队式反击，要经过小组 2～3 人之间三传两递配合完成射门；另一种是在本方半场抢断到球单刀直入式反击完成射门。反击战术要求持球球员要具有开阔的视野、长传球打对方身后的能力，无球跑动队员具备中长距离快速奔跑及高速中完成射门的能力。还要注意三条线之间的联系十分重要（整体压上）。

6. 阵地战（破密集防守）

（1）在足球场宽度和深度上进行良好的选位是有效进攻的基础，阵地战更要充分利用场地的宽度。

（2）无球队员通过对宽度和深度的利用进行接应和支持，为阵地战进攻创造出更好的行动机会。

（3）在对手密集的后场防守时，特别要加强转移进攻点。即先在球场一侧以短传为主，吸引对手向有球一侧移动，再快速把球转移到另一侧，利用其他场区的空间及人数优势，形成进攻有利局面。

7. 边路进攻

在对手已经封锁一侧边路时，要转移进攻方向。实施转移前，可以先在某边路进行渗透配合，诱惑对手将防守重心向这一侧边路移动后，再转移进攻点，从而实现通过边路 2~3 人之间配合或边路个人突破形成边路进攻，边路进攻路线如图 3 所示。

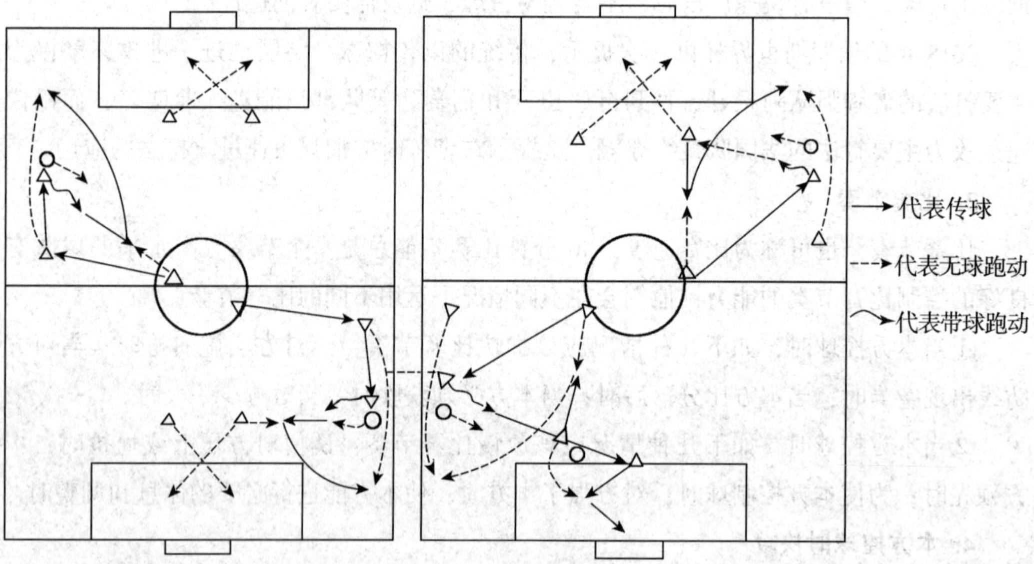

图 3　边路进攻路线

8. 进攻定位球

（1）2018 年世界杯的数据统计显示，41%的进球来自定位球，包括直接定位球和间接定位球。

（2）数据提示我们要重视定位球训练，加大训练的比例。

（3）要培养“一锤定音”的定位球能手，需要平时反复磨炼。

（二）防守组织

1. 防守原则

（1）灵活运用抢断、延缓、支援、平衡、密集、控制、保护。

（2）现代足球比赛在前场压迫对手（压迫式打法）是极流行的。这种打法是在中前场实施的主动攻击性防守，在规则允许的范围内，通过争抢来获得球权；中场多采用布阵防守；后场多采用密集防守打反击战术。

2. 组织

（1）防守要求从前锋开始，每名队员都要重视防守，不少球员只重视踢进攻球，丢球后不及时回防，这样不行。进攻时仍要保持好防守人数，因为攻中有守、攻守平衡主要体现在位置上。

（2）进攻一旦失球，最靠近球的队员要快速封堵对手，不让对手向前传球打反击，延缓其进攻速度，其他队员都要快速退回到球后防守，以压缩防守空间。

（3）要加强个人防守意识、个人防守能力训练，要不断重复 1 对 1、2 对 2 对抗训练，提高个人防守能力。

（4）不同的防守阵型结构要根据教练对战术的理解程度、对手实力和比赛中胜负时段的变化进行调整。

（5）队员回防不到位还和体能有关，队员的体能达不到进攻能上去、丢球后又能快速回位的要求。

3. 区域紧逼防守

紧逼对方持球队员。紧逼是指对对方持球队员施加压力，但应保持一臂距离。

实施紧逼的区域很大程度上取决于对手的技战术水平。

值得注意的是，过早在对方半场区域实施紧逼，只适用于进攻组织有问题及控球不好的球队。若对手技战术能力较强的，过早紧逼就意味着危险，因为他们能在相对有限的空间撕破对方防守，还会造成后防线 4 名防守队员身后形成较大空当。

此外，区域防守时全队随球的移动而移动，简言之就是球动人动。

在进行区域紧逼防守训练时，各队员要在自己的防守区域随球不断移动，并保持前锋、中场、后卫衔接紧密。一旦某区域的防守被忽视，就会很容易给对方留下空当。因此，每名队员要在自己所在区域各负其责，还要相互指挥、呼应、紧逼、保护，加大抢断对方传球的机会。注意指挥和呼应的语言必须简练、清楚，如左边、右边、后边等。

要强调集体统一逼抢，明确有球、无球位置的防守职责，这一点极为重要，即使有一人紧逼不到位就会导致全队逼抢的失败直至失分。

4. 前场防守

（1）在前场（进攻三区）将持球队员驱赶到边路区域，阻断其与同伴的联系。

（2）采用整体紧逼的方式，在持球队员周围形成人数优势，迫使对手在没有充足时间思考、没有充足空间向前推进的情况下盲目出球，无法组织起有效进攻。

（3）使对手疲惫，失去信心。

因此，在进行前场逼迫防守训练时，高压逼抢战术需要全体队员有很强的执行力、个人抢断球能力，以及高强度所需的体能和整体位置感，这需要平时反复演练。

5. 中场防守

（1）主动后撤并在中圈弧顶前 10 米处组织防守。

（2）三条线相距 30 米左右使之形成密集防守。

（3）迫使对手进攻往横向或向后发展，延缓对手进攻时间，当球进入中场区域后实施逼抢。

6. 后场防守

（1）主动后撤并在中线后和本方罚球区前区域形成密集防守。

（2）有意识迫使对手往横向或向后发展，延缓对手的进攻速度。

（3）在对手获得球权后，所有队员尽快回到自己的防守位置，形成正面防守。

（4）要明确不同位置的防守职责，对持球人要紧逼，对实施紧逼的同伴要有保护，当防守队员都回到本方半场形成正面防守时，对手便很难进球。

（5）由于后场密集防守人数多，切记不要轻易犯规，以免造成定位球失分。

7. 定位球防守

（1）角球的防守方法有区域结合盯人防守和区域防守两种方法。

（2）防守人墙。

（3）防守 45°定位球。

（4）界外球。

演练防守定位球时要明确每名球员的职责（根据对手定位球录像分工），反复磨炼，在比赛准备期后段要加大定位球训练的比例。

8. 重点指导

实施逼迫式防守打法时，球队需要具备以下几个方面的能力。

（1）技术方面：防守技术、抢断技术、铲球技术、头球技术。

（2）意识方面：失去控球权瞬间快速由攻转守意识、适时对对手实施逼抢意识、保护队友意识、使用造越位战术意识、交流意识以及对战术风格的理解。

（3）身体方面：力量耐力、速度耐力，队员处于最佳身体状态。

（4）心理方面：执行力、团队精神、远离本方球门的防守欲望、战术纪律。

在前场实施逼迫式打法时，要求整体形成 3 个小组：驱赶组、抢断组、保护组，形成 3-6-1 站位，进行反复演练。

（三）由守转攻

1. 由守转攻时（得球瞬间），在对手没有组织起有效防守之前，要快攻。

2. 要充分利用场地的宽度、深度，尽快通过三传两递形成射门。

3. 得球队员瞬间向最前面的队员传球；最前面队员要压住最后的后卫，拉出身前空当，为同伴插上配合创造条件；其他队员要快速跟上或拉开宽度，或插对手身后空当要球，自己的位置留给后面队员填补，形成整体压上快攻的局面。

（四）由攻转守

进攻时，一旦失误，离球最近的队员要快速封堵对手，阻止对手向前传球打出反击，延缓其进攻的速度；其他队员都要快速退回到球后防守，压缩防守空间。

由于现代足球比赛具有高对抗、快节奏、小空间的特点，攻守转换瞬间是取得比赛胜利的关键，因此转换瞬间行为方面的训练需要不断加强。

三、制订训练计划依据

比赛是一面镜子，也是最好的老师。从比赛中发现问题再回到训练中去解决，为训练提供依据。

制订训练计划一般采取如下步骤：

比赛（测试）—分析总结（什么问题?）—（制订/改进）计划—（通过）训练（解决问题）—比赛（测试）。（见图 4）

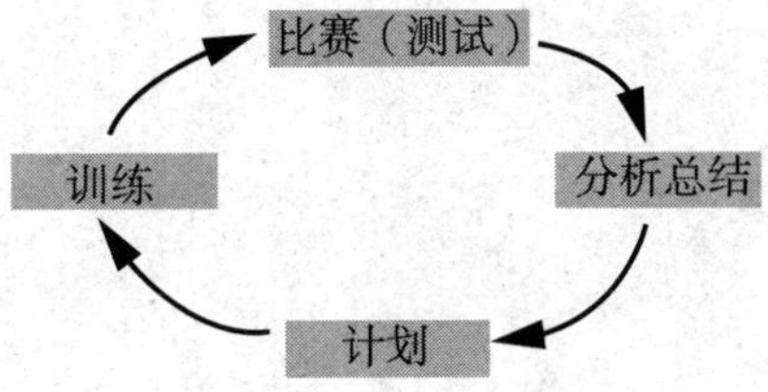

图 4　制订训练计划

每堂训练课只设计改进一个主题即可，做到从简到难、从慢到快、循序渐进，切记不要一堂课什么都练了，结果什么问题都没有解决。

四、训练指导

校园足球有它的特性，爱玩是孩子的天性，而孩子的兴趣一旦得到激发，他就会发自内心地喜欢上足球。无论是小学还是初、高中，激发兴趣都是校园足球的第一要务，也是遵循教育与体育的规律。

1. 在足球运动的训练指导以及教与学的过程中，训练手段要先简后繁，使教练和运动员都容易把握。训练内容必须与足球有关，且每次训练的负荷量以及训练的目标制订要合理，要考虑分组问题，年龄水平也要考虑，以保持运动员对足球的兴趣。

2. 教练要喜爱足球，理解足球并且愿意将自己的知识和热情分享给青少年球员；教练还要像家长一样，关注年轻人并诚恳、公平、坚定、严格地要求，同时又平易近人。

3. 教练想带好球队，处理好与运动员的关系很重要。教练水平再高，运动员条件再好，如果教学关系紧张，那就拧不成一股绳，谁也发挥不了作用。

4. 教练要根据球员情况，坚持走技术发展之路，强调用脑踢球，特别注重比赛场上的预先快速观察和快速决策，通过思维与决策速度、快速灵活的身体移动和流畅的球速，控制比赛的主动权。

（河北固安英才学校）

校园足球教学训练原则与方法

李　畔

长期以来，我国足球教学训练存在着随意性强、针对性弱、方法死板、效率低下等问题，从一定程度来看，教师、教练的专业水平制约着足球运动的发展。如何发挥足球立德树人功能，根据一定的原则组织教学、训练，促进青少年参与足球运动的热情，普及足球运动，提高我国青少年身体素质，养成终身锻炼身体的习惯，培养其良好的心理品质，塑造健全人格，提高我国足球运动的整体水平，是每一位教师或教练的使命。

一、校园足球教学、训练是科学与经验的结合

（一）校园足球教学、训练应建立在科学的基础上

校园足球教学、训练是科学与经验的结合，通过科学系统的方法挖掘学生的潜能，实现教学或训练目标。提起速度耐力训练，许多教师都会将其与400米跑、5×25米折返跑相联系，都会有“枯燥”“被动”等刻板印象。而真正优秀的足球教练，则能够以专业的基础理论为指导，科学地设计教学，将“枯燥”“被动”变为“有趣”和“主动”。

（二）优秀足球教师或教练必须具备丰富的经验

一般来讲，基层教学训练一般不会使用特别先进的仪器设备，不可能通过可视化的方法精准地把控教学和训练过程，这就要求足球教师、教练在掌握相关知识的基础上观察学生的运动表现，用经验去判断其心率水平和运动强度，达到科学教学与训练的效果。

足球教学、训练是科学与经验的结合，足球教师、教练必须具备较高的理论水平和丰富的实践经验，理解足球运动本身，包括技术、战术、身体和心理等因素。同时，

也需要了解与足球运动相关的学科知识，如教育学、运动训练学、生理学、营养学和运动医学等，并将这些知识融入足球教学与训练的全过程。

二、校园足球教学与训练的联系与区别

常听一些教师讲，教学与训练是完全不同的，教学是解决从无到有的问题，训练是解决竞技能力提高的问题。但是，如果教学仅仅是解决从无到有的问题，训练仅仅是解决竞技能力提高的问题，那么对初学者的训练不也是在解决从无到有的问题吗?其实，校园足球教学与训练是有一定联系的。

校园足球教学与训练，都具有立德树人，发展学生的身体素质，培养终身锻炼的习惯，并提高学生的心理素质，塑造健全人格，提高竞技水平的功能。但校园足球教学侧重培养学生对足球运动的热爱，引导更多的学生参与足球运动；而校园足球训练则是在教学的基础上，侧重推动学生竞技能力的形成和发展。因此，校园足球教学和训练既有联系又有区别，相互影响、相互渗透、相辅相成。足球教学可以借助足球设计一些手上的游戏进行准备活动，达到热身和活跃课堂气氛的作用。而足球训练，必须根据某一竞技能力目标，特别是技战术目标，从准备活动开始就围绕这个目标开展练习。

三、校园足球教学与训练原则

（一）针对性原则

1. 校园足球教学的针对性

校园足球教学的针对性主要体现在提高学生参与体育运动的热情，锻炼身体，提高心理承受能力，养成终身锻炼身体的习惯等方面。因为受制于场地、器材、师资、人数等方面的因素，足球教学设计可不拘泥于某一技战术竞技能力，只要能够发挥立德树人功能，发展学生身心健康，就可称之为合格的足球教学。

2. 校园足球训练的针对性

校园足球训练必须以提高竞技能力为目的，在训练方法的设计上必须围绕竞技能力提升的目标而展开。

训练方法设计在解决某一竞技能力方面更加突出。例如，在足球比赛中，有一名球员竞技能力较强，是前锋，可是当他获得控球机会，面对后卫的防守时，却没有迅速向前推进，完成进攻，而是把球扣回来，形成了阵地战。这是正确的战术选择吗？显然不是。在接下来的课程中，教师可以设计出有针对性的练习去解决这名球员在比赛中出现的问题。基本部分的练习可采用引导法设计一个对抗练习，模拟比赛反击的场景。在一定区域内，一队控球，形成 2 对 3 进攻的场景，要求进攻方在该区域内传球超过 4 次方可射门，并且限定两脚内完成传球，如果完成射门得 1 分，进球可得 2 分。另一方若获得球权，要求在 7 秒钟之内完成进攻，完成射门得 1 分，进球得 2 分，否则视为失败。完成本轮练习后攻守互换。该设计中的进攻方 2 名队员对防守方 3 名队员，并且限定传球次数，这实际上是在增加进攻方的进攻难度，以期实现控球权的转换。同时，设定射门和进球目标也是使练习还原比赛时对抗的真实场景，从而有针对性地解决反击时控球队员不果断、无法迅速向前的问题。（见图 1）

图 1　限定条件的练习

教练在设计练习方法的时候，常常从准备活动开始进行设计。但正确的程序应是：教练在比赛中发现问题，找到练习的主题，从最后的对抗环节开始设计。先是模拟对抗环节，进行有一定限定条件的比赛。然后逐步分解和简化练习。这个练习就是简化模拟对抗活动的一个情境练习，人们习惯称之为技能部分练习。情境练习也可能包括 2~3 个由简入深的小练习。将情境练习简化，便成了无对抗的技术练习。将技术练习再简化，把练习主题包含的元素体现在有球练习中，融合慢跑、徒手操等元素，就成了练习的准备活动。

（二）动机激励原则

动机激励原则是通过各种方法和手段激发学生参与足球运动的一种原则。那么，为什么动机激励对于学生很重要呢？

1. 激励是树立学生信心的最好方式

我们常常听到有人说中国球员的心理素质不佳，自信心不足。的确，自信心往往可以影响球员在比赛中的发挥水平。在大赛中，中国球员总是心态不稳定，自信心不足，并导致发挥失常。在基层训练或比赛中，经常听到教师责备甚至谩骂学生，使其在场上战战兢兢，踢一脚球看一眼教练，生怕犯错后遭到指责，注意力完全不在训练或比赛本身。足球带给他们的不是快乐，而是焦虑和压力。不少学生因为不能承受这种简单粗暴的方式而选择了逃避和远离。

因此，一名优秀的足球教师应该懂得用正确的方法去鼓励学生，因为教师的肯定是树立学生信心的最好方式。即使要批评他们，指出他们的错误，也应该注意方式方法。在批评心理学中，人们把批评的内容夹在两个表扬的语言之中，使被批评者易于愉快地接受批评，这种现象被称为“三明治效应”。若将“三明治效应”运用到青少年足球教学中，会给足球教学带来极大的帮助。

2. 通过激励让学生懂得收获成功需要付出努力

“冬练三九，夏练三伏”。要成为一名优秀的足球运动员，须具备坚毅的意志品质。

战胜自我，战胜困难，实现目标，体现价值，会令人愉悦。在教学中，教师要给学生设置一个目标、一些困难，以激励其独立思考，学会团队协作，并通过不懈努力，最终克服困难，实现目标，使其体验到成功的快乐；教师要引导他们懂得艰苦奋斗是迈向成功的必经之道，也是自我实现的有效途径；教师应该给予学生更多的鼓励，哪怕是一个眼神、一个动作。

（三）有效控制原则

有效控制是指教学、训练活动按既定计划、标准和方法实施，如果发现偏差，要及时分析原因，进行纠正，以确保教学训练目标的实现。要实现对教学和训练的有效控制，应注意以下几个方面。

1. 做好水平诊断

教师要对学生有正确的评估，全面掌握其年龄、性别、身心特点、身体素质发展水平、竞技水平等信息，有一个基本的判断，这也是开展优质足球课、足球训练的基础。教师对学生有了全面的了解后，才可能根据他们的实际情况设计出好的练习。好的练习一定是难度适中，不能过高，也不能偏低，要使学生通过“助跑摸高”能够触及。

2. 制订科学系统的计划

制订科学系统的计划是有效控制的前提。有了系统科学的计划，目标才可能逐一实现。计划可分为多年计划、年度计划、阶段计划、月计划、周计划、课时计划等。下级计划与上级计划呈递进关系：课时计划服务于周计划，周计划服务于月计划，月计划服务于阶段计划，阶段计划服务于年度计划，年度计划服务于多年计划。比如，教练在比赛中发现本队进攻乏力，就可以制订一个月计划，主要目标是通过一个月的训练，在一定程度上提高本队的进攻能力。第一周，教练可以着重解决短传渗透的问题，第二周可以着重解决长传转移问题，第三周可以着重解决中边结合问题，第四周可以着重解决射门问题。通过一个月的练习，进攻方面会有所改观，但是比赛中又可能暴露出其他问题。那么，教练就要根据新问题设计出下一个阶段的训练计划。

3. 根据训练实际对计划做出必要的调整

在练习中，如果教练发现球员难以达到或完全无法达到设想的要求，就要适时调整训练计划，降低训练的难度。比如，为提高球员在一个区域的控制能力，设计出 4 对 4 的传抢练习，要求持球球员两脚内完成出球。可是在实际训练过程中，若失误太多，对抗效果不佳，根本无法达到训练目标，教练就应该及时调整训练，降低难度，使训练能够循序渐进，由浅入深，以期最终实现在小范围内提高球员控球能力的目标。那么，采用什么具体的方法来调整训练难度呢？

（1）调整场区范围

若难度过大可适当扩大场区。因为适当扩大场区可降低球员在场区内的密度，使空间变大，降低对抗激烈程度，使处理球的时间更充裕，从而减小练习难度。反之，则难度增加。

（2）增减自由球员并设置特殊的规则

增减自由球员是一种常见的调整对抗难度的方法。自由球员的任务是根据一定的特殊规则，在对抗中永远帮助进攻方，形成以多打少的局面，从而降低进攻方的对抗难度。随着球员竞技水平的提高，对抗能力的提高，自由球员的人数可以逐渐减少并最终实现人数均等的对抗。运用自由球员利于球员循序渐进地适应不断提高的难度要求；而特殊规则是一种为引导球员达到特定目标而制定的区别于正常比赛规则的特殊约束性条款。

比如，教练发现球员在比赛中不善于利用场地宽度，进攻总是集中于一侧，中路接应球员不善于接球后转身将进攻转移至防守松散的另一侧。针对这个问题，教练可以这样设计：3 对 3，场区两条边线外设置 2 名自由球员（见图 2），防守球员不得进入自由球员的区域实施抢截，自由球员间不得传球，也不能助攻或完成得分，所有球员（包括自由球员）均在两脚内出球。进攻方将球传进对方半场内得分区（标志桶标外侧），队友将球控制住得 1 分，但前提是 2 名自由球员在本次进攻中均触球至少 1 次。

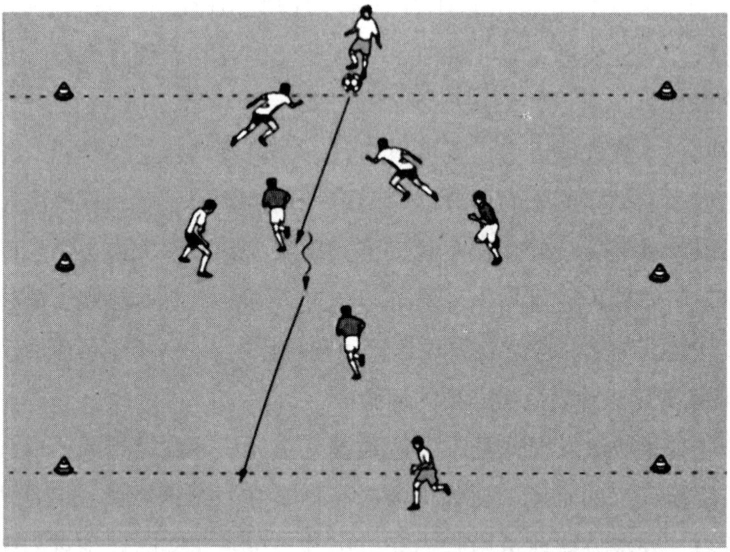

图 2　设置自由球员练习

设置自由球员是为了增加进攻人数，形成以多打少的局面，降低进攻难度。而将自由球员设置在两条边线外，并提出必须触球的要求，就是特殊规则，是为引导进攻球员在一侧接球后，有意识地将球转向另一侧，通过反复利用设置附加规则的练习，帮助球员养成在对抗中敢于接球转身并向另外一侧转移球，最终实现进攻中合理利用场地宽度的目标。

（3）增减出球次数

巴塞罗那足球俱乐部之所以能够成为现代足球的代表，是因其控制球打法是目前世界上先进的打法。观察其进攻可发现，在对传、接球的要求上，其队员多采用两次出球技术。这种一停一传的技术运用不仅能保证进攻的快节奏，也极大地降低了一次性出球失误的风险。因此，两次出球在目前高水平球队训练中或比赛中甚是流行。但是，青少年球员可能还不能达到在高强度对抗中两次出球的要求，教练应该审时度势，在对抗中将限制出球次数的规则放宽，以利于练习目标的达成。

（4）及时叫停纠错

在练习过程中，学生会出现各种错误。当发现错误时，教师应及时指出，以免学生反复练习错误的动作或重复错误的行为，形成错误的动力定型或养成不良的思维和战术习惯。

纠错的方式包括个别纠错和集体纠错两种形式。一般在技术练习过程中，个别错误宜采取个别纠错的方式，而对普遍存在的技术错误则要立即叫停练习，做出正确的讲解示范。要注意在进行技术动作讲解示范时，不要去重复学生的错误动作，应采用正确的动作示范。在讲解的时候，也应尽量避免使用“不要……”的表述方式，而应采用“应该……”的表述方式，帮助学生正确理解动作。在对抗练习中需对错误的战术行为及时叫停，还原对抗的场景，进行讲解示范，帮助学生正确认识战术行为。

（5）练习密度及运动负荷的合理控制

在基层足球教学、训练中，练习密度低，训练效率不高，也是制约校园足球竞技水平提高的重要因素。

例如，碰墙射门练习，教师要求学生排成一字长队，逐一进行射门练习（见图3）。在这样的练习中，一名球员有时 3 分钟才能完成一次射门，这样的练习完全不能达到比赛的要求，与实际中高强度、快节奏的对抗相去甚远。因此，准备活动可采取与主题相结合的、融入射门元素的有球练习方式，穿插慢跑、徒手操热身和动力性拉伸练习内容。也可以设置更多的练习组，增加更多的球，让学生在单位时间内增加练习次数、练习时间，使练习密度、运动负荷随之上升。

图 3　射门练习

（四）周期安排原则

周期安排原则是指周期性的组织教学与训练过程的一种原则，指训练工作的安排要按照一定的周期循环往复地进行。而每一个新的周期都应在原有周期的基础上提高。竞技状态的形成、相对稳定、暂时性消失，是形成训练周期的客观依据。一般来说，一个训练周期包括三个阶段：准备期、比赛期和恢复期。其中，准备期是赛前做技战术、体能和心理准备的时期，至少要 1 个月。各种竞技能力的提高，使身体、心理、技战术等各个方面达到最佳状态。

在体能准备方面，要注重运动量和运动强度的科学安排。运动量是指人体在体育活动中所承受的生理、心理负荷量以及消耗的热量，由完成练习的运动强度与持续时间，以及动作的准确性和运动项目特点等因素来决定。衡量运动量大小，最简单的方法是通过跑动的总距离、负重的总重量、弹跳的总次数等指标表示。一场比赛，如果球员可以完成 10000 米的跑动距离，那么其 100%的运动量可以用 10000 米作为衡量标准。而运动强度，则可以通过心率来测量，用心率百分法表示，一般男女均可用 220 减去年龄来估算每分钟的最高心率。比如，在某练习中，一名 20 岁的学生每分钟心率达到 190 次，则其运动强度为 95%。在准备期开始阶段，运动量和运动强度可以控制在 75%左右。

在技战术方面，准备期前阶段，以个人进行难度较小的技战术练习为主。随着练习的推进，个人技战术要逐渐过渡到局部战术、全局战术。

（五）区别对待原则

区别对待原则是指对于不同的个体，不同的状态，不同的目标任务，不同的教学、训练条件，都要有区别地组织安排教学训练过程，用不同的方式去对待人。例如，有些球员性格比较开朗，而有些球员比较内敛，交流方式就要有所区别。不同位置的球员，训练的侧重也不同；不同能力的球员，练习要求、负荷强度、练习密度也应有所区别。

四、校园足球教学与训练的方法

（一）直接法

直接法是一种重复的、无对抗的技战术练习法。运用直接法进行练习有利于球员建立正确的动作表象，快速形成动力定型，掌握规范技术和熟悉战术套路。由于直接法是球员完全按照教练的要求进行的练习，不需要在对抗下进行应变和即兴发挥，所以练习就比较枯燥。如果训练中过多地使用，会降低训练的趣味性，分散球员的注意力，不利于训练效率和实战能力的提升。教练要求球员反复使用双脚内侧对墙传球就是运用的直接法。

（二）引导法

引导法是要根据练习的主题来设定一个目标、一些难题，提出一些问题，引导学生自己想办法去找到答案，逐步实现练习的目标，教师应及时叫停练习并纠错。与直接法相比，引导法的约束性条款减少，学生的自由度较高，独立思考的机会多，有对抗，有挑战，进攻难度低（有自由球员），趣味性增强，更接近实战，是一种开放性的情境练习，常被称之为技能练习。

比如，在足球教学、训练初期，学生在比赛中常扎堆儿，专业术语称为“葡萄现象”。在基层的教学、训练中，常听教师要求学生“这个时候，你应该站在这里，那个时候，你必须站在那里”。但是学生并不理解为什么有这么多“应该”和“必须”，因为他们的理解能力还没有达到成年人的水平，所以太多的“必须”，常常扼杀学生的想象力和创造力。

那么如何通过情境练习去帮助学生理解利用场地宽度的重要性呢？可以通过划分场区的方式，帮助他们理解。比如，将场地划分为纵向 3 个区域，进行 3+1（自由球员，永远帮助进攻）对 3 比赛，双方分别攻守 2 个球门，进攻球员必须占据 3 个区域（换位时允许 2 名球员短暂地出现在同一区域内）；防守时球在中路区域，要求各区域都有防守球员，如球位于边路，则要求球员不得位于另一边路的区域。（见图 4）

图 4　引导法练习

虽然情境练习与比赛场景类似，是一种有效提高实战能力的教学、训练方法，但如果在正确的运动技术表象还没有建立的情况下过多地使用这种方法，将不利于正确技术动作的建立。

（三）适应法

适应法是接近于比赛实战的一种开放性练习方法，与之相对应的练习叫模拟对抗。

模拟对抗的特点是约束性条款少，对抗人数均等，难度大，教师干预少，有对抗，有竞争，趣味性强，学生的实战能力、创造能力和独立解决问题的能力可得到很大的提升。

（成都体育学院）

如何指导一场比赛

毕　妍

一、准备一场比赛的基本原则

作为一名优秀的教练，准备一场比赛应考虑如下因素。

（一）明确首发球员和替补球员

1. 了解每个球员的身体状况，以及是否可以参加比赛。
2. 掌握每个球员的特点，根据不同对手的特点指派不同特点的球员上场。
3. 了解替补球员的能力，考虑可能出现的问题。

（二）明确进攻和防守的战术打法

明确本队进攻和防守的战术打法（见图 1），进攻防守的要求。

步骤	防守	进攻
1	确立阵型	确立阵型
2	保持阵型	保持阵型、控球
3	封闭空间	创造空间
4	拦截传球	快速向前
5	上抢	创造射门机会
6	持球	破门

图 1　战术打法的步骤

每支球队都会有几种阵型，运用什么阵型，主要根据对手的情况去安排。常见的阵型包括 5-4-1、4-2-3-1、4-3-3、3-4-3、4-4-2 等。防守阵型一般会有 4 个后卫。

防线可设定在本方半场内，防守抢下球权快速反击对手。

（三）明确定位球的方法

明确定位球的战术，确定攻守人员。因为在双方实力相当的情况下，也许依靠定位球，可以取得比赛的胜利。细节必须严谨。进攻时提前安排主发定位球球员，定位球发球者非常重要，要不断地进行练习。要明确抢点球员跑动的路线及要跑到的区域。作为定位球防守方防守时占据主要位置，注重运用人墙、区域联防和人盯人战术。必须按照准备会布置去做。重点球员重点对待。

（四）如何应对领先或落后

比赛中球队领先时采用何种战术打法，落后时又采用何种战术打法？当对手较强时，怎样能得到射门机会？当对手较弱时，怎样通过射门赢球，来控制比赛甚至主导比赛。当两队水平相当时，怎样通过降低输球的危险来形成优势赢得比赛的胜利？教练对比赛中可能会发生的这些情况要有备案。

（五）重点细节，贴在更衣室内

比赛前，很多细节可能会因心理压力而忽略，无论是教练，还是球员都有可能会忽略。可以在休息室墙面上贴一些提示，比如任意球、每个位置的跑动路线、站位、关键时刻等，这些对球员都可能有所帮助。

二、比赛日队会的关键点

（一）简短清晰地说明首发阵容和战术打法

比赛之前的准备会，时间不宜过长，内容应简短清晰。根据对手的情况明确首发阵容和战术打法，比赛日的前一天教练也会根据对对手情况的分析，有针对性地进行首发球员的一些磨合和演练。

（二）防守和进攻的几个要求

防守和进攻不宜强调太多的问题，两三点就可以了。因为比赛是训练的镜子，是用于检验训练达成的效果的，若太多地干预球员，就会让球员失去判断力，从而适得其反。

（三）领先或落后，该如何应对

每个教练执教都有自己的风格和要求，一旦比赛出现比分差距，可以利用换人，或者改变阵型，来实现预定的目标。

（四）球员的安排

首发球员刚上场的表现可能不是特别令人满意，以下情况可进行换人：（1）不服从教练赛前布置的要求而去做；（2）不与团队协作，表现懈怠，即便球员能力很强；（3）如果队员一开始就有重大失误没有信心继续比赛。足球比赛靠的是整个团队，所以比赛中不能出现不团结、不全力以赴的球员。一旦发现就要及时制止，可以给其他球员更多的机会。但如果比赛特别激烈，要给球员一点适应比赛的时间，即使替补球员上去也不可能马上进入比赛状态。

三、比赛中指导的关键点

（一）让球员自己发挥

在什么情况下让球员自己发挥，具有更多的自主权？答案是在进攻的时候，在对方罚球区附近给予球员充足发挥想象的空间，尤其在青少年这个年龄段，让其做一些决策，不要指责太多。如果教练给予球员压力或指责，他就很难全身心地去投入。据相关数据可知，有的球员可能需要比赛 20 分钟后才能完全适应比赛节奏，或者了解比赛的状况。所以，作为教练，必须要给球员时间。比赛开场后 15 分钟和结束前的 15 分钟是最容易进球的，这两个重要时刻，注意力最容易集中，也是最容易松懈的时刻，所以这两个时刻需要教练认真把握，调整球员的心态。例如，小学生的比赛可能是 30 分钟，或者是 40 分钟。教练就应该控制两个 10 分钟，在这两个时间段，多给球员一些鼓励。

（二）死球的时候给予信息

如果教练真的发现问题，或者球员位置出现关键性的失位，可以在死球时用简短的语言快速地传递提示。因为死球时球员也很容易理解和接受。即便教练想指挥远端的边后卫，死球时，教练也可以将信息传达给就近的球员或者队长再或者是一个比较信任的球员，让他们去传达信息，这样更简单易懂。

（三）不要用持续地叫喊去控制球员

作为教练，要冷静观察，不要老是大喊大叫。大型比赛中球员很可能听不见，如果去喊球员，可能是无效的，因此教练要努力控制自己的情绪，冷静地观察比赛中出现的问题，相信球员，比赛就是训练最好的一面镜子，只要在训练中练到了，比赛是可以体现出来的。

（四）如果做得成功，给予认可和肯定

比赛时，教练要看到球员的优点，多一些语言和非语言（肢体语言）的鼓励。如果做得成功应给予一定的鼓励和肯定，这个是必须要去做的。因为青少年更需要教练的肯定。只有这样他们才会有更多的信心和自信，去全力完成最后的目标，以取得更好的比赛成绩。

（北京师范大学）

以身体运动功能训练提高青少年足球训练水平

袁守龙

为什么中国足球竞技水平始终不能达到世界先进水平？一个重要的原因是青少年时期体能训练的不科学、不系统。以往的体能训练，主要是借鉴苏联和德国体能专家的理论，实践中主要重视运动员的身体素质训练，忽视身体的系统训练，常常把提高肌肉力量尤其是大肌肉群力量训练和局部力量训练作为提高专项能力的关键，不重视神经对人体控制能力的训练，缺乏对维护平衡稳定的小肌肉力量训练。这种训练模式效益低，也容易出现运动损伤。因此，青少年足球训练需要转变观念，引进先进的训练理论和方法，结合校园足球的实际，建立科学、完善的中国青少年足球体能教学与训练体系。

一、传统体能训练实现转型发展

传统体能包括形态、机能和素质。其中形态是体能的载体，机能是体能的支撑，素质是体能的重点。传统体能训练重视对运动员力量和耐力等素质的训练，存在训练负荷大，又因其不重视动作优化、平衡协调训练和神经控制能力训练以及小肌肉功能提升而导致伤病较多，效益不高等问题。再加上，目前，由于比赛密度增大，比赛强度增高，比赛对抗性更加激励，运动性伤病频发，严重影响运动员场上发挥和竞技表现，出现大量的非战斗性减员。因此职业体育的教练、运动员不断地从医学领域寻找功能康复、功能训练和物理治疗等新理念、新方法，重视创新体能训练，引进更加安全、有效的体能训练方法。例如，郎平在执教中国女排时，针对运动员的平衡能力、膝关节损伤、后群肌力量、核心区力量等进行了大量的训练，很好地提高了女排体能训练质量，为里约奥运会夺冠奠定了基础。近年来，现代体能训练新理念、新方法已经渗透到各个领域，有的专家提出“无体能不体育”“无体能不运动”“无体能不项目”“无体能不竞技”“无体能不生活”“无体能不健康”“无体能不阳光”的观点，将体能训练提到十分重要的高度。

从当前实践来看，现代体能训练不仅要提高运动员的身体素质，更要提高运动员的专项运动能力、赛场竞技表现力和抗疲劳防伤防病能力。体能训练正在做如下转变：（1）从素质主导型训练向动作模式为基础的体能训练转变；（2）从以力量、耐力等为重点的要素型训练向神经动员的功能型训练转变；（3）从为技战术提供保障的单一性、独立性的训练向全面的、立体的、多元化训练转变；（4）从冬季训练渗透到每一个赛季、每一天和每一节课均要从积累期、转化期到比赛期、恢复期；（5）从完善一节课训练结构开始到从热身、准备、训练、放松中都要树立体能意识；（6）从不重视赛间体能训练到重视赛间体能训练和赛后疲劳康复，重视技术训练体能化和战术训练体能化。由此可见，体能训练已经成为职业体育、健身运动、特种行业和青少年不可缺少的训练内容。

二、身体运动功能训练基本原理

身体运动功能训练是为了适应职业体育发展需要而创立的新型训练理论和方法体系，它包括运动功能训练和物理治疗两个方面。美国训练专家马克·沃斯特根是身体运动功能训练的创始人，他成立的运动训练服务机构 EXOS 公司又名 AP（Athletes' Performance）是当前世界上最具影响力的运动训练服务机构之一。

为了备战 2012 年伦敦奥运会，国家体育总局专门成立了身体运动功能专家团队，并与美国 AP 训练机构进行合作，为国家队很多项目进行指导训练，受到教练和运动员的普遍欢迎。从此拉开了我国全面引进和使用身体运动功能训练原理和方法的新阶段。

2014 年 5 月 14 日下午，清华大学附属中学上地学校展示了我国第一套中学生身体运动功能动作操。动作操分为室内和室外两部分。该动作训练用以解决雾霾、风雨天气时学生体育锻炼的时效性，矫正学生不良身体姿态等问题，提高学生运动能力，改善心肺功能水平，强化学生神经肌肉支配能力，为提高学生跑、跳、投等运动功能提供了支撑。其中，室内身体运动功能训练是现代体能训练的重要发展方向，它重视从学生生长发育规律出发，按照人体功能解剖的结构理论和运动生物力学原理，通过一系列训练动作来提高神经系统对身体稳定性、灵活性的控制能力；它重视对学生身体运动的功能筛查、动作准备、运动链训练、核心力量和恢复再生等检测与训练，可以矫正学生不良的身体姿态和步态，提高学生的心肺功能。室外身体运动功能训练通过对学生身体动作模式的训练，全面强化神经肌肉的支配能力，提高学生跑、跳、投等运动功能，为开展更加丰富多彩的体育项目奠定坚实的基础，为全面达到国家学生体质健康标准提供技术保障。

如果说传统体能训练重视力量、耐力等身体素质的“硬件系统”训练的话，那么身体运动功能训练则是更加重视身体结构的“软件系统”和“信息系统”的功能水平的提高。体能训练中，若只有硬件水平提高则不足以完成复杂的技战术，更重要的是软件、信息系统调节功能和不断升级换代能力，因此，需要不断提高动作应激水平、应激速度、应激难度和应激准确性。身体运动功能训练就是能更好地提高运动员的身体运动能力、身体姿态控制能力、专项运动能力和恢复再生能力。(见图 1)

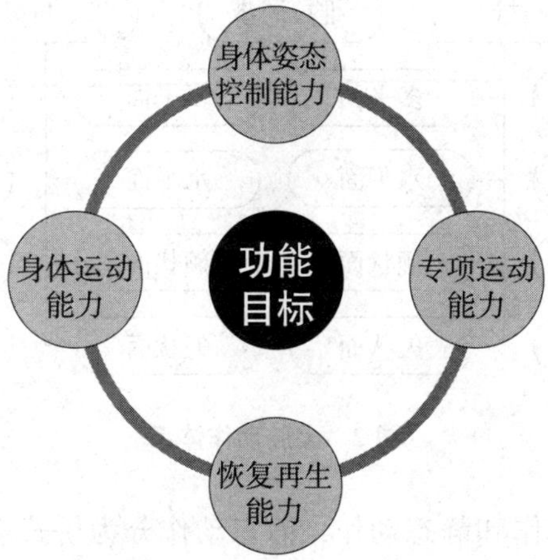

图 1　身体运动功能训练的功能目标

身体运动功能训练是多学科综合件系统工程，核心是提高神经系统对身体运动的动员速率和控制效率，基本原理是生物进化论、人体发育学、神经生理学、功能解剖学、生物力学、运动医学等多学科交叉融合的工程科学，可以从不同维度去解读。

从人体发育学来看，身体运动功能训练强调人体动作形成顺序和技能形成规律；从神经生理学来看，它强调身体对称性和稳定性的基础价值以及动作编码、神经递质传导的层次性和有效性；从功能解剖学来看，它强调通过大肌群率先发力带动小肌群用力，即发挥臀大肌的发动机作用；从运动生物力学来看，它更加强调躯干的支柱作用和动力链的传递速度、效率。

三、身体运动功能训练的内容与特征

身体运动功能训练的逻辑起点是动作模式。有专家说，动作模式就是人的合理运动。人的合理运动就是人的运动功能与人体解剖结构双向互动和相互适应的过程，运动是人体结构的功能表现，人体结构完善是运动功能不断优化的结果。因此，动作体系是身体运动功能训练的基本内容。按照动作理论，人体动作体系可分为上肢动作、躯干动作和下肢动作。上肢分为单臂和双臂，动作分为推、拉或推拉同步。因此，上肢动作可分为多平面、水平面、额状面和矢状面运动。(见图 2)

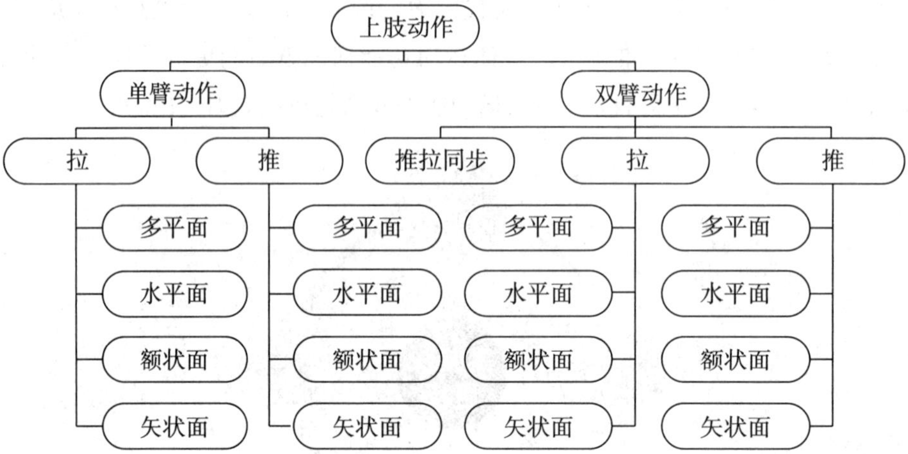

图 2　上肢动作体系

躯干动作分为动态动作和静态动作，静态动作分为桥式动作和平板式动作；动态动作分为（前后）屈伸、侧屈和（顺逆时针）旋转等。(见图 3)

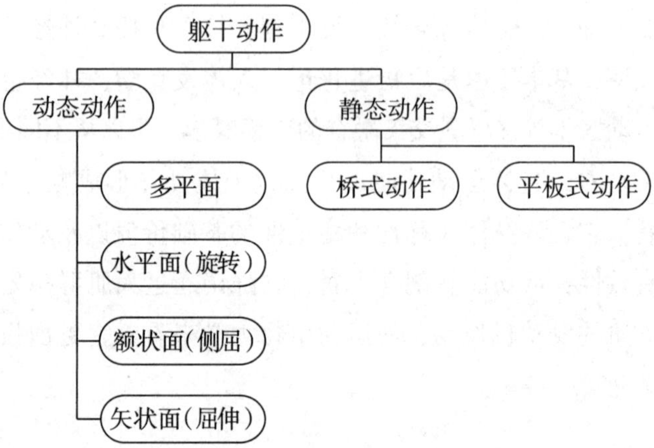

图 3　躯干动作体系

下肢分为单腿、双腿，动作分为蹲、伸或蹲伸同步；下肢动作也可分为多平面、水平面、额状面、矢状面运动。(见图 4)

由身体运动功能训练的定义可知，其主要特征包括如下几个方面：①强调动作训

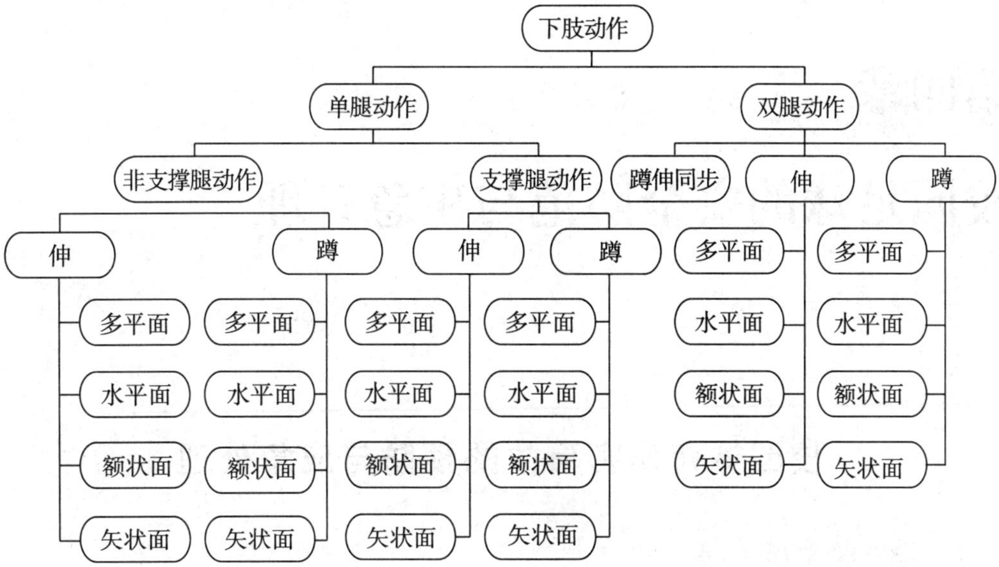

图 4　下肢动作体系

练而不是肌肉力量，因此专项技术训练前需要进行动作训练；②动态姿势调整和平衡性是体能训练的基础，要以纠正不对称、不平衡、不协调为前提条件；③强调多关节、多平面、多维度身体姿态训练，重视本体感觉训练，重视平衡能力训练中的视觉和听觉训练；④在外负荷与多向速度训练中强调动作规范性和标准化，重视动作质量而不是数量；⑤躯干稳定性支撑四肢灵活性，重视脊柱前屈、后伸、左右侧屈和旋转功能训练，不断提高核心区、核心柱肌群结构功能的协同能力；⑥强调大肌肉群先发力带动小肌肉群顺序发力，注重人体动力链的有序传递，重视髋关节和下肢力量的主导作用；⑦注重训练后疲劳主动恢复和软组织结构再生训练，提高伤病预防能力。

身体运动功能训练理论和方法的诞生，是世界运动训练理念的变革，为当今竞技体育的发展提供了新的科学动力。实践已经证明，身体运动功能训练已经为美国、德国等体育强国取得体育成绩立下汗马功劳。相信在校园足球推进中引进这个理论和方法，一定能够取得同样的效果。打好了青少年足球运动员的体能基础，一定有利于将来中国足球竞技水平的提高。

（国家体育总局）

第四章

校园足球的安全防范与应急管理

校园体育伤害事故的预防与应急处理

史曙生

在校园体育中，各种各样的伤害事故经常会出现。其中最常见的如踝关节扭伤、肌肉拉伤等。此外，还有一些严重的伤害事故，如运动中猝死等。有效地预防和处理这些伤害事故，是每一位体育教师必须掌握的基本职业技能。

一、校园体育伤害事故概述

（一）校园体育伤害事故的危害

1. 损害学生的身心健康

校园伤害事故对学生的身体和心理都会造成极大的影响，不仅会损害学生的身体健康，甚至还会使学生产生参加体育锻炼的心理障碍。

2. 对体育教师个人造成负面影响

在强调安全教育和健康教育的今天，任何事关学生的校园体育伤害事故都将对体育教师造成很大的负面影响。他们不仅要面对舆论的谴责，还可能要承担经济赔偿等。

3. 制约学校体育的开展

对学校而言，如果有校园体育伤害事故发生，特别是严重的校园体育伤害事故，如运动中猝死等，会严重影响学校体育的可持续开展。

4. 影响学校的正常教学秩序

随着学生家长维权意识的增强，一些家长，一旦孩子在学校发生体育伤害事故，就会到学校要求经济赔偿，如果学校处理不当，将严重影响学校的教学秩序。

（二）校园体育伤害事故的分类

1. 按性质分类

校园体育伤害事故按责任性质可分为责任伤害和非责任伤害。以往我们都是以受伤组织、损伤组织是否与外界相通、损伤病程、伤情轻重等为依据对体育伤害进行划分。由于对于受伤学生，体育教师和学校是否需要负责也是非常重要的，故我们需要界定这个损伤到底是责任伤害还是非责任伤害。

（1）责任伤害

责任伤害是指有意伤害以及虽然无意但属可知、可控而未加认真预防与控制导致的伤害。在进行体育教学时，因场地器材问题、医疗保障未到位，以及体育教师失职等造成的校园体育伤害事故就属于责任伤害。

（2）非责任伤害

非责任伤害是指意外伤害或虽可知但不可控的伤害。在进行体育教学中，学生自己摔了一跤或者在足球训练的身体对抗中意外受伤，这类体育伤害就属于非责任伤害。

2. 按发生方式分类

（1）非运动性损伤

非运动性损伤是指不是运动本身造成的伤害，即意外伤害。它和运动本身没有直接相关性，如因学生在校园里散步时没有看清路面障碍物而被绊倒导致的伤害。

（2）运动损伤

运动损伤是指运动过程中发生的各种损伤。它主要包括技术性损伤与非技术性损伤两类。一些运动员因长期踢足球，与足球运动相关的小关节局部受力较多，就容易受到损伤，这一类损伤被称为“技术性损伤”。在足球运动中，两个运动员对抗时同时跃起头顶争球，容易使脑袋相撞而受伤，这一类损伤不是因为技术本身造成的，故被称为“非技术性损伤”。

（三）运动损伤的分类

1. 按受伤的组织结构分类

（1）软组织损伤

软组织是指人体的皮肤、皮下组织、肌肉、肌腱、韧带、关节囊、滑膜囊、神经、血管等，一般不包括内脏和骨骼，是人体内比较重要的组织结构。

软组织损伤是指软组织受到直接或间接的暴力，或者因长期慢性劳损引起的一大类创伤综合征。这类运动损伤无论在足球运动还是在其他项目中都很常见，如韧带拉伤、皮肤擦伤以及跟腱断裂等。

（2）关节软骨组织损伤

机械性创伤与慢性退变是导致关节软骨组织损伤的两大主要原因。比如，足球运动员带球过人时，突然支撑旋转引起半月板撕裂，这种关节软骨组织损伤就是由于机械性创伤导致的。再比如，拥有 20 年球龄的运动员，因长年踢球导致膝关节患有骨性关节炎，这类关节软骨组织损伤就是由慢性退变引起的。

（3）骨组织损伤

骨组织损伤在足球运动中也经常发生，如胫骨骨折、踝骨骨折等。再如，因长期慢性劳累、劳损、着凉等导致的骨软骨炎也属于骨组织损伤。

（4）关节稳定结构损伤

在足球运动过程中，两人脚部相撞，容易导致内侧副韧带或者外侧副韧带损伤，这类运动损伤属于动力性结构关节周围肌肉损伤。人的膝关节下面有一块骨头叫胫腓骨，它上面有一条包着胫骨小头的环状韧带。足球运动员由于长期的磨损，导致这条环状韧带出现松弛，如果在运动过程中突然扭转，很容易使胫骨小头脱落，导致关节错位，这类运动损伤则属于静力性结构韧带损伤。

（5）神经组织损伤

神经组织损伤包括中枢神经组织损伤和周围神经组织损伤。中枢神经组织损伤主要是指脑和脊髓的损伤，周围神经组织损伤则是指四肢神经组织损伤。如坐骨神经组织损伤等。坐骨神经组织损伤不仅会造成肢体功能障碍，还会影响肌肉的力量，严重者可能导致瘫痪。

（6）其他

在运动过程中如果出现眼睛撞破、鼻子撞出血等情况，都属于感觉器官损伤。此外，还有一些内脏器官损伤，如脾脏破裂等，脾脏是腹部内脏中最易受到损伤的器官，易破裂导致出血。

2. 按伤后皮肤与黏膜完整性分类

运动损伤按损伤后皮肤与黏膜的完整性可以分为开放性损伤与闭合性损伤。

（1）开放性损伤

开放性损伤是指可见明显的皮肤黏膜破裂，表现为擦伤、撕裂伤、切伤、刺伤、火器伤等。比如，在足球运动中，不慎摔倒导致皮肤破裂，身体接触时被衣服上的尖锐物体划破等。除这些外伤外，开放性损伤一般都伴随伤口感染症状，所以经常并发感染。

(2) 闭合性损伤

闭合性损伤是指皮肤黏膜处看不到破裂伤口，主要表现为肌肉挫伤、肌肉拉伤、肌肉扭伤、肌肉韧带及关节的损伤，如崴脚、关节脱臼等。闭合性损伤不同于开放性损伤，由于无开放性伤口，所以不存在继发性感染的问题。

3. 按伤情轻重分类

运动损伤按伤情可以分为轻伤、中等伤和重伤。轻伤是指运动员能够继续活动，不影响工作、学习和训练的运动损伤；中等伤是指 24 小时以上不能工作、学习和训练的运动损伤；重伤是指需住院治疗者，受伤后不能继续训练，运动能力基本丧失或局部丧失的损伤。

4. 按病程分类

运动损伤按伤后病程可以分为急性损伤与慢性损伤。

(1) 急性损伤

急性损伤是指由于一瞬间遭到直接暴力或间接暴力而造成的损伤，如肌肉拉伤、关节韧带扭伤等。

(2) 慢性损伤

慢性损伤是指因局部过度负荷，多次微细损伤积累而成的损伤，或由于急性损伤处理不当转化成的陈旧性损伤，如肩袖损伤、髌骨软骨软化症等。严重的甚至会危及运动员的职业生涯。我们在观看足球比赛的过程中常会看到急性损伤，如头撞破、手臂擦伤、肌肉拉伤或韧带撕裂等。但是这只是一个表象，其实大部分运动员更多的是遭受慢性损伤，重大比赛时，一些明星运动员的缺席大部分都是由慢性损伤所致。

5. 按运动技术与训练的关系分类

运动损伤按运动技术与训练的关系可以分为运动技术损伤和非运动技术损伤。

(1) 运动技术损伤

运动技术损伤是指运动过程中发生的各种损伤，其损伤部位与运动项目以及专业技术特点有关，如网球运动员的网球肘损伤、投掷运动员的投掷肘损伤、足球运动员的半月板损伤等。这些损伤是与运动项目相关的。再如，体操运动员的受伤部位多是腕、肩及腰部，这与体操技术动作中的支撑、转肩、跳跃和翻腾等有关。

(2) 非运动技术损伤

非运动技术损伤多为运动中的意外伤，如挫伤、骨折等。

（四）足球运动中的主要损伤

足球运动是运动损伤发生概率较高的运动项目之一，各种损伤均可能出现。常见的、较轻的运动损伤是挫伤、擦伤等。另外，肌肉拉伤也是比较常见的。足球比赛中，运动员在高速的跑动过程中很容易发生肌肉拉伤，包括股四头肌拉伤、小腿后肌群拉伤，甚至胫骨前肌也会发生拉伤。此外，容易发生运动损伤的还有关节部位，特别是膝关节，如半月板撕裂、十字韧带撕裂、髌骨劳损及髌骨软骨病等。半月板的突然撕裂或长期慢性劳损都是很常见的。这是因为当膝关节伸直时，两侧副韧带处于紧张状态，关节稳定、无旋转动作，但是当膝关节半屈曲时，股骨踝与半月板的接触面缩小，由于重力的影响，半月板的下面与胫骨平台的接触比较固定，这时膝关节猛烈的旋转所产生的研磨力量会使半月板发生破裂，造成急性损伤。因此，膝关节长期处于屈曲位时，股骨、胫骨对半月板产生频繁的摩擦，造成积累性劳损病变。同时，在屈曲位时，膝关节内压力变小，从而影响了半月板从滑液中获得营养物质，使半月板发生组织变性或微小的断裂等隐退性改变，造成慢性损伤。

在踢球过程中如果不小心摔倒，我们会下意识地用手撑地，这样很容易造成手腕的舟状骨骨折。头球时两个运动员脑袋相撞极易造成脑震荡或脑颅损伤等。还有一些内脏器官的损伤，更严重的损伤甚至有可能致死。

二、校园体育伤害事故的原因

（一）教师防范意识薄弱

首先，部分体育教师对体育课中可能会出现的体育伤害的安全防范意识比较薄弱。在一些对抗性运动中未要求学生做好安全防护，比如踢足球时未用护腿板等。在大部分学校的足球课上很少看到学生佩戴护腿板。因学生的技术都不是特别熟练，踢球过程中难免因重心不平衡而摔跤，不佩戴安全护具很容易造成体育伤害事故。也有一些学生身上佩戴了尖锐硬物，在活动过程中容易划伤自己或同学。安全防范意识在防治校园体育伤害事故中可以发挥重要作用，必须引起学校和体育教师的重视。

（二）学生身体素质差的趋势

近几十年来，中国学生的体质健康水平呈不断下滑的趋势。首先是力量素质，目前很多学生在引体向上测试中不能达标。其次是柔韧性，柔韧性与运动损伤的发生概率有着密切的联系，提高柔韧性可增加肌肉弹性和关节灵活性，同时可降低伤害事故的发生。如果柔韧性不好，那么在踢球过程中脚踝倾斜一旦超过 40°，就很容易扭伤。当然，对足球运动来讲，平衡能力也是非常重要的。平衡能力不仅仅是指在失去重心的情况下，能够很快地恢复平衡、掌控身体，把球踢出去，也是学生进行自我保护的重要能力。除此之外，还有耐力，很多运动损伤发生在运动员疲劳、体能不足的时候。如在踢球过程中因体力不支导致的摔倒，注意力不集中的情况下发生的碰撞，肌肉痉挛等，这些运动损伤都是由耐力不足导致的。如果没有强大的体能保障，没有良好的身体素质保障，运动时就很容易发生运动损伤。

（三）学生技战术水平低

技术水平低是运动损伤发生的一个原因。比如，守门员在扑球结束后肯定要下落，但是如果他未能掌握正确的下落技术，不能有效地进行自我保护而是用手掌去撑地，就很容易造成手腕的舟状骨骨折。再比如，踢高远球的时候，如果没有掌握正确的技术动作，就很容易造成肌肉拉伤、脚踝扭伤等。

另外就是战术水平低。在足球运动中何时运用何种战术是非常重要的，如什么时候补位，什么时候围抢，怎样铲球等，若战术执行不到位就很容易发生运动损伤。

（四）学生心理素质差

心理素质也是非常重要的。运动员在高强度的疲劳训练或者被激怒以及在比分落后的情况下，可能会产生焦躁情绪。一方面，运动员可能会有一些过激的行为，使对方队员受伤；另一方面，运动员一焦躁，动作可能就不规范，注意力也会不集中，这样很容易使自己受伤。

（五）体育教师活动组织安排不科学

第一，准备活动有缺陷。课前要么不做准备活动，要么准备活动做得不到位、不具备针对性，这些都是造成课堂中出现运动损伤的原因。学生在没有做好准备活动的情况下就投入激烈的运动中，致肌肉、韧带伸展性不足，就容易产生肌肉拉伤及关节扭伤等问题。而且，如果准备活动的内容和正式运动内容没有针对性的结合或缺乏专项性的准备活动，学生在运动过程中就会由于某一部位的功能没有得到激活或负担过重而产生运动损伤。比如，足球课中没有进行踝关节的准备活动，跳远练习中没有做好膝关节的准备活动等，都容易导致运动损伤。因此，体育教师在体育课的准备活动中，一定要注重一般性准备活动与专项性准备活动的结合，并且准备活动要做得充分、正确。

第二，运动负荷不科学。大多数学生没有接受过专业训练，承受较大运动负荷的能力很有限，如果体育教师安排的运动负荷，特别是局部的运动负荷，超过学生的承受范围，学生就容易出现运动损伤问题。比如一节腿部力量练习课，教师让学生先练25组蛙跳，再练40组兔跳，再进行20米到40米的冲刺跑，这样反复的练习大腿股四头肌，可能造成肌肉拉伤。

第三，医务监督不到位。所谓的医务监督，是指用医学的知识和方法，对体育参加者的健康和机能进行监护，预防锻炼中的各种有害因素可能对身体造成的危害。偶有发生的校园运动猝死事件与医务监督不到位是有关系的。另外，体育教师在足球课教学中，每名学生是否适合进行足球运动、是否患病等都要进行观察、了解。如果医务监督不到位，就容易出现运动损伤问题。

另外，场地、器材、服装等不符合安全要求以及不良气候等都会导致运动损伤的发生。足球课基本上都是在室外足球场进行，各个地方的条件不一样，有的是土场，有的甚至是水泥场。另外，一些学校的人工草皮风化，特别容易打滑。甚至一些阴雨天、下雪天还有学生在踢球，很容易滑倒造成上肢骨折、关节脱位、肌肉拉伤等运动损伤。

三、校园体育伤害事故的预防措施

“健康第一”的前提是“安全第一”。安全教育是学生素质教育的一个重要组成部分，缺少安全教育，素质教育就不完整。教师与学生都需要建立安全的意识和行为习惯。学校要以预防为主，主动应急为原则，可以通过各种途径进行安全教育，传授安全知识与技能。

（一）提高思想认识，强化防范意识，加强宣传

提高思想认识，强化防范意识，加强宣传，这些非常重要。就校园足球而言，一名合格的体育教师，课前必须向学生强调穿衣要求以及佩戴安全护具要求，检查场地及器材是否符合上课要求。课中要充分做好准备活动，训练强度要符合学生的接受能力。要留意观察学生的状态，当发现有学生身体状态不佳，如脸色发白等，要及时叫停该名学生。课后要指导学生做好拉伸放松，避免学生运动疲劳积累，为运动损伤的

发生埋下隐患。

（二）全面加强身体锻炼，提高机体对抗伤害的能力

足球训练不只是学习运球、颠球和射门这些技术动作，在学习基本技术的同时更强调全面加强身体素质训练。学校开展校园足球的目的不是培养足球巨星，让同学们进国家队踢世界杯，而是希望通过足球运动项目的开展，提高青少年的体质健康水平。无论是普通的学生，还是校队的运动员，如果不能通过校园足球运动增强体质，那么校园足球开展的效果就会大打折扣。

（三）合理安排教学、课外体育活动、训练和比赛

在足球课的课堂教学中，体育教师应将安全问题融入教学设计、备课并组织实施。在大课间活动中，也要注意场地、器材的合理安排，避免小范围内学生人数过多，防止踩踏等恶性事故的发生。

（四）加强医务监督，建立定期体检制度

每次上课之前体育教师都要通过询问或观察了解学生的身体状况。如果有学生身体不舒服，应让其在旁边休息，不能强迫进行体育锻炼。在课堂教学过程中，体育教师还要实时进行医务监督，天气炎热时更要注意。可能一些学生喜欢踢球，身体出现不适也不会主动和老师说，这时候体育教师的医务监督就显得尤为重要。若遇重大比赛，参加比赛的运动员必须去医院做检查，获得医师许可才能参加比赛。

（五）掌握运动中的保护方法，建立应急保险机制

学生要加强自我保护。自我保护是指练习者在运动过程中对可能出现和已经出现的危险能够随机应变、化险为夷的一种方法，它可以加强体育教学中安全保护，帮助练习者克服对一些技巧类项目的恐惧心理，从而更好地参加体育锻炼。自我保护的方法有顺关节支撑法、顺惯性滚动法、缓冲着地法和缓降重心法等。体育教师应详细地将保护动作与方法写进教案，并落实到课堂教学的方方面面。在进行一些激烈对抗的项目时，体育教师课前一定要告知学生佩戴运动护具。除此之外，体育教师还应掌握一些常见的现场应急处理方法，如止血、抗休克、心肺复苏术等，以便能够对伤者进行及时救治，防止错过最佳救治时间。

学校可以设立校园体育安全监督员岗位，并安排掌握一定现场应急处理技能的教师进行监督。学校应加大宣传，将安全制度要求与应急处理流程、运动损伤处理方法

及急救方法做成宣传海报张贴在学校各个区域。学校在计划开展一项校园体育活动前应召开安全风险评估会议，对计划开展的校园体育活动进行风险评估，如果这项校园体育活动安全风险过大，可以选择其他安全风险较小的活动替代。除此之外，学校还应要求全校学生购买学生意外伤害保险，有条件的学生还可以选择其他保险救助机制，如 2016 年，上海市实行“上海学校体育运动伤害专项保障基金”制度。

（南京师范大学）

足球运动中常见运动损伤的急救与防控

何林宜

足球运动场上经常会出现紧急、不可预知的状况，需要立即处理。及时救助就变得至关重要。要在第一时间完成有效的急救，不能犹豫不决，因为损伤初期错误的处置会延长康复时间并可能危及运动员生命。所以，相关人员必须具备充分的准备和相关知识储备去应对各种可能出现的紧急情况。例如，教练、医师、体能教练、防护师、志愿者，以及其他与足球运动相关的人员必须接受心肺复苏术（CPR）、自动体外除颤仪（AED）的操控及相关急救的训练并取得相应证书。

一、建立紧急预案

足球运动比赛前必须有周到详细的紧急预案，救助的头等要事是维持受伤运动员的呼吸、心血管和中枢神经功能，因为其中任一系统的停止都有可能导致运动员死亡。主办方必须和紧急医疗服务（EMS）机构共同制订，可以在需要时立即执行的紧急预案（EAP）。紧急预案必须涉及如下问题。

1. 建立各运动场和体育馆紧急预案细则。

2. 规定训练及比赛中紧急预案人员各自角色和责任。紧急预案运动医学团队成员必须会心肺复苏术，能够操控急救设备（担架、自动体外除颤仪），知晓每个场所最近的自动体外除颤仪位置。

3. 配齐足球运动急救所需的设备：担架、颈椎固定架、夹板和肢体支具、冰敷带、绷带、固定带、三角巾等。

4. 确保急救电话、对讲机、相关负责人员电话通畅，所有人员须知晓急救电话和救护车电话。

5. 所有人员须熟知赛场紧急医疗服务方案，包括沟通、转运、急救场所的准入、救治等条例。向未成年人提供急救时，应指派专人拨打紧急电话。拨打紧急电话的人员需提供如下信息：（1）紧急情况的类型；（2）疑似受伤的类型；（3）运动员的当下状况（昏迷还是清醒）；（4）当下提供的救助，如心肺复苏术；（5）拨打电话的地点；（6）紧急情况发生的确切位置（街名、路名）；（7）如何进入场馆；（8）联系人和联系方式。

6. 在比赛开始前召开会议，将紧急预案通知所有员工。指定专人陪同受伤运动员就医。

7. 随时携带所有运动员、教练及其他人员的联系方式，尤其是外出时。对于未成年人，应准备医疗救治同意书。如果受伤运动员是未成年人，救治需取得家长的同意。在比赛开始前，应通过签署书面文件来取得家长或监护人的实质同意，如果没有书面的许可，那么优先救治运动员生命。

二、损伤评估

损伤评估可确定损伤的严重程度以及是否需要紧急救援。对于可能危及生命的问题进行评估，有利于准确实施救治手段。对于清醒和情况稳定的运动员，不需要进行首级筛查。对于失去意识的运动员，需在评估过程中时刻监察危及生命的情况。当伤者的情况稳定后，可进一步筛查运动员所遭受的其他损伤，进行更加细致地评估。

（一）致命伤的运动员

致命伤应优于其他所有损伤。致命伤表现为呼吸道受阻、失去呼吸、无心跳、大出血及休克等。当致命情况出现时，在积极抢救的同时应拨打120。

（二）失去意识的运动员

无意识状态是救助中最大的困境，可被定义为缺失清醒认知的无反应状态。对于无意识的运动员，应紧急拨打120，即刻进行致命损伤的筛查，确认健康状态、清醒度，流程化地确保循环、呼吸通畅，应始终不排除脖颈脊柱的受伤风险。如果运动员仰卧且没有呼吸，应立即建立循环和呼吸通路；如果运动员仰卧并有呼吸，在恢复意识前可不做任何行动；如果运动员俯卧且失去呼吸，应小心使用滚木法将其翻至仰卧位，并立即开展心肺复苏；如果运动员俯卧且自主呼吸，在恢复意识前可不做行动，给予生命支持。密切观察并等候急救团队。

三、实施心肺复苏术

实施心肺复苏术的操作人员必须持心肺复苏证。心肺复苏术应根据年龄段采取相应的方法。

（一）对于成人

1. 查明受伤人员无反应，应立即拨打 120。

2. 如果有体外除颤器，可进行 1 次除颤后实施心肺复苏术。

3. 进行胸腔按压以恢复血液循环，频率保持在每分钟 100 次。实施按压时，应使用双手且深度在 4~5 厘米，每轮进行 30 次按压。

4. 在打开呼吸道后进行嘴对嘴呼气。步骤为：（1）呼气两次，且每次呼气至少保持 1 秒以上 10 秒以下；（2）呼气直至胸腔隆起；（3）恢复胸腔按压。

5. 在实施完 5 个循环或 2 分钟心肺复苏术但无反应后，应使用体外自动除颤器。若机器指引可以除颤，则实施 1 次除颤，之后继续进行心肺复苏，直至伤员开始呼吸或急救医疗人员接管。

（二）对于幼童（1~8 岁）

对幼童实施心肺复苏术与成人类似，但有如下几点区别，应加以注意。

1. 按压胸腔深度为 1~3 厘米；

2. 呼气更轻柔，直至胸腔隆起；

3. 使用儿童贴片；

4. 没有心肺复苏证书的操作人员，只进行胸腔按压，按 100 次/分钟的频率按压直至急救医疗人员到达。

四、控制出血

出血可能源于静脉、毛细血管、动脉。静脉血的特点是深红且持续流出，毛细血管血是从组织渗出且呈红色，而动脉血则呈鲜红色且喷涌。当接触他人的血液或体液时，教练或其他从业者应始终警惕可能存在的血源性病原体及其他疾病感染的可能，应使用完备的防护措施，应按常规使用一次性手套。

外出血源于皮肤开放性创伤，如擦伤、切口、割伤、穿刺伤、撕裂伤等。外出血最有效的控制方法是直接施压。直接施压，就是直接在伤口上通过无菌纱布用手施压。如果受伤运动员没有骨折，压力则直接稳固施加于骨上。在纱布被血浸透后，应直接在这些纱布上添加额外的纱布以促进凝血过程，也可使用压缩绷带直接给伤口加压。另外，抬高伤肢也可以帮助止血。因为抬高出血部位对抗地心引力可降低血压并促进静脉血及淋巴回流。

内出血的风险在于诊断的困难。皮下出血，如青肿、挫伤，肌肉内出血以及关节内出血比较容易判断，运动员在大多数情况下无危险。但体腔内如颅骨、胸腔、腹腔的出血则关乎生死，且准确诊断的难度比较大，需要经验丰富的医疗救助人员判断。入院治疗是安全的选择。

任何的损伤都有休克的风险。但当大出血、骨折及其他内伤出现时，休克的概率会上升。某些情况，如极度疲劳、极寒或极暑、极度脱水及矿物质流失，也会诱发运动员休克。医生应评估运动员因损伤诱发休克的可能性并采取积极的治疗手段。

首先应识别生命体征。生命体征包括生理体征和损伤病症。具体来说包括心率、呼吸频率、血压、体温、肤色、瞳孔大小及移动情况、出现疼痛的位置、强度和意识水平。例如，休克时面色苍白、皮肤湿黏、脉搏虚弱且快速、呼吸加快且虚弱、血压低、大小便失禁等。如果清醒，运动员可能会表情淡漠或出现易怒、焦躁、兴奋的情绪，也可能会出现极度口渴。此时须查找引起休克的原因，同时拨打120，尽可能维持伤者的正常体温，抬高伤者的双腿，给以耐心柔和的安慰，松解伤者的衣物以保持舒适。如果运动员没有致命伤，应对全身损伤进行次级筛查。次级筛查包括询问病史、视诊、查体、特殊检查。其中，特殊检查可提供更多受伤程度的信息。

次级筛查有两个损伤评估阶段。第一阶段为临场初步评估，要确定伤情的严重程度及如何从运动场转送运动员。应详细收集病史，询问损伤前发生的一切事件及其他诱因，以及损伤时有无听到或感到什么。若损伤时听到碎裂或爆裂的声音，则经常意味着骨折、韧带或肌腱损伤。

第二阶段为场下评估，即将受伤运动员从受伤地点移至安全且舒适的场所时，医师、物理治疗师或运动防护师进行更细致的评估。

五、急性损伤的初步处治

在体育运动中损伤极其常见，需即刻提供适当的急救以控制出血、肿胀，努力减轻损伤所带来的疼痛。因为初期控制肿胀，不仅可以大大缓解疼痛，还可以缩短康复所需的时间。

（一）急性损伤初步处置方法

急性损伤的初步经典处置包括保护、休息、冰敷、加压包扎和抬高患肢，这几个处置方法可简称为 PRICE 法。

1. 保护

在损伤发生后，应立即保护，防止进一步损伤。如果有骨折或关节不稳，需使用支具或夹板固定后再在伤处使用绷带缠绕。缠绕时，应从伤处远端开始逐步移向近端，压力应稳固且一致。使用绷带后，应检查缠绕远端区域的循环。绷带应固定至少 72 小时。恰当的固定也能够减少后续损伤。

2. 休息

损伤后的休息是至关重要的。机体一旦受损，就会即刻开始愈合。如果损伤处不能得到休息且仍然承受外部压力和拉力，损伤处就无法愈合。休息所需的天数取决于损伤的严重性。

3. 冰（冷）敷

拉伤、扭伤和挫伤等大多数情况应使用冷敷。冷敷可以减轻疼痛和促进局部血管收缩，以此控制出血和水肿，降低新陈代谢。为防止冻伤，建议每次冷敷 20 分钟，每 4 小时一次，常规冷敷需要持续几周。一般来说，轻度拉伤可能需要 24 小时，而严重膝或踝扭伤可能需要 3 到 7 天的间断冷敷。如果对于伤病的严重性不确定，最好延长冷敷的时间。

为达到最佳效果，应将冰袋（碎冰和毛巾）包裹在压缩绷带上。但应注意的是，冷冻胶带不应直接接触皮肤。

4. 加压包扎

急性损伤后的即刻加压比冰敷控制肿胀更重要。在伤处施加外部压力有助于减少肿胀，降低出血量。通过加压，液体渗入组织间隙的速度减缓，而吸收速度提升。但值得注意的是，加压对于胫前肌间隔综合征或某些头颈损伤是禁用的。

5. 抬高患肢

和冷敷、加压包扎一样，抬高患肢可减轻出血。抬高患肢可帮助静脉从伤处排空血液、其他体液，让其返回循环系统。在最初的72小时里，应抬高患处，尤其是在睡觉时。抬高的程度越大，对于肿胀的控制效果就越好。例如脚踝扭伤时，应将脚踝尽可能靠墙且保持直立状。

除此之外，还有一些常见的处置技术。

例如，伤肢固定。如果运动员疑似骨折，应立即拨打120呼叫救援团队。移动运动员前应固定任何疑似骨折处。在无适当固定的情况下移动有骨折的人员将加重组织损伤、出血，诱发休克。

下肢骨折固定。足踝或腿部的骨折需固定足部和膝部。膝部、大腿或髋部的骨折应固定整个肢体和身体的一侧。

上肢骨折固定。肩周附近的骨折应使用肩吊带将上肢紧贴身体固定。上臂和肘部骨折应在发现的位置固定。前臂和腕部骨折应在前臂屈曲的位置使用吊带固定。手指脱位及手部骨折应使用压舌片、纱布或铝质固定板固定。

脊柱或骨盆固定。脊柱或骨盆骨折最好使用脊椎板固定，然后再移动。

无论如何固定，都要坚持如下原则：(1) 固定骨折处远端及近端的关节；(2) 保持受伤的姿势原位固定。

除了采用传统方法固定外，还可以采用设备加以固定。

如快速成型真空固定器。这是一种紧急医护人员和运动防护师广泛使用的新型固定器，由含有聚苯乙烯泡沫塑料片的可折叠布套组成。它可通过尼龙搭扣塑成任何关节或呈角度骨折的形状，通过手持气泵抽空套管中的空气，使固定器有着纸板般的强度。这种固定器对于有角度的、需在发现位置固定的损伤最有效。又如空气固定器。这是透明的，可在受影响部位周边充气的塑料固定器。它可用于固定四肢，但使用者需经特殊训练。这种固定可给身体部位提供支持和适中的压力。

(二) 急性损伤运动员的运输

尽量不在固定前移动或运输受伤运动员。因为不当的移动或运输可能比其他紧急步骤更会加重伤情。若移动或运输，应结合所有可能的运输方式和必要设备来制订运送计划，而且需要受训有素的人员利用脊柱板、伸缩担架和救援车辆来运送受伤运动员。

当疑似脊柱损伤时，应立即拨打120并在救援团队到达后再移动运动员。移动疑似脊柱尤其是颈部损伤的运动员需极度小心。因为伤者无法控制自己的动作，颈部和头部有可能转动。当存在小型骨折时，这种扭曲可造成脊髓或神经的潜在损伤。因此，在移动时应使用脊柱板以保持头颈部和身体长轴呈直线。同时，最好指派 1 名人员专门负责维持头部和颈部的安全位置，直到头部被固定在脊柱板上。

一旦发现颈部严重受损，应立即召唤医生及救援团队。同时，应维持受伤运动员的正常呼吸，防止休克和保持运动员安静。运输时，运动员应呈仰卧式，应使用毛巾、垫板或颈部固定器支撑颈后，以保持脖颈固定，防止发生脊髓损伤及瘫痪。

受伤运动员的运输方式主要包括担架运输、步行辅助、人力运输、使用拐（手）杖等。

1. 担架运输

当非脊柱损伤发生时，最佳、最安全的短距离运输方式是担架。在支撑好运动员身体的每个部位后，将其小心置于担架上，并至少由 8 名人员运输，1 人固定头部，1 人在脚部，另外 6 人分列身体两侧。值得注意的是，任何经受严重损伤需要使用担架的人员，需在移动前对其仔细查体，运输四肢受伤人员时需确认损伤部位已经固定。

使用半坐式更便于运输肩部受伤的运动员。如果上肢的伤情导致肘部无法屈曲，也应使用担架，并将垫板放置在手臂和身体间把肢体固定在身体两侧。

2. 步行辅助

步行辅助是给予可行走运动员的支撑或协助。在允许运动员步行之前，应仔细检查运动员是否有轻伤，应有 2 名身高相仿的协助人员在其两侧完全支撑。运动员的双臂应搭在协助人员肩上，而协助人员的手臂应环绕在运动员的背上。

3. 人力运输

人力运输可用于运输比步行协助更远距离的轻伤运动员。正如步行辅助，任何运输运动员的决定应在全面检查潜在严重情况后进行。最便捷的方式是由双人协助完成。

4. 使用拐杖或手杖

当运动员遭受下肢损伤时应禁止负重，需要使用拐杖或手杖但应在专业人员的指引下配备和使用。

（暨南大学附属珠海医院）

第五章

世界青少年足球的发展趋势

世界青少年足球发展趋势与先进科技手段的应用

部义峰

如今，竞技体育的发展与科学技术的进步密切相关，有时科学技术甚至直接促进体育竞技成绩的提高。同时，人们在追逐“更快、更高、更强”的过程中也反向促进了科学技术的进步。体育科学涉及生物力学、生物化学、生理学、心理学等多个学科，在运动实践领域，体育科学的各种理论与方法也得到日益广泛的应用，在足球项目上更是如此，现代科技手段应用于训练、比赛、康复、监控等各环节。

科学与足球世界大会是体育科学与足球项目相结合的一个里程碑，在世界体育科学委员会（WCSS）的支持下，科学与足球世界大会每4年举行一次，第一届科学与足球世界大会于1987年在利物浦召开，涉及运动装备、足球场地建设、生物力学分析、计算机辅助比赛分析、运动队管理、裁判员临场决策、运动员赛前压力与竞技表现、足球技能与练习结构化过程、训练与比赛生理学、运动营养、足球高原训练、足球运动损伤、康复、青春期运动员等多个专题，可见足球运动与体育科学结合的广泛性与深刻性。

一、现代科技在足球竞技领域中的应用

（一）足球装备

体现专项特征是体能训练设计的基本原则之一，其中的专项性包含能量代谢系统

的专项性、生物力学特征的专项性。因此要体现专项性，必须了解运动形式、运动量、运动强度、动作模式、肌肉工作方式等，但是受足球规则的影响，运动员不能佩戴复杂的测试设备进行比赛。所以，多年前，教练设计体能训练都是根据主观分析和判断进行的。如今，科技的进步让足球科学化，更加专项化的训练成为可能。人们设计出了体积小、准确性高、易操作的各种穿戴设备和智能足球等。

1. 穿戴设备

智能运动背心是当今运用最为广泛的穿戴设备之一，它实现了运动员活动数据的智能化采集，可用于采集训练或比赛中的运动学参数与生理学参数。

（1）运动学参数

距离是指运动员跑动的远度，主要包括跑动总距离、不同形式跑动距离、不同位置运动员跑动距离等。

速度是指运动员移动的快慢，主要包括跑动最大速度、启动速度、不同位置运动员跑动速度等。

频率是指运动员在单位时间内做某种形式的动作发生的次数，主要包括冲刺跑频率、高速跑频率、倒退跑频率、侧向移动频率等。

（2）生理学参数

心率是指每分钟心脏跳动次数。通过心率指标可以判断运动员在训练或比赛中的运动强度。它主要包括最大心率、平均心率、心率区间、心率的波动变化特征等。

衍生指标是指通过心率推算的能量消耗、最大摄氧量等指标。

（3）数据的二次开发与应用

①跑动形式与跑动能力

通过采集运动学参数和生理学参数的数据可以了解运动员在比赛中的运动能力。它可用于分析运动员在比赛中的跑动形式，如有多少直线跑动、有多少变向变速跑动、有多少后退跑动等。教练可以根据这些数据来判断运动员在比赛中的跑动情况和努力程度。对于男运动员来讲，超过 8m/s 的跑动为冲刺跑，比赛中可以采集冲刺总距离、冲刺的次数等指标，通过数据的二次开发可以了解运动员在比赛中冲刺与间歇的活动规律，进而了解运动员的“工作—间歇”特征，以及项目特征。已经有研究证明，与一般运动员相比，优秀运动员的跑动总距离、冲刺跑频率、高强度活动能力以及反复冲刺跑能力均更强。还有研究证实，足球运动员的加速能力比最大速度能力更重要，良好的加速能力可以保证运动员瞬间完成摆脱、快速过人以及反越位等技战术。这些信息为教练更好地制订训练方案、提高训练的针对性提供了非常有力的依据。

②位置活动能力

在一场足球比赛中，运动员会根据战术需求进行合理的位置分工，不同位置对运动员体能的需求也不一样。例如，前锋需要良好的冲刺、加速能力；中场队员需要良好的有氧工作能力，以完成更多的跑动；边后卫不仅需要良好的有氧工作能力，而且对加速、减速能力要求也很高。这些位置特征对足球体能教练设计体能训练提出了挑战，当运动员达到一定水平后，教练必须根据需求，加强运动员位置体能的训练。对运动学数据的二次开发，可以让相关人员更深入地了解不同位置的体能需求，从而制订出更加有针对性的体能训练方案，提高体能训练的效率。

③疲劳分析

足球比赛是一场持续 90 分钟甚至更长时间的项目，从比赛开始到比赛结束，运动员很难保持运动强度不变。运动员在比赛中肯定会出现疲劳，一旦产生疲劳，运动员的各种活动能力都会下降，会直接影响进攻或防守的效率。因此，我们需要知道运动员何时发生疲劳，疲劳主要影响哪些方面，是影响一般跑动能力还是冲刺跑能力，是直线运动能力还是变向运动能力。如果没有现代科技手段，我们不会知道到底是哪种能力下降，在接下来的体能训练中需重点加强哪些方面，这些都会影响训练的效果和效率。如今通过穿戴设备，体能教练可以找到这些问题的答案，并通过数据的深度分析设计体能训练方案。

2. 智能足球

智能足球可以辅助技术训练。其内有芯片，甚至内置 6~8 个摄像头，所以能够记录运动员踢球过程中的许多参数，例如运动轨迹、球转速、内旋球 1 秒钟旋转圈数、向前速度、力量等。大家都知道罗纳尔多踢出的任意球会在空中急速下坠，那么，什么时候球开始下坠？球怎么转才能下坠？科研人员可以通过智能足球将这些参数反馈给运动员，并通过不断调整达到训练目的，从而实现精准化的任意球训练。

（二）大数据的使用

随着“互联网+”技术的发展，大数据开始用于足球比赛分析中，通过收集与体能、技战术相关的各种数据并进行深度分析，为训练提供依据。德国 SAP 是一家软件巨头公司，与德国足球联盟开发了一款名为 Match Insights（MI）的应用系统。该系统主要用于收集数据、处理分析球员和球队的技战术数据，基于数据和实际情况优化球队配置与训练方案，并通过分析对手数据，找到比赛中克敌制胜的路径。数据呈现的方式，既可以是球员或者球队的关键指标（KPI），也可以是现场模拟示意图。这些数据信息可以根据球队或球员需要进行设置和选择，可以在手机、平板电脑等易于携带的设备上查看，教练和球员可以看到每场比赛取胜的关键点，据此制订出有针对性的训练方案。在2014年的巴西世界杯上，德国大胜巴西夺得冠军就得益于该系统，大数据的使用直接促进了球队技战术水平的提升。

图1为球队和球员比赛KPI对比图。通过这个图可以比较不同队伍的射门进门率、传球成功率、传球方式、持球能力、进攻连贯性、射门效率等。当然，KPI不仅仅起这些作用，球队可以根据需要去选择想了解的指标，还可以通过比较找到我方的优点和缺点、对方的优点和缺点，做到知己知彼。

从图1右侧的厄齐尔雷达图可知，所有的指标中传球成功率、关键球以及传中等进攻性指标都很好，而防守指标却很一般。通过这样的雷达图，教练就可以了解球员的特征及其在球队中的贡献。一旦教练掌握了所有球员的数据，清楚每名球员的特点，就可以制订出有针对性的战术。另外，还可以用于与对手比较，对比双方相对位置上球员的情况。例如，在某个位置上，如果对手是偏进攻型的，我们就可选择一名偏防守型的来应对。所以，教练让谁上不让谁上，并不是随意安排的，而是基于比赛分析部门提供相关数据，并结合自己的经验和对手情况来确定的。

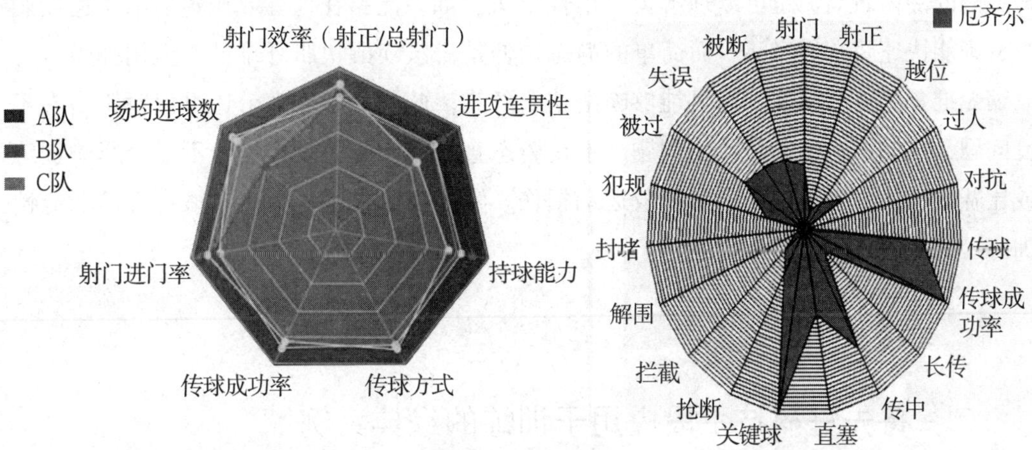

图1 球队与球员比赛KPI对比示意图

除此之外，根据运动员的跑动轨迹可以制作球员比赛跑动模拟图，这将有助于了解边后卫跑动覆盖面、跑动特点以及是否经常上前助攻等内容。与定量数据结合使用，可以更加准确地判断球员在比赛中的活动能力、活动特征等，为制订比赛策略提供依据。

（三）体能训练与足球发展

同场对抗集体球类项目的体能训练相对复杂，对系统性有更高的要求。例如，足球运动员不仅要有快速启动能力，还要具备良好的“刹车”能力。若“刹车”能力差就会带来一系列问题，如无法完成加速与减速的动作转换，从而影响改变跑动节奏的能力。实际上这个动作的关键点就是离心收缩，确切地讲是股四头肌的离心收缩。如果离心收缩能力强，只需要轻微缓冲，就可以完成制动，然后迅速转换到下一个动作。制动并不是终极目的，变向和再次加速启动能力才是关键，这种能力可称作动作模式转换能力。所以，离心能力不强，不仅影响运动表现，还容易受伤，多数拉伤是在肌肉进行离心收缩时发生的。由此可见，下肢肌肉的离心收缩能力对足球运动员至关重要。正是基于该点，欧洲人发明了离心训练机，用于某特定肌群离心收缩能力的训练，大大提高了训练的针对性。

在体能训练领域，体现先进科技手段的并不一定是价值几十万元甚至上百万元的仪器和设备，也可能是一些小的、便宜的仪器和设备。比如说弹力带，弹力带是一种很简单的体能训练工具，它可以迅速激活肌肉，从而提高运动表现。肌肉可分为快肌纤维和慢肌纤维，而快肌纤维的募集对于产生爆发力起决定性作用。但是快肌纤维被募集时的阈值较高，也可以理解为“惰性”大，如果能够在训练或比赛前给予适度刺激，则能快速将它们激活。而简单的静态拉伸是没法唤醒快肌纤维的，但用弹力带可以缩短准备工作的时间，而且能够唤醒快肌纤维。此外，用弹力带还可以矫正姿态不良问题，例如内八字和外八字问题。不良姿态直接影响身体动力链，不仅会影响训练或比赛中的运动表现，还容易造成运动损伤。实践表明，以各类小器械为主的功能性训练可有效解决姿态不良问题。

二、将先进科技手段应用于训练的经典案例

足球比赛中，体能、技战术以及由二者形成的运动表现直接决定球队的竞技水平，下面分别从这三个视角分析德国国家队是如何备战 2014 年世界杯的。

在体能方面，他们聘请了美国 EXOS 团队，该团队是全世界最好的体能训练机构之一。2014 年德国国家队夺得世界杯冠军后，记者在进行采访时，主教练特别提到了体能保障，表达了对 EXOS 体能训练体系的充分认可。这也让人们意识到科学的体能训练是多么重要。

技战术的保障主要采用前面提到的 MI 系统，可称之为“比赛洞察系统”。该系统功能非常强大：可以分析球员体能、技战术以及比赛或训练中的运动表现，也可以分析球队的上述指标；可以将收集的多元数据进行深度分析，挖掘出球队获胜的关键因

素，并对球队或球员的发展做出评判；可以用于了解对手球员的体能与技战术水平，分析他们的优劣势，为制订比赛策略提供直接依据。由此可以看出，MI 系统为德国国家队提供了强有力的保障。

有了体能和技战术分析系统的保障，教练就可以将这些信息应用到训练中去，根据本队的不足和对手的特点展开训练，大大提高训练的效率，提高球员的运动表现。

三、现代科技手段与足球发展趋势

（一）对体能的要求高且全

1. 持续的高强度活动能力

高位逼抢、激烈的对抗、有效的快速反击、高强度的持续运动能力成为现代足球的特征之一。西班牙的马德里竞技队就是典型代表，这支在 2016 年曾经 3 次击败皇家马德里队的球队就是依靠高位逼抢、快速反击以及高强度持续运动能力。正如媒体描述的那样，“疯狂的高位逼抢、果敢而且强硬的抢断、高效的快速反击，就像 11 个亡命赌徒”。

高位逼抢对体能有极高要求，要保持 90 分钟的重复高强度运动，体能达不到一定水平是无法完成的。比如，2016 年全国大学生女足锦标赛，江苏师范大学对阵东北师范大学的比赛中，后者采用了高位逼抢战术，但因体能不足以支撑该战术的实现最终落败。可见，高强度持续活动能力在足球竞赛中发挥关键作用。

2. 全面的体能需求

足球项目对体能要求全面，比赛中包含了冲刺跑、高速跑、中速跑、低速跑、倒退跑等不同跑动形式，还有急停、制动、变向、对抗等各种动作。在一场高水平的比赛里，一名球员要跑动 9～12 千米，中超比赛大约 10 千米，欧洲高水平比赛一般 12 千米左右，大约每隔 90 秒发生一次持续 2～4 秒的冲刺。冲刺跑占总跑动距离的 1%～11%。足球比赛的位置特征明显，比如前锋冲刺跑多，中场冲刺跑相对较少。足球运动员，不仅要具备足球专项体能，还要有突出的位置体能。从足球发展趋势来看，足球项目对球员的体能需求越来越全面。足球运动员体能训练内容如图 2 所示。

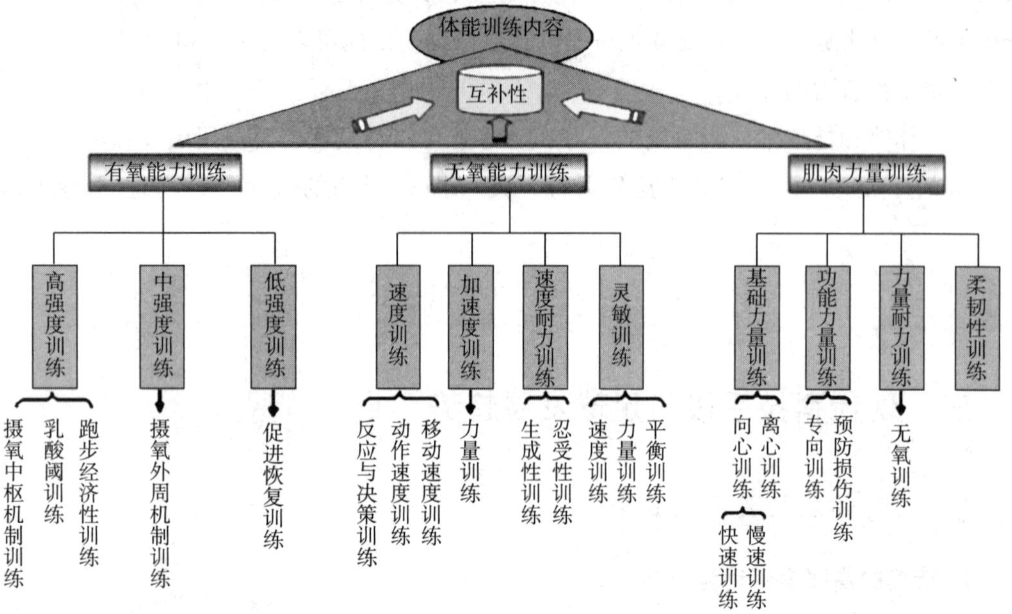

图 2　足球运动员体能训练内容

3. 突出的专项体能

对于足球运动员来讲，其核心体能主要包括力量、灵敏、速度以及耐力等。灵敏主要是运动员在快速跑动中，在不减慢速度、不影响稳定性的前提下改变方向的能力。从运动生物力学特征层面看，其主要影响因素包括启动速度、制动能力、动作转换能力、技术动作等。速度对于足球项目具有特殊的意义，足球项目要求运动员不仅具有良好的加速能力，还要有良好的减速能力，简言之就是速度变换能力。耐力是足球运动员的基本体能，运动员除了要具备持续进行 90 分钟比赛的能力，还必须具备反复高强度活动能力。力量是灵敏、速度等素质的基础，足球运动员不仅需要向心力量，而且需要离心力量。

反复高强度活动能力是优秀足球运动员必须具备的能力之一，高强度活动与低强度间歇在比赛中交替出现。在比赛中，运动员的反复高强度活动能力对运动表现影响显著，甚至直接影响比赛结果。反复高强度活动能力与两个因素相关，一个是高强度能力，一个是两次高强度活动之间的恢复能力，前者主要与 ATP—CP 供能相关，后者很大程度上取决于有氧能力。

足球运动员的制动能力尤其重要，在众多动作模式转换中发挥重要作用。从肌肉层面来讲，主要是下肢肌肉进行离心收缩，其意义不仅在于提高运动表现，还能减少运动损伤。因此，在足球运动员力量训练中，肌肉离心收缩能力训练占有很重要的位置。增强式训练（plyometrics）常被用来提高运动员的离心收缩能力，该训练又被称为复合收缩训练。除此之外，近几年，离心力量训练机的出现让离心能力训练有了更多选择，运动员也可以利用该设备对特定肌肉或肌群进行针对性训练。

4. 处理好青少年体能训练问题

（1）肌肉不平衡

进入青春期后，儿童青少年的肌肉和力量均会显著提升，但是也会出现肌肉发展失衡问题，主要表现为：①优势侧与非优势侧肌肉失衡；②主动肌与对抗肌失衡。两种失衡都会给儿童青少年带来损伤风险，尤其是第二种失衡对女性儿童影响严重。对于女性，进入青春期后，股四头肌力量会迅速发展，与腘绳肌力量发展速度不匹配，造成屈膝力量与伸膝力量发展不平衡，降低膝关节稳定性，带来膝关节前十字交叉韧带损伤风险。

（2）关节灵活性降低

进入青春期，儿童青少年骨骼发育过快，但肌腱发育速度较慢，造成骨骼肌紧张，从而关节的灵活性降低。关节灵活性的降低会影响孩子的协调性，同时也会降低其运动表现。作为基层教练，必须清楚其中的生理学原理，以便设计出更具有针对性的训练计划。

（3）骨密度降低

处于青春期的孩子骨骼发育过快，这会造成骨骼密度相对降低，因此该时期应该注意避免高强度、大运动量训练，以防引起关节损伤。

5. 合理的功能性训练

青少年时期尤其是青春期前，孩子神经系统虽然发育速度快，但促进肌肉合成的睾酮等激素分泌较少。因此青春期前的力量增长不能依靠肌肉的增长，而应该通过提高神经效率来提高肌肉力量，这与功能性训练的理念是相符合的。因此，该阶段的训练应该主要以动作模式训练为主，可以通过各种各样的功能性训练提高运动员的运动表现。功能性训练的主要内容包括以下四方面。

（1）躯干支柱力量训练

躯干支柱力量训练主要包括躯干肩关节、脊柱以及髋关节的核心力量训练。

（2）动作技能训练

动作技能训练主要包括加速技能训练、变向技能训练、切步技能训练、滑步技能训练、开放步技能训练、后撤步技能训练、交叉步技能训练，以及动作的转换能力训练。

（3）平衡稳定性训练

平衡稳定性训练主要包括核心稳定性训练、膝关节稳定性训练、踝关节稳定性训练等，从难度上讲，主要包括静态平衡训练、动态平衡训练、动作稳定性训练等。

（4）功能力量训练

功能力量训练要结合足球专项动作模式，在青春期前以全面发展为主，主要采用克服自身体重的方式进行训练；进入青春期后，逐步引入专项功能训练，可以采用克服自身体重的方式或利用药球、轻重量哑铃进行训练。功能力量训练在设计上要考虑足球专项运动生物力学特征，如运动类型、运动模式、肌肉收缩形式、动作特征、位移特征等。

（二）科学化测量与精准化训练显著提升竞技比赛水平

1. 身体活动表现数据的获取

集体球类项目的比赛分析主要包括两个系统：一个是运动动作分析系统（motion analysis of sport），另一个是运动符号分析系统（notational analysis of sport）。运动动作分析系统侧重于个体项目的运动技术分析；运动符号分析系统则是一种客观地记录运动员表现的方法，该方法试图通过技术、战术以及跑动分析将运动员的比赛表现展示出来。相对于技术，运动符号分析系统更加注重对比赛战略、战术的分析与评价，它的理论基础就是对“关键事件”的记录。它是比赛分析，特别是技战术分析与评价的核心方法。教练通过比赛分析可以了解与掌握球队的技战术水平，找到球队需要继续保持的优势因素以及需要弥补的劣势因素；可以了解对手的技战术水平，确定对手的优势因素与劣势因素，从而选择正确的比赛应对策略；可以判定训练的效果；可以将相关信息存储于数据库中，以便了解球队长时间的竞技水平变化状况。总之，随着集体球类项目科学化训练与比赛的持续推进，比赛分析已经成为集体球类项目的最关键环节之一，正确、合理、客观的比赛分析将为训练与比赛目标的实现提供强有力的支持。

比赛分析与评价的发展大致经历了手工符号分析阶段、计算机符号分析阶段、计算机视频分析阶段 3 个主要阶段。

（1）手工符号分析阶段

早在 1966 年，出于商业目的，人们已经开始在橄榄球比赛中应用手工符号记录系统。Reilly 与 Thomas（1976）应用手工符号进行了权威的集体球类项目运动分析，记录并分析了集体球类项目比赛过程中各种非连续活动的强度和量度。他们采用手工记录与录音机录音相结合的方式，对英国甲级联赛运动员的活动进行了详尽的分析，说明了不同位置运动员的运动强度、活动距离以及不同跑动等级的时间百分比。还有学者从其他视角对集体球类项目比赛中的技战术运用情况进行了研究，Reep 与 Benjamin（1968）收集了 1953 年至 1968 年之间 3213 场比赛的数据，着重分析了传球、射门等行为，而不是单个运动员的运动量。他们的研究表明，80%的进球是在经过 3 次及以下的团队整体连续传球后形成的。在前场 1/4 区域得到球权后形成的进球占总进球数的 50%。Partridge 与 Franks（1989）设计了手工符号分析系统，用来分析传中与射门，可见，手工符号记录系统为研究者提供了比赛过程中运动员行为的详细记录，对运动行为及技战术应用状况的分析，为探讨集体球类项目的制胜规律或相关打法理论的形成奠定了基础。

（2）计算机符号分析阶段

从 20 世纪 80 年代起，关于集体球类项目计算机分析方面的研究成果众多，其中的大部分已经得到业界的广泛认可。Gerisch 与 Reichelt（1993）应用图表来表现数据，从而使教练和运动员更容易地理解数据。他们主要研究了集体球类项目比赛中一对一对抗问题，并按时间进行图示，从而探索比赛的发展过程。他们设计的系统可以按时间先后对其他变量进行分析，通过与视频的相互连接，获得简单、准确的关于运动员表现的反馈信息。除了在数据表现方面的功能外，计算机符号分析在比赛结果分析、解释方向、体育运动分析方面的应用也非常广泛。

（3）计算机视频分析阶段

计算机控制视频图像的能力在很大程度上增强了其信息反馈能力。有研究者开发了一种基于 IBM 系统来分析曲棍球比赛的程序，通过研究人员的不断改进，这一系统已经可以应用于冰球和其他集体球类项目的分析与信息反馈领域。随着比赛的进行，分析者可以使用菜单驱动式分析程序询问已储存的时间—数据对。由于行动本身具有时间性特征，研究者可以对数据进行赛后或赛前分析。换句话说，计算机可以查询“是什么导致某一特殊事件发生”和“某一特殊事件发生后将会发生什么”的问题。除了可以为分析员提供球队表现的数字和图表之外，计算机运行适当的程序后还可以对比赛活动相关视频文件进行处理和编辑。

通过已生成的数据库，交互式视频计算机程序可以存取比赛中所有的特殊事件，诸如进球、射门、定位球等。然后，通过事件菜单，分析员可以选择观看某一特定类别的任何相关事件。使用某一特定软件，计算机可以控制视频，从而找到视频中某一事件发生的时间，然后回放相关比赛片段。

随着新一代计算机容量的增大与速度的加快，研究者可以使用分散于世界各地的各种各样的信息中心的大型数据库。同时，对数据的比较为运动表现的建模提供了基础。有研究者已经积累了大量的数据，并利用这些数据提出了不同水平比赛的运动表现标准化模型。

2. 足球运动员跑动能力的演变

从跑动距离来看，20 世纪 50 年代，一场比赛中运动员的跑动距离只有 4.5 千米，1976 年增加到 8.7 千米，1986 年增加到 10.1 千米，目前高达 12 千米。从跑动频率来看，跑动频率从 1947 年的 70 次，增加到 2011 年的 120 次。这些数据充分说明，比赛对运动员的有氧能力和反复冲刺能力的要求越来越高。这些技术和设备可告诉我们运动员需要什么样的体能，需要达到什么程度。

3. 足球运动员比赛表现的典型特征

（1）位置特征

足球运动员在比赛中，无论在体能还是在技能上均表现出显著的位置特征。比如，总跑动距离：中场队员最多，需要强有力的有氧工作能力支撑。比如，冲刺特征：前锋冲刺跑最多，边前卫和边后卫次之，中后卫最少。又如，动作模式特征：前锋需要良好的速度变换能力、动作模式转换能力，中场队员需要全面能力；后卫除了上述能力外，还要有后退跑接各种动作的动作转换能力。因此，足球运动员必须在具备全面体能的基础上突出一定的位置特征。

（2）疲劳特征

体能训练的目标是提高运动员在比赛中抵抗疲劳能力和运动表现水平。一般情况下，运动员在下半场的跑动能力会下降。比如，以 15 分钟作为基本统计单位，对运动员在比赛中的跑动能力进行研究可以了解运动员的体能变化特征。研究结果证实，运动员的总跑动距离在两个半场的后 15 分钟，与比赛第 1 个 15 分钟以及第 2 个 15 分钟相比均表现出下降趋势。（见图 3）进一步研究表明，运动员在无氧强度跑动、高强度跑动以及冲刺跑上，在比赛下半场第 3 个 15 分钟也均表现出下降趋势，尤其是高强度跑动能力与冲刺跑能力，在下半场第 3 个 15 分钟的跑动距离低于上半场第 3 个 15 分钟。研究结果综合表明，运动员的无氧强度跑动在下半场的下降主要出现在比赛最后 30 分钟，高强度跑动与冲刺跑在下半场的下降主要出现在比赛结束阶段，即比赛最后 15 分钟。

此外，在比赛中运动员的体能也会随着比赛的实际情况而发生波动，研究结果显示，在短暂高强度跑动后（5 分钟内），运动员的高强度跑动能力会明显下降（第 2 个 5 分钟），而且低于全场平均水平（不含第 2 个 5 分钟）。比赛最后 5 分钟内的高强度跑动显著低于比赛开始阶段的跑动（最初 5 分钟），同时也低于全场平均水平（不含最终 5 分钟）。这些结果提示运动员在短暂高强度活动后以及比赛结束阶段会产生疲劳。（见图 4）

综合以上分析可知，足球运动员的疲劳主要发生在以下两个阶段：①短时间高强

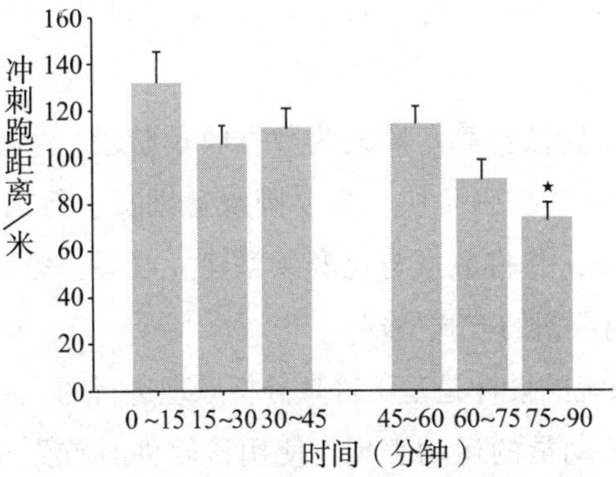

图 3　运动员比赛表现变化图（a）

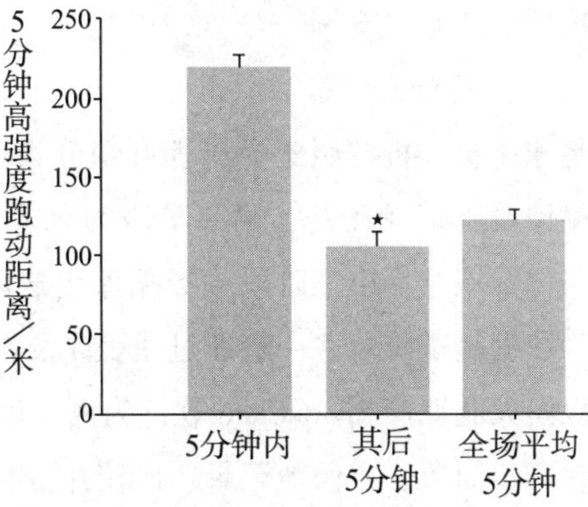

图 4　运动员比赛表现变化图（b）

度运动后（Ⅰ型疲劳）；②比赛结束阶段（Ⅱ型疲劳）。其中，Ⅰ型疲劳通过比赛中的调整是可以恢复的，是经过短时间的积极性休息、调整即可迅速恢复的疲劳。Ⅱ型疲劳发生在比赛结束阶段，该类型疲劳的产生主要与机体能量的消耗有关，该疲劳产生后不能在比赛中通过自我调整来恢复，只有在比赛停止后补充一定能量且休息一段时间后才能恢复，由于这种疲劳状态在比赛中是不能恢复的，因此被称为“真疲劳状态”。

4. 比赛技战术分析的应用

（1）从技战术使用探究制胜因素

足球比赛胜负到底有没有规律？早在 20 世纪 40 年代，某英国大学教授就对此进行了分析，他发现每 9 次射门就会有 1 次得分，80%的进球来自少于 4 次的传球，50%的进球来自距对方球门 30 米以内的范围。基于该研究结论，该教授认为，只要通过长传球将球传入进攻三区，就会对对手产生威胁，于是“高举高打”的战术在英国开始流行，并逐渐形成了英国的战术风格，甚至“高举高打”成为英国足球的代名词。然而夺得 2002 年世界杯冠军的巴西国家队依靠的却是短传，而不是英国式的长传冲吊打法。另外，数据分析发现，少于 4 次的传球对胜负根本没有影响，从此传控打法逐步流行起来。

SAP 公司的 MI 系统为球队带来系统化的问题解决方案，主要包括移动能力、传接球、控球以及其他相关技战术指标。该系统可以根据需要采集比赛中的各种数据，例如个体控球时间、球队控球节奏、推进时间、反击时间、反击效率等，通过大数据计算进行深度分析，发现比赛的制胜规律。例如，在备战 2014 年世界杯时，SAP 公司通过大数据计算认为，德国国家队人均持球时间过长，转移球的速度与向前推进的速度慢，因此建议教练组减少每名球员的平均持球时间，尽可能做到早点传球。针对该问题，教练组设计了针对性训练，改进了传球的速度，从 2010 年的 3.4 秒降到了 2014 年的 1.1 秒，提高了进攻的流畅性，结果德国国家队在 2014 年世界杯上大放异彩，这成为精准训练的经典案例。

（2）比赛分析流程

足球比赛分析按照比赛流程可划分为四个阶段：第一阶段为数据收集阶段，主要通过摄像设备记录比赛；第二阶段为录像编辑与编码阶段，主要围绕运动员、行为、时间与位置展开；第三阶段为数据库生成阶段，并将数据与比赛场景建立联系；第四阶段为数据呈现阶段，一般通过图表以及空间数据的方式呈现。

以澳大利亚产 SportsCode 软件为例，该系统的设计是基于符号分析原理进行的，它可以快速、简单、方便地记录、比较并分析运动员的运动表现。使用该软件时首先建立“编码输入窗口”，该窗口为开放式，教练或研究人员可以根据需要灵活设计窗口中的按钮，该窗口是编码按钮的存储点，可以用来创建运动员的表现数据库。然后，建立时间线，这样就可以根据运动员的行为动作点击相应的编码按钮，行为动作就会被同步记录在时间线上。比赛完成后，各种行为动作会以矩阵的形式呈现出来，教练或研究人员就可以根据需要统计、分析比赛情况。

（3）数据的呈现

在实践中，数据的呈现是为了指导训练，为训练提供依据。数据呈现方式大致可分为数据表、图形、视频等。

①数据表

在众多数据表中，频数表的应用较为普遍。频数表可以简单快速地对运动员或球队的比赛表现进行分析。该方法基于对技战术运用频率的统计，通过比较关键指标或者成果百分率来判断球队的技战术发挥情况。表 1 为一个典型的技战术统计的频数分布表。

表 1　1990 年世界杯 A、B 两组射门数据

	A 组				B 组			
	阿根廷	意大利	保加利亚	韩国	墨西哥	巴拉圭	比利时	伊拉克
机会创造	53 次	48 次	43 次	48 次	36 次	46 次	42 次	39 次
射门	38 次	32 次	30 次	40 次	31 次	40 次	36 次	33 次
未形成射门机会	15 次	16 次	13 次	8 次	5 次	6 次	6 次	6 次
未命中射门	16 次	13 次	10 次	17 次	11 次	22 次	12 次	20 次
未命中射门占比	42%	41%	33%	42.5%	35.5%	55%	60%	61%
射门被挡	7 次	7 次	12 次	12 次	4 次	5 次	2 次	5 次
射门被挡占比	18%	21.5%	40%	30%	13%	12.5%	3%	15%
进球	6 次	5 次	2 次	4 次	3 次	4 次	3 次	1 次

来源：Paritidge & Franks。

由表 1 可以看出，数据表清晰地呈现出了关于射门的一些统计数据，通过比较可以大致了解不同队伍的进攻能力与进攻成功的概率。通过频数表对球队的技战术能力进行的评价更倾向于终结性评价，这种终结性评价掩盖了大量的比赛信息，无法对球队的比赛过程进行评价，因此其实践意义要低于形成性评价，即过程评价。频数表具有以下特点：简单、快速、准确、直观，反馈快速，需要进行数据加工，无法确定时间发生的顺序，无法对球队表现进行深入分析。

序列系统是按照事件发生的先后顺序进行记录的一种数据收集方法。由于按照事件发生的先后顺序记录的数据是比赛中真实情景的再现，所以研究者可以对其进行深入研究。通过小组配合形成射门并得分这一序列事件是集体球类项目比赛中的核心事件之一，教练通过了解这些序列事件可以判断球队最擅长的得分方式，同时也可以了解对手最习惯的得分方式，这样在进行训练时就会做到有的放矢。

序列系统的记录也是基于符号分析进行的。例如，足球教练可能关心如下一组序列事件：助攻位置、助攻球员、助攻方式、射门位置、射门球员、射门结果。明确了上述需要后，就可以赋予以上变量不同的符号，然后将这些事件按照赋予的符号画在按一定比例缩放的图纸上，也可以将其直接写入设计好的表格中，如表 2 所示。

表 2　序列系统记录

序号	助攻位置	助攻球员	助攻方式	射门位置	射门球员	射门结果
①	M	7	F	D	8	S
②	M	6	P	E	7	G
③	J	5	F	B	9	G
④	K	9	H	D	11	W

来源：Hughes & Franks。

表 2 中的阿拉伯数字为运动员的编号，英文字母代表各事件对应的编码。例如，如果 M 代表中场、P 代表直塞球、E 代表罚球区前沿弧顶、G 代表进球，那么编号为②的序列事件的含义就是 6 号球员在中场通过直塞的方式将球传给处于球门区前沿弧顶处的 7 号球员，7 号球员完成射门得分。这样，教练就可以了解每次射门及射门前的配合方式，这种方式大大地提高了战术分析的合理性与实践性。然而，尽管这种方式能够详细地描绘出比赛中的情境，但是这种情境描述无法将当时对手的行为涵盖进来，另外由于比赛场景不同，比赛配合的方式也各有差异，因而无法通过获得的数据对球队的战术打法进行更加深入的分析、评价。

②图形

利用图形呈现也是常用的方法之一。相对于数据表，图形更加简单、形象，可以让球员迅速了解比赛的基本情况。例如，为了分析前锋的射门效率，可以对其射门情况进行统计（见图 5），通过对有效射门和无效射门的分析为训练提供指导依据。另外，还可以对比赛中关键球员的数据进行对比（见图 6），对相同位置的球员进行比较，分析球员的优劣势。除了传统的图形呈现方式，还可以将比赛表现数据与足球场地结合，统计出通过边路将进攻推向前场的百分比、通过中路渗透形成有效进攻的百分比等。通过这些数据，教练可以直观形象地了解球队的运动表现。

随着现代科技手段的发展，与比赛同步呈现这些数据已经成为可能，运动表现分析团队可以实时将这些数据传递给教练组，助推球队运动表现的提升。

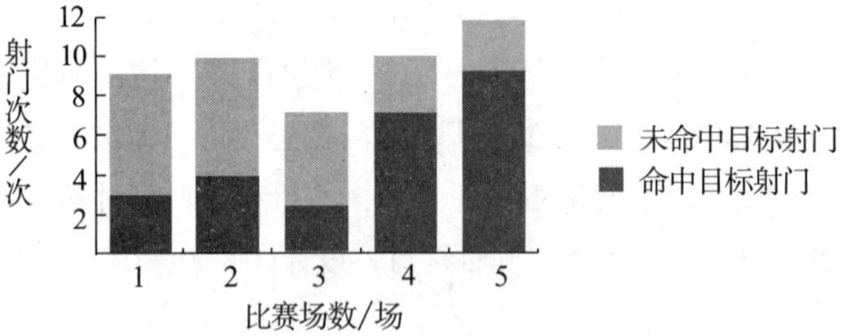

图 5　球员射门分析

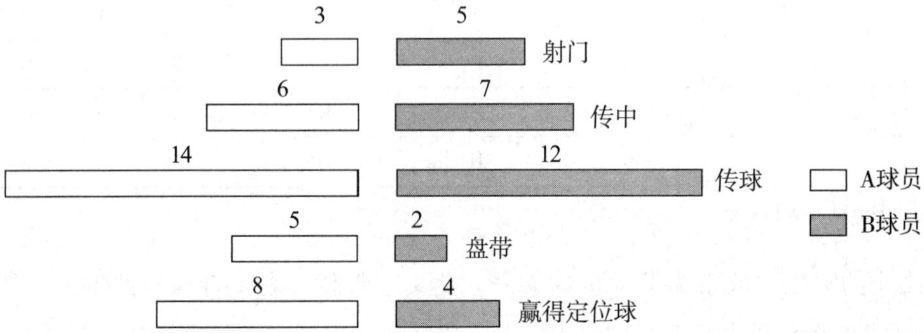

图 6　关键球员数据对比

③场景重构视频

运动表现分析人员可以将各种数据以图表的形式呈现，为了更加形象地再现比赛场景，还可以将各类数据与对应的视频建立连接，根据需求随时调取数据对应的视频，甚至根据数据重构比赛场景。例如，对于中场球员与边后卫配合的 1 次失误，可以通过数据分析失误的原因，并将失误与解决方案的场景同时呈现出来。

四、结语

足球项目的核心竞技能力为体能、技战术能力以及总体的运动表现。随着科学技术的发展，足球训练越来越科学化、精准化，特别是大数据的使用，对足球项目水平提高发挥了重要作用。随着足球项目对体能的要求越来越高、越来越全面，传统体能与现代体能训练的结合极大地促进了球员体能的提升，使得比赛观赏性越来越高。同时，大数据的使用有助于寻找足球制胜规律，使设计更有针对性的训练方案成为可能，高水平足球训练已经离不开现代科技手段的支持。当然，科技手段的发展只是为更加科学化的训练提供可能，如何有效使用才是关键，不能将决策完全依赖于数据，“唯数据”也会带来诸多弊端。因此，在足球训练与比赛中应该根据球队需求灵活运用。

（江苏师范大学）

国外青少年足球发展趋势及先进经验

杨　立

一、现代足球发展趋势

（一）从世界排名看足球发展趋势

从2017年3月国际足联排名数据可以看出，男子世界排名前10的球队主要来自欧洲、南美洲，男子世界排名前50的球队中有27支来自欧洲，10支来自南美洲和中美洲；女子世界排名前20的球队中有11支来自欧洲，5支来自亚洲。从上述数据可以看出，欧洲的现代足球发展最为强盛。从一程度上来讲，世界杯、欧洲杯、欧洲冠军联赛等足球高水平赛事，也反映了现代足球发展的趋势。

（二）从顶级球队关键指标看足球发展水平

顶级球队所必须具备的指标和要求如下：（1）立即压迫，要求每场比赛的所有场区都在5秒或5次传递之内快速重获球权占比为80%；（2）拦截，要求每名球员形成多于10次的拦截；（3）1对1防守，成功率达50%以上，尽可能达到60%；（4）顶级速度，要求每场每名球员形成多于100次以上的8米/秒的平均速度；（5）控球，要求每场形成600次的传递，成功率达85%以上；（6）配合进攻射门，要求每场在球门区内形成多于20次的射门，制造多于5次以上的得分机会；（7）定位球区域防守及进攻时，要求有多变的配合。在以上列举的数据中，中国球队还与世界水平有较大的差距。

什么原因造成这样的落后，其中一个重要的原因是理念的落后。理念的落后，必将导致方式方法的落后，方式方法的落后必将造成技术落后。例如，德国、西班牙培养守门员理念中强调守门员首先是一名球员，在此理念下就要提高守门员在压力下控球与组织进攻的能力。荷兰在青少年比赛中采用符合攻守原则的4对4，让青少年从小在4对4小场地比赛中学习攻守原则。相反，中国青少年比赛中，看到的现象是前场顶一个高中锋，其他人上不去形成不了配合，前面的支点少，配合就很少，影响了球员的技术发展。同时，比赛过程不符合现代足球发展的要求，造成青少年球员的个人能力发展与世界足球水平要求不符，影响青少年球员未来成长。

二、国外青少年足球训练理念

（一）英格兰青少年足球训练理念

1. 核心理念构成要素

英格兰在夺得世青赛的冠军后，提出团结比赛、激励国家、赢得世界杯，并制订了领先世界的教练培训计划，提出了核心要素，即我们是谁，追求什么样的踢球方式。他们认为追求的技战术打法，决定了自己的技战术水平。

英格兰青少年足球训练理念的构成要素包括如下几个方面：个人努力，对球员进行评估，建立技术理事会，拥有高级的管理团队、富有经验的主教练、专业的教练团队。除此之外，还将切尔西和曼城的足球理念引入到国家队加以学习和借鉴，并注重融入其他领域的知识、成果以及合作、文化、责任等因素。

2. 英格兰的“四角”原则

普遍认为，技术、战术、体能和心理是决定比赛胜负的关键要素。但英格兰提出了“四角”原则，即技战术、身体、心理和社交。足球运动本来是比较轻松的社交活动，教练要为青少年创造有利的学习环境，在规则意识的前提下培养他们的沟通能力、责任感等。英格兰在青少年足球培养方面更注重细节。在技战术、身体和心理方面进行了细致分工，12 位各领域专业人员，包含主教练、进攻教练、防守教练、守门员教练、心理医生、理疗师、运动科学分析师和心理学家组成教练团队，共同全方位地经营管理球队。

3. 要求

高标准要求球员。踢足球也是接受教育的一种方式。比赛中要尊重每一个人，遵守规则，从小注重礼貌与规矩的养成。

规范家长的举止行为。让孩子们自己决定该如何训练以及训练技巧的选用；为精彩表现鼓掌（包括对对手和裁判）；不要大喊大叫或尖叫；不要使用攻击性、侮辱性或辱骂的语言；允许孩子们出现错误；停留在球场之外。

教练是可以潜移默化影响孩子的。因此，教练要遵守行为准则，落实儿童保护政策，学习心理学、营养学、身体功能训练等方面的课程，理解球员的需求（包括特殊的学习需求)，要随时随地支持、表扬、鼓励以及关心所有的球员，要注重对球员综合能力的培养，例如，心理方面要培养球员的自信心、创造力、专注力、沟通能力和责任心等，身体素质方面要注重敏捷、平衡、协调能力，恢复力，身体适应能力。除此之外，还有社交方面、营养学方面。总之，英格兰的培养目的在于，球员不仅仅会踢球，还需具备综合能力和社会属性。因为这些决定了球员最终的高度。

（二）捷克青少年足球训练理念

捷克的精英青少年培训培养的宗旨是：没有草根足球，就没有精英。因此，其制订培训计划的目的是为国家的精英青少年球员提供更好的成长环境。

捷克精英青少年培训分为三个阶段：6~10 岁；11~14 岁；15~20 岁。其中，第二阶段的训练要注重以下几个方面：预先选择该地区 12~13 岁的精英青少年球员；给球员提供高质量的训练、教育，提高球员认识水平；注重球员的医疗保健。第三阶段要平衡好俱乐部和国家队之间在人才输送方面的关系。总之，就是让更多的地方俱乐部投入到培养年轻球员的过程中，并增强俱乐部之间的交流和协作。

捷克的精英青少年培训计划与学校、俱乐部结合得比较好，在学校从星期一到星期五球员每天都是在捷克足协指派的教练的指导下进行训练。星期五放学之后，球员回到自己的俱乐部，上 1 次训练课，踢 1 场比赛，俱乐部还会为球员的饮食做特别安排。捷克的青少年培养是不脱离学校教育的，除了每天的专业训练课外，学校每星期还有 2 节体育课、3 节训练课和 3 节课外兴趣课，包括游泳、球类、体操。球员不单单参与足球项目，还会接受各种体育项目的学习，来促进其全面发展。

（三）西班牙青少年足球训练理念

在一个简单的情境中开展复杂的游戏，让球员学会在干扰中进行学习，在对抗中提高球员小空间处理球的能力，这些都是西班牙足球训练理念。

西班牙青少年球员训练不仅是为了提升速度、力量或者耐力，更重要的是培养创建战术组织的能力。这就要求教练必须有特殊的训练方式，要布局球员在场上的阵型和位置，还要确保每位球员的职责都和团队目标一致。

除此之外，青少年球员还要具备认知能力、表现力、创造力、意志力，以及协调能力等方面的全面发展和提升。

（四）法国青少年足球训练理念

比赛是训练的“导师”，训练来源于比赛。法国青少年足球训练模式采用的是在对抗中发现问题进行技术练习，然后通过设置情景进行对抗练习，最后在真实对抗中解决问题。他们会用对抗演绎足球的竞争之美，进行各种符合规则的激烈的身体对抗，如激烈的踢球、铲球。

球员服从裁判、尊重对手，强调个人行为对足球环境的保护。

法国强调思考的重要性，让学生在训练中学会思考。教练一旦看到问题就会及时叫停，引导学生思考问题，和他们商讨来共同解决问题，从而使他们学会用脑子踢球，并充满创造力。

（五）日本青少年足球训练理念

足球普及，即实现 1000 万足球人口。获得世界冠军是日本足球协会的理想目标，公平竞赛是他们一直贯彻的理念。实施方法主要采用国家队强化、青训、教练培养、普及“四位一体”的模式。

日本以世界足球水平为标准，其足球协会的技术团队会到各年龄段球员所参与的国际足球联赛中发现问题，找出日本与世界各国的差距，寻找解决的办法。例如，当他们发现本国球员在全员进攻、全员防守、攻守一体化、利用瞬间空当进攻方面与世界的差距，日本足球协会用 15 年的时间研究，他们通过研究小场地比赛，选择了 8 人制方式。为了建立适合日本的足球风格，他们建立了国家训练中心，大力培养优秀的教练。截至 2015 年日本拥有职业级教练 500 人、A 级教练 1500 人、B 级教练 4263 人、C 级教练 28305 人、D 级教练 42383 人。如此强大的教练团队为日本足球的发展提供了保障。

日本足球协会为了实现世界前 10 强的目标，始终以培养积极态度面对任何事情、充满自信顽强拼搏的人为宗旨，制订足球教育计划。例如每月 1 次的逻辑沟通技巧讲座，文章改写、分析、解释及批评技术，说明、描写、报告技术，归纳技术，论证技术，问答讨论技术，绘画技术，批判性思维等；又如，每月各 1 次的男、女礼仪研讨会包含：餐饮礼仪、公共场所礼仪、措辞、聚会礼仪、接打电话礼仪、访问礼仪、谢意表达礼仪等；还比如劳动教育等。

三、国外青少年足球发展对我国的启示

中国球队在对比赛原则的理解、比赛四个时刻的表现、在结构下进行比赛的能力、保持三条线的距离、完成射门后在球门区内人数、球员位置等方面做得还不够好，与

世界的要求还有较大的差距。他山之石可以攻玉，通过对英格兰、捷克、西班牙、法国、日本等国家或地区的青少年足球训练理念进行分析，有如下几点启示。

1. 重视科学化足球训练的黄金年龄。8 到 14 岁是足球运动员成长的黄金年龄，这个时期孩子的神经系统发育是最快的，12 岁的时候已接近于成年人，所以有学者认为在 12 岁之前，尽量学完所有的技术。

2. 重视正确足球技能学习。在青少年足球教学中，不够细化和准确的足球知识，甚至是错误的技术动作，会影响青少年球员未来成长。尤其在小学阶段，这是养成好的行为习惯的关键期，所以小学生应该掌握正确的足球技术动作，注重细节。

3. 重视青少年球员训练的系统性。

4. 更加重视球员的全面发展。

5. 认识到青少年球员的培养是多方面的，需要各学科的融入。

6. 重视公平竞赛和对青少年球员成长的重要性。

7. 教练需具备完备的知识体系。

（成都体育学院）

法国青少年足球对中国足球发展的借鉴

吴　宏

法国青少年足球以全面提高比赛能力、提高球员球商为主导思想，以球员为核心，以贴近比赛的情景训练为主要方法，以启发式、探索式教学为手段，让每名球员更加热衷于自己参与的运动，以此培养出各具特色的学生球员。以下是我留学法国期间对法国足球的真实感悟和对中国足球青训发展的建议。

一、法国足球特点

（一）完善、健全的法国足球人才培养体系

法国拥有17级全国联赛，法甲、法乙、法丙为职业联赛，其他为业余联赛，每个地区都有不同水平队伍可以参加的联赛。每个省都有从U6到U19各年龄段各级别的比赛，每周1~2场。联赛不只给精英球员比赛的机会，每个喜欢踢球的孩子都有机会参加正规的比赛。比如，一个俱乐部的U11梯队可能有4个水平队伍，在地区或省一级联赛中，他们都有相应级别的比赛可以参加。学生一旦被选入俱乐部，每年学费不超过120欧元，这些钱一般用于购买保险或者服装。职业或者业余足球俱乐部的青少年训练中心均为非营利组织，由政府提供场地、基础设施，由政府和企业为各俱乐部运营提供资金，包括俱乐部工作人员和教练薪金等。每个地区、小镇、村庄几乎都有自己的足球俱乐部，且大部分都有从U7到U19再到成人队的队伍。每个梯队都有3~4个水平队。每个俱乐部有400~700名球员。如鲁昂，就有多个足球俱乐部，其中鲁昂俱乐部和魁维利俱乐部是诺曼底大区的两个非常重要的俱乐部，还有很多小俱乐部。法国有完善而开放的教练证书考取的途径和机会，每个希望成为足球教练的人都可以接受专业的培训和考试，合格者都能拿到相应级别的证书，这些证书会限定他们的执教级别。

说到培养体系，不得不说青少年足球运动员是如何处理学习和训练的关系的。在

法国以及其他欧美发达国家，运动员都是学习和踢球共同发展的。这些国家几乎都有着同样的理念，就是在成为一名优秀的球员前，你必须是一个人格完整的合格公民。不论是否有足球天赋，球员们都必须接受学校教育。在法国，没有中国式的“三集中”——集中训练、集中生活、集中学习。他们认为，脱离家庭教育和学校教育的足球是无根的，是不会长久的。法国的青少年一直都是在学校里学习、生活，只是下午训练时来到俱乐部，接受足球培训。90%的学生球员在成为职业球员前都是正常地接受学校教育的，而大部分预备队和职业球员为了自己更好地发展，都会坚持边踢球边读书，而大学不会给他们特殊照顾。

不难看出，法国足球拥有完善的体系和制度，各部门通力合作，共同为青少年和专业球员搭建平台，努力为球员提供最好的环境和学习机会，让他们接受正常的教育，健康成长。

（二）俱乐部主导青少年足球

在法国，青少年足球发展和人才培养主要靠地区各个俱乐部，足球协会、政府、学校和企业配合，共同为俱乐部开展训练提供软、硬件等条件。学校会推荐学生去俱乐部，甚至很多学校与邻近俱乐部合作，开设特色足球训练课，俱乐部负责授课或者提供训练帮助。之所以选择以俱乐部为主导，是因为俱乐部拥有更专业的师资、更好的场地设施、更浓郁的运动文化氛围和更加细分的梯队，这些都是学校无法比拟的。法国的很多小俱乐部都已经有 100 多年的历史。

而且更重要的是，法国对俱乐部和教练有着严苛的管理规定和评估制度。比如，足球协会采用培训、指导和评估共同控制的方式。首先，所有的教练都需要持证上岗，即典型的宽进严出。其次，每个地区都会有足球主管，他们负责本地区的教练管理和再培训。再次，每年足球协会都会对各俱乐部教练的执教能力和规范程度以及球员的感受进行评估。评分的级别决定了之后对其投入的力度和权限。当然，每周六日足球协会都会安排各俱乐部各年龄段、水平段的比赛（学校校队比赛要给俱乐部让路），除了用于选拔人才，还可用于检验训练效果。教练会结合足球协会规定的训练大纲和每周比赛中暴露的问题进行下一周的主题设计和有针对性的训练。这种完善的青少年足球训练体系使得每名教练按照正确的方式方法进行教学和训练，从而提高了整个法国青少年足球训练的质量。

（三）把球员当作训练的主体

在法国，足球训练真正地做到始终把球员当作训练的主体，非常注重互动和交流，这与欧洲的学校教育理念是一致的。教练总会营造愉悦的训练氛围，让球员更喜欢足球运动。他们会通过合理设计主题，适时适度地纠正和指导，来帮助球员更好地获取比赛中的信息；通过提问的方法让球员去开动脑筋，积极思考，主动交流，从而不断发展进步。这种方式明显好于死板教条的技战术学习，毕竟足球场面是复杂而不可复制的，球员只有具有较强的阅读比赛、适应不同状况的能力，才能在比赛中发挥更大的作用，为提高球队的整体水平贡献力量。

法国不单纯地依靠成绩来评估青少年俱乐部或者学校，他们更加注重青少年在俱乐部的体验，希望球员感受到乐趣和挑战。他们为球员提供最有效的训练方法，让每名球员刻苦训练。他们要求每名教练保持好的形象和充沛的精力，成为球员的榜样，帮助球员学习和成长。正是多方面的共同作用，才造就了现在的法国足球，才培养出了各具特点、思维敏捷、善于交流和团队作战的球员。

（四）科学实用的教学方法

法国青少年足球训练常用的教学方法有三种，其中蕴含着他们独有的教学和训练理念。他们会在不同的训练形式和内容中采用不同的教学方法，而不同的教学方法所运用的纠正方法和指导程度也是不一样的。PMAA 法又称探索教学法，多用于训练中的比赛环节，在这个环节中教练很少进行直接的纠正，很少打断比赛，主要是让球员暴露问题，并由他们自己想办法解决，这样可以激发球员的好奇心和提升思维能力。PMDT 法又称为引导教学法，这种方法多用于情景训练中，教练的纠正方法也不是直接的，而是先让球队停下来，教练提出问题，看看球员们怎么说，有没有解决方案。如果球员没有好的方法，教练再提出建议，引导球员去尝试。这样的方式可以很好地启发球员思考和理解技战术的基本原则和方法。PME 法，属于执行性的示范教学法，多用于无对抗的技术动作练习和固定套路的战术练习。球员的错误通过示范和语言直接进行纠正，这样不仅可以起到稳定和强化的作用，也可以节约时间。不难看出，纠正方法的运用是根据球员年龄段、教学内容和目标而定的，不可千篇一律。

（五）教练的榜样作用

教练很敬业，无论天气如何，每堂训练课前，都会花 20~30 分钟为训练做好前期准备，以保障训练安全、有序、高效地进行。首先是器材准备，一般来说，要保证每人 1 球，准备 3 种颜色的分队衫、标志桶、标志碟、标志杆、训练圈。其次是布置场地，教练会根据球员的年龄段、内容的难易程度及教学目标确定场地的大小，会根据实际需要随时调整器材之间的距离、组与组之间的距离等。教练总是很耐心和专注，每名教练的身材都非常好。教练的形象对球员的影响很大，每名球员就像一面镜子，反映的是教练的言谈举止、修养和价值观。

二、法国青少年足球训练课课程规划

法国青少年足球训练课的课程规划非常科学和实用，从 U7 到职业队，他们都采用同样的课程规划，但在教法和组织形式上会因年龄和认知水平有所区别。法国青少年足球训练课的课程规划由 6 部分组成，即准备工作、课程的介绍、课程的组织、纠正、训练的调整以及总结。

（一）准备工作

课前，教练需要花至少 20 分钟为训练做好前期准备，保证训练安全有序进行。首先是布置场地，准备足够的分队衫。其次是让球员提前穿上分队衫，便于提高效率。然后让球员走到第一个练习场地做好准备，并把需要用的球都集中在教练的身边。图 1 是一个身体机能训练的场地布置，每件器材摆放的位置、顺序对提高练习效果都很重要。同时，整齐的器材摆放有助于使球员产生信任感，提升其参与练习的热情。

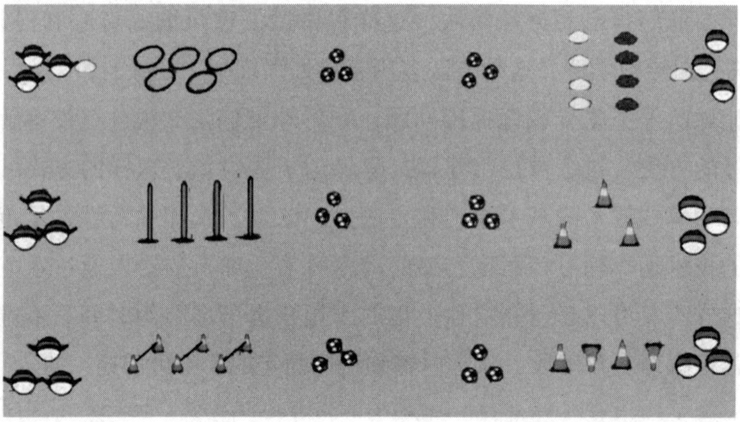

图 1　身体机能训练的场地布置

（二）课程的介绍

课程的介绍分为两个部分，本次课的介绍以及每个练习的具体介绍。比如第一部分，本节课的主题是打破防守射门，更具体的目标是通过人数优势（以多打少）来破坏对方的防守平衡，通过传球和突破找到射门的机会。第二部分是对每个练习或比赛的介绍，图 2 是一个以多打少的情景训练，教练可按照如下方式进行课程介绍：①清楚地介绍这个情景训练的目的——通过以多打少打破防守，实现射门得分。②介绍训练的场地是如何布置的，标志碟和栏架的作用。③介绍得分的方式，一组球员进攻，一组球员防守，每次 2 名进攻球员和 1 名防守球员，进攻方想办法突破防线，把球踢入 6 个栏架中的任何 1 个。④介绍对球员的限制，如时间、空间、脚数等。因为这个练习的重点是进攻，所以对防守进行了限制，防守球员只能在中间区域拦截，不能离开。这样，进攻球员就有足够的时间调整好球，并有时间思考，一旦突破中间的防线，便可以安全起脚射门。这种方法有利于进攻，尤其适合低年龄段的孩子。当然，这个练习要求必须用脚内侧射门的方法，也强调射门的准确性和规范性。⑤找 3 名球员一起演示，2 人进攻，1 人防守，演示 2 遍。⑥问球员是否已了解这个方法，让球员复述指示，以确保他们已经理解。

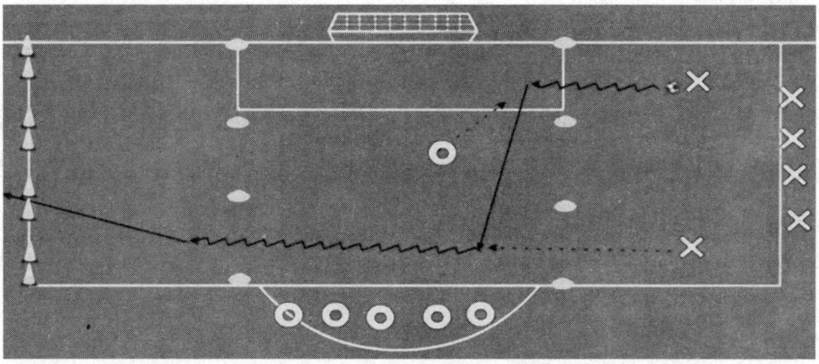

图 2　以多打少的情景训练

（三）课程的组织

课程的组织是一节课的重要环节，它主要由 3 个方面组成。

1. 指示的执行。教练不要急于去纠正球员的问题，而是先要观察，确认球员是否遵从指示。如果他们没有理解，需要问谁知道问题在哪、如何调整。比如，图 3 所示的练习是一个关于两人进攻并射门（设有守门员）的练习，要求球员带过中间球门后传球，并且直接射门，不能调整。练习中，教练可能会发现球员没有进入中间球门就传球，或停球后射门。此时，教练不要马上叫停，先让球员练习，球员可能会自我修正或者相互提醒。如果球员还做不到，教练再叫停，问大家有什么问题、应该如何修正。

2. 管理分数。对于 U16 以下的球员，情景训练一般采用有得分的方式，教练要经常报出比赛得分情况，来激励球员投入比赛。在图 3 所示练习中，球员很可能在接到球后无法形成射门或者踢入球门，因为他们没有目标，也没有竞争，注意力不会很集中。此时可以让两队进行比赛，看6次射门中哪队射中次数更多，或10次射门中哪队进球数多。竞争中可以加入惩罚措施，比如输球的一队球员做5个深蹲跳。此时大家就会更加积极和投入，训练气氛也会被带动起来。

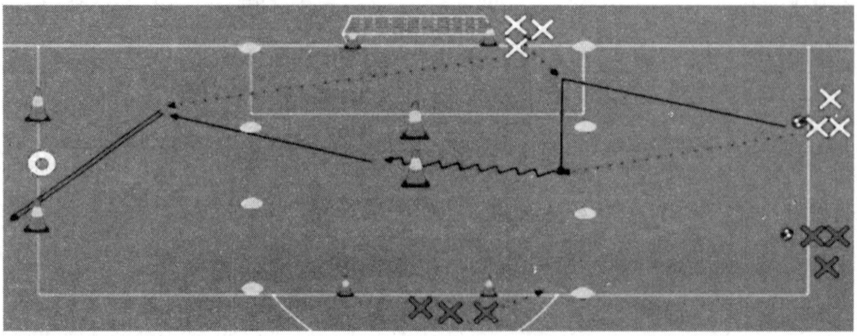

图3　两人配合攻门练习

3. 赞扬球员。球员表现好时要赞扬他们，尤其是当他们的表现符合本次课的目标时，这样会激励更多的球员积极地参与和自我纠正。在法国的青少年足球训练中，教练几乎不会对球员的技术表现或能力进行批评和指责，只会进行鼓励和赞扬。这对球员来说是一种强大的动力，让他们更加自信和积极。

（四）纠正

关于纠正，法国青少年足球训练有着自己的理念，他们会在不同的训练形式中采用不同的教学方法，而不同的教学方法所运用的纠正程度和形式是不一样的。采用PMAA法时，教练很少进行直接的纠正；采用PMDT法时，教练的纠正方法是引导、启发；采用PME法时，教练直接通过示范和语言进行纠正。所以纠正的运用是要根据教学内容和目标而定的，切忌千篇一律。

（五）训练的调整

这个环节是一节课教学质量控制的关键环节，也是法国青少年足球训练运用非常多的手段。不论是练习、情景训练还是有限制条件的比赛，都需要降低或提高难度以适应球员的能力，让球员能够成功，并感受到挑战。降低难度有多种方法，比如练习进攻时，扩大场地、增加进攻人数、增加接应点、限制防守活动区域、减少防守人数等。提高难度可采用缩小场地、限制进攻球员触球次数、规定时间内要通过半场、只能向前传球、增加防守人数、限制进攻活动区域及支援前场的人数等方法。图4是一个限制性的比赛，目的是锻炼进攻方利用边路打破防守创造射门机会的能力。这是场 3 对 3 比赛，每队外面都有 4 个接应。当比赛进行几分钟后，教练若发现球员可以轻而易举地得分，接下来就需要提高难度。比如，要求后场球员 3 脚内出球，且要 3 次内传球过半场，这就需要进攻球员更快地推进，边路球员更积极地选位接应。如果在此难度下进攻仍然保持高进球率，可再提升难度。如限制场内和场外 2 脚出球，球员需要更合理地接球和传球，无球球员要积极地接应和呼应。如果还需提高难度，可增加双方进攻人数，采用 4 对 4+4+4 的方式。教练不能盲目提高难度，需要看球员们的反应，如果一段时间内攻防转换太多，射门得分很少，就说明练习难了，需要降低难度。总之，要让球员在比赛中体验成功，收获信心。

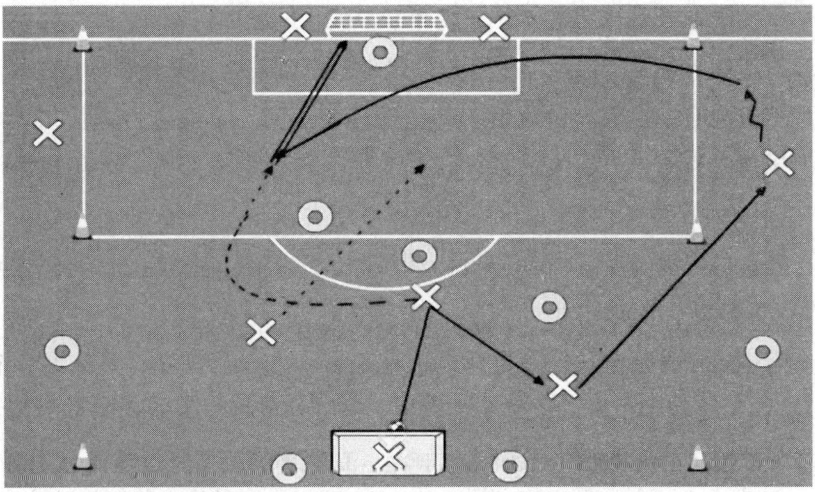

图 4　限制性比赛

（六）总结

这个环节往往被我们忽视，而法国青少年足球训练非常重视课后的总结。在一堂青少年足球训练课后，教练会围绕主题进行总结。教练首先会问今天学习了什么主题，对每项练习、情景训练或比赛进行回顾，回顾为达到主题的目的我们做了些什么、做得怎么样、有什么改进之处，之后让球员们进行自我评价。例如，U9 队伍若实施以控球推进为主题的训练，具体内容是摆脱防守，那么球员一定会被问到如何摆脱防守，站在什么位置接应等问题。球员就一定要记住，摆脱防守要运用假动作，要加速往回或向前跑动，要尽量站在防守者看得见球但看不见人的位置，以增加防守的难度，等等。这种回顾和总结对球员来说是非常重要的，他们一旦记住这些，下一次训练中会表现得更好。

三、中国足球应如何借鉴法国足球

在法国，学校和俱乐部是共同协作、互补共进的。学校只做基础的培养，专业培养由各俱乐部承担。训练和学习的时间不冲突，学生在放学后或者学校和俱乐部合作的训练课上训练。学校会派车把学生送到俱乐部上课，下课后再接回学校或者就地由家长接走，确保了学习、踢球两不误。

法国青少年足球俱乐部是校园足球的一个有力补充，既可以让学生接受正常教育，又可以让学生接受专业足球训练和参加竞赛。中国足球该如何做呢？

地方政府应该为青少年足球俱乐部提供场地及基础设施，并提供相应的资金支持。

地方足球协会应该规范和监督俱乐部的管理与运营，定期进行评估，设立退出机制，并对俱乐部的教练和工作人员进行相关培训，确保俱乐部为青少年提供的训练是科学的。

政府、教育部门以及足球协会应该协调统一，统筹安排相应的比赛，相互协作与支撑，共同发展青少年足球事业。

构建金字塔式培养结构。校园足球应该是基石，是普及教育（足球课）和专项教育（校足球队），足球俱乐部应该是精英教育。部分球员将成为职业球员的后备军。这样的金字塔式培养才有可能帮助中国足球崛起，在正确的路上坚持才能看到曙光。

（北京四中）

德国足球人才的培养体系

韩 博 王长权

一、德国足球人才的培养目标

德国足球人才的培养目标主要包括以下几项：(1) 引领国际足球训练和比赛的发展趋势，在世界杯、欧洲杯、奥运会等国际足球大赛中保持顶尖位置；(2) 在同欧洲其他联赛的比较中，保证德国足球甲级联赛的高质量；(3) 俱乐部国际比赛中取得成功；(4) 培养世界级的球员；(5) 在国际足球联合会、欧洲足球协会联盟等国际体育组织中有足够数量的代表。

二、德国足球人才的培养方针

德国足球人才的培养目标在于系统地开发每名球员的潜力。为了能够长期地保持在国际足坛的领先地位，德国足球人才培养从幼儿抓起，通过趣味性的运动来一步一步地发掘孩子的潜能。因此，在儿童和青少年球员的培养过程中，一时的竞技能力不是决定性的，球员潜在的和继续发展的可能性和空间才是更值得关注的。

(一) 人格培养

体育技能的发展必须融入人格培养。比如，责任感、主观能动性、自信心、自我批评意识、应对逆境的强大心理素质、公平的竞赛意识和团队合作意识。

(二) 个性化培养

球员是培养的核心。让每名儿童和青少年球员在培养过程中都得到全面的发展是最重要的。这虽然在一定程度上弱化了团队的整体性，但是有利于培养出符合球员年龄特点的、出色的、有创造力的个体球员。

个性化的培养过程意味着：(1) 教练密切地关注每名球员的个人情况；(2) 不仅要在训练场上给每名球员指导，在训练场外也一样；(3) 定期详细地分析球员当前的竞技水平；(4) 制订全面的、个性化的训练内容和计划；(5) 根据个体球员的情况合理地提高训练负荷。

(三) 系统培养

训练球员使其在足球比赛中有出色的表现，这是一个复杂的过程。但是这个复杂的过程是能够通过对训练进行系统的计划、实践和评估来掌控的。长期系统的训练要考虑的因素：(1) 全面的协调性训练；(2) 科学合理的竞技能力发展顺序；(3) 以世界顶尖水平作为标准；(4) 挖掘球员的潜力；(5) 有针对性地沟通交流；(6) 教练和球员的耐心、时间、激情和相互认同。

三、德国足球人才的培养体系

如何让我国的年轻球员实现目标，最终成为顶尖的足球运动员？如何让他们拥有未来世界顶级球员的能力？德国国家队的成绩一直在全世界处于领先地位，德国青少年球员的培养体系也较为完善和成熟，所以德国足球协会的培养理念和训练安排（见表1），值得我们借鉴。

完整的培养过程为提高球员的质量和水平，最终成为世界顶级球员的目标提供了保障。

伟大的足球理想需要分成可以实现的小目标。对儿童青少年球员来说，在未来成为伟大球员的理想和期望是很遥远的，因此必须把这个理想分成阶段性的小目标，然后对他们进行系统、长期、一步一个脚印地培养。另外，这些阶段性的目标必须符合各个年龄段儿童青少年的能力水平和愿望。足球学习的目标只有与足球运动员的兴趣和身心潜能相协调，才能确保最佳的学习效果。

青少年球员从初学者成长为顶级球员的过程需要不同单位和机构的参与。德国的足球俱乐部、地区足协和学校根据球员的年龄、所在地区、水平等情况进行合理的分工，共同培养球员。在这个过程中，青训体系（见表2）的建立使得每名球员都能在相应的培养机构中参与足球运动，得到成长和发展。

表 1 德国各年龄段训练安排

年龄段	训练主题	主要训练内容
30 岁以上	7 在高水平比赛中保持竞技能力	■ 成为球队的榜样（场上和场下） ■ 巩固专项体能
21~29 岁	6 在高水平比赛中展现完美的竞技能力	■ 服务于比赛风格和整体战术的多样性和稳定性
17~20 岁	5 为高水平比赛做准备	■ 强化个人训练 ■ 优化基本技术、比赛风格和整体战术
15~18 岁	4 巩固	■ 以竞技表现和培养足球乐趣为目标 ■ 完善战术
11~14 岁	3 学习	■ 系统地训练基本技术和基础战术 ■ 培养比赛的乐趣和创造性
7~10 岁	2 踢	■ 通过小场地足球比赛学习足球 ■ 激发运动的动机
3~6 岁	1 身体活动	■ 通过多样的运动方式促进全面发展 ■ 玩足球很开心

表 2 德国足球青训体系

<table>
<tr><th>年龄段</th><th>培养方式</th><th>培养机构</th></tr>
<tr><td>30 岁以上</td><td rowspan="2">4 顶级球员</td><td rowspan="2">■ 国家队
■ 国际足球职业联赛
■ 德甲联赛</td></tr>
<tr><td>21~29 岁</td></tr>
<tr><td>17~20 岁</td><td>3 精英培养</td><td rowspan="2">■ 国少队、国青队
■ 定点俱乐部
■ 精英足球学校</td></tr>
<tr><td>15~18 岁</td><td>3 精英培养
2 专业培养</td></tr>
<tr><td>11~14 岁</td><td>2 专业培养</td><td>■ 精英足球学校 ■ 天才培养项目部
■ 青训中心 ■ 定点俱乐部</td></tr>
<tr><td>7~10 岁</td><td rowspan="2">1 基础培养</td><td rowspan="2">■ 业余俱乐部
■ 学校</td></tr>
<tr><td>3~6 岁</td></tr>
</table>

下面重点介绍德国足球培养体系中的基础培养和专业培养。

（一）基础培养

德国把校园足球的学习内容安排在基础培养阶段，该阶段主要针对7到10岁的儿童。3到6岁也属于基础培养阶段，培养是在幼儿园进行的。

基础培养阶段的学习重点如下。（见图1）

（1）积累运动经验，例如学习跑步、跳跃。利用体育馆的器材完成基本的运动。利用滚动的和有弹性的球类，进行多样的球类运动，开展小型的球类游戏。

（2）在游戏中学习足球。开展简单的、有激励性的、用脚接触球的运动，比如运球绕过各种障碍物，把静止的或慢慢移动的足球射向目标，进行小型的足球比赛。

（3）体验足球。制定多样的比赛规则，比如进球得分、阻止对方进球得分等。利用场馆中的长凳、体操垫等器材设立球门。在整个场馆内进行足球比赛或者把场馆分成几个部分进行比赛。

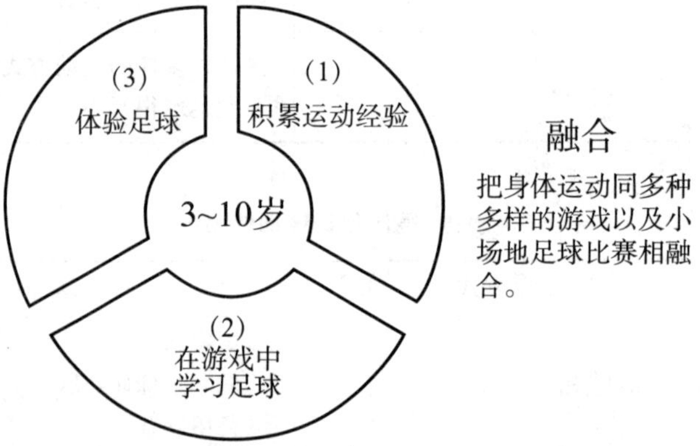

图1　基础培养阶段的学习重点

德国儿童足球的“10条黄金法则”包括：（1）在运动中得到乐趣和快乐；（2）注意使用简单的规则、轻的球、小场地；（3）安排游戏性质的内容；（4）分小组进行；（5）每个孩子都有一个球；（6）比赛时间不宜长；（7）简单解释、示范练习和游戏；（8）让孩子们尽可能多次触球；（9）多种多样的运动形式；（10）让孩子们尝试比赛中的所有位置。

（二）专业培养

只有稳定地提高和强化球员的技战术，才能保证比赛和训练的质量，把年轻球员培养成为世界顶级的球员。要尽可能地利用所有的资源和机会，使最有天赋的球员得到最好的培养，同时，确保他们接受良好的学业和职业教育。德国的精英足球学校创建了一个良好的培养方式，保证足球训练与学业协调发展。

1. 德国精英足球学校的培养目标和教育原则

德国精英足球学校将体育和教育的整体目标与理念结合起来，为青少年的人格塑造提供积极的推动力。精英足球学校的体育目标体现出总体的教育理念，在培养球员足球运动技能的同时，提升他们的社交能力、学业水平和谋生的职业技能。精英足球学校的目标是培养人才，使球员拥有健全的人格，让他们在足球场上和足球场外都能证明自己。

精英足球学校遵循全面发展的教育原则：（1）人格培养是核心；（2）要求青少年不断提高个人能力，能够胜任未来的工作需要；（3）在最大程度上提高青少年的足球竞技水平，同时保证学业成绩或者职业技能的学习；（4）传达团队精神以及公平、开放、尊重、宽容等积极的价值观；（5）在足球场上和场下，都追求卓越；（6）积极让青少年参与到所有的发展进程中，发挥他们的主观能动性。

2. 德国精英足球学校的入学标准

精英足球学校具有明确的竞技体育培养方向。学生入学前严格的筛选过程，就体现了这一特征。学校制定了较高的入学标准以及一整套训练、教学和人格培养计划，从一开始就对球员进行严格的挑选，选出最有天赋的足球人才，去进行精心的培养。

3. 德国精英足球学校的时间安排

精英足球学校要使每一个足球人才都有有针对性的和系统的训练安排。（见表 3）专门安排的晨间训练是对这些未来之星的补充和拓展训练，其他持续的、有针对性的细节训练，都能促进他们竞技能力的提高。

表 3 精英足球学校时间表

<table>
<tr><th></th><th>周一</th><th>周二</th><th>周三</th><th>周四</th><th>周五</th><th>周末</th></tr>
<tr><td rowspan="2">上午</td><td>在学校训练</td><td rowspan="2">上课</td><td>在学校训练</td><td rowspan="2">上课</td><td>在学校训练</td><td rowspan="4">根据个人的训练和比赛时间安排</td></tr>
<tr><td>上课</td><td>上课</td><td>上课</td></tr>
<tr><td rowspan="2">下午</td><td colspan="5">上课或者完成作业</td></tr>
<tr><td colspan="5">在俱乐部训练</td></tr>
</table>

4. 多方合作的人才培养环境

俱乐部、足协和学校互相合作，共同做好足球人才的学业教育和足球训练。顶尖的足球人才需要长期地保持学业和训练的平衡，尽管每天都有高强度的训练，但是他们愿意努力学习，以达到学校对学业的高要求。在学校、俱乐部、青训中心、地方足协的相互协作和地区代表队的统筹安排下，球员能够获得发展和成长机会。

四、德国足球人才的培养体系对我国校园足球发展的启示

（一）学校、地方足协和俱乐部互相合作

足球运动员培养具有长期性、复杂性和系统性，因此成长中的方方面面都要得到保障和支持。若想培养高水平足球运动员，从儿童接触足球开始，就要使他们接受良好的教育和获得全面的发展，同时需要专业教练的训练指导，参加高质量的比赛。每一个环节都离不开学校、足球协会和俱乐部的配合。足球协会的专业知识和高水平的赛事，俱乐部专业教练的指导，学校教育对运动员人格发展的促进，都是足球运动员竞技能力提高的保障。只有三个部门密切配合，才能使高水平足球运动员的培养成为可能。任何一个方面的缺失都将使高水平足球运动员的培养遭遇阻碍和瓶颈。学校可以通过同俱乐部合作，来补充校园足球的师资力量。另外，国家也应该给予更多的政策支持。

（二）教学和训练比例动态变化

针对不同年龄的球员，学校在开展足球教学和训练时，应该在动态的变化之中进行把握。小学低年段，原则上应该以基本动作技能的教学为主，让儿童通过多样的身体活动获得全面发展，对各种球有所认知，体验各种运动，对体育和足球产生兴趣。在小学高年段，教学的内容向足球专项技能过渡，训练的比重应该增加，让学生运动员扎实地掌握基本的专项技能。初中阶段要进一步提高训练的比重，使教学和训练比例均等，在训练中巩固专项技能，并教授个人和小组的战术知识。在高中阶段，训练的占比继续提升，应超过教学的占比，在训练和比赛中全面提高球员的竞技能力，教授整体的战术知识，让个人能力为整体服务。大学阶段，以训练为主，进一步完善专项技术，提升专项体能，提高竞技能力，为比赛战术的多样性服务，提高运动表现的稳定性。

（三）支持精英运动员的全面发展

精英运动员是稀缺的，在做好普及工作的基础上，需要选拔出顶尖的运动员进行重点培养。德国的精英足球学校是个很好的例子，使精英运动员的潜能得到充分的发挥。不同于我国的足球学校，只注重训练而轻视文化课教育，德国的精英足球学校是普通的学校为运动员提供教育。精英足球学校只是针对运动员的训练和比赛安排进行一些具体的调整，而不是让这些运动员脱离正常的学校教育。顶级俱乐部和精英中心负责运动员的足球专项训练，为精英运动员提供最大程度的训练保障和最好的发展平台，为培养出顶级的足球运动员奠定了基础。精英运动员是每个年龄段运动员中的佼佼者，相当于职业俱乐部的第一梯队队员或者省级的代表队队员。我们的学校也应该在有条件的情况下，为有天赋的学生运动员的训练和比赛提供最大的支持和保障，比如补课辅导、调整考试时间等，帮助学生运动员应对训练和学业的挑战。

（北京师范大学）

第六章

校园足球的发展经验与典型案例

广东省校园足球特色治理体系创建

庄 弼 李 华

校园足球是中国足球改革举措中的重要组成部分，是中国足球事业发展的基础性工程，是足球事业发展的基石。青少年校园足球，不仅可以提高青少年体质健康水平，更是增强青少年爱国主义、集体主义和顽强拼搏精神的重要载体和途径。

2015 年以来，在广东省委省政府的统一谋划和部署下，广东省青少年校园足球工作秉承“教学是基础、竞赛是关键、体制机制是保障、育人是根本”的发展理念，通过 5 年努力，基本建立了一整套校园足球制度体系，构建了从幼儿园到大学的一体化推进机制，积累了较为丰富的校园足球治理经验，初步形成了具有广东省特色的校园足球治理体系。

一、建立领导体系

2015 年 6 月，省教育厅牵头成立广东省青少年校园足球工作领导小组，该小组由教育厅厅长担任领导小组组长，教育厅、体育局分管负责领导担任副组长，教育厅、国家发展和改革委员会、财政厅、广播电视局、体育局、团省委等部门各安排相关负责领导担任成员，形成了齐抓共管的运行机制和校园足球联席会议制度，统筹协调全省青少年校园足球发展。至 2019 年底，广东省各市、区（县）成立了由教育局局长乃至分管市领导或区（县）领导担任组长的校园足球工作领导小组，各级各类校园足球特色学校成立了由校长担任组长的领导小组。各参与部门职责清晰，分工明确，形成了相互配合、齐抓共管的协同机制。在省青少年校园足球工作领导小组的领导下，各级校足办切实发挥“统筹兼顾之谋，组织实施之能”，差异施策，这对推进全省校园足球整体发展发挥了积极的作用。

二、构建发展体系

截至 2019 年 12 月，广东省建设各级各类校园足球特色学校 5029 所，占全省中小学校总数的 32%。其中，全国校园足球特色学校 1540 所、省级校园足球推广学校 2696 所、市级校园足球特色学校 793 所。现有广州、深圳、梅州等 3 个全国校园足球改革试验区；广州市海珠区、广州市天河区、深圳市福田区、中山市、梅州市梅江区、惠州市龙门县等 6 个全国校园足球试点区（县）；梅州市和深圳市宝安区、罗湖区等 3 个全国校园足球“满天星”训练营；41 个省级校园足球试点区（县）。此外，中山大学、华南理工大学、华南农业大学、广东工业大学、广州大学、深圳大学、韩山师范学院等 7 所学校为足球项目高水平运动队建设学校。

5 年来，广东省认真贯彻落实全国青少年校园足球工作领导小组和全国校足办文件精神，充分结合广东实际，锐意开拓广东实践，通过科学布局、分层实施、有序推进，已全面建立了“全国改革试验区 + 全国‘满天星’训练营 + 全国特色学校 + 省级推广校 + 两级试点区（县）+ 足球高水平运动队高校”六位一体的校园足球整体推进格局，并取得显著成果。

三、完善教学体系

（一）开好足球课

根据全国校园足球特色学校和省级校园足球推广学校的建设标准，广东省所有校园足球特色学校和推广校坚持每周开设 1 节足球课，各地学校在认真贯彻落实教育部制定的《全国青少年校园足球教学指南（试行）》和《学生足球运动技能等级评定标准（试行）》等文件精神的同时，以每周 1 节足球课为基础，以足球大课间活动为辅助，提高学生对足球的兴趣，不断扩大普及面，至 2019 年，全省共有 400 多万中小学生接受了比较系统的不同层次的足球专项学习。省教育研究院组织编写了从幼儿园至高中的《广东省基础教育校园足球教学指导用书》，省教育研究院、广州市教育科学研究院、东莞市教育局教研室等单位组织编写了《南粤校园足球》《校园足球》等教学用书，梅州市教育局组织一线体育教师编写梅州市校园足球地方教材。

（二）强化师资队伍建设

为解决足球师资短缺难题，广东省采取请进来与内部挖潜相结合的策略，加强校园足球教师队伍建设。“请进来”主要是通过招录、兼职、转岗或聘请足球顾问、购买教练服务等方式，吸收高等院校足球专项毕业生和退役高水平运动员到中小学校从事足球教学、训练工作。5 年来，广东省各级学校外聘足球教师、教练 2526 人，足球精英指导员 1221 人。通过其他渠道落实的足球教师 2317 人，新增足球专项教师 3000 余人。到 2019 年底，全省各级校园足球特色学校共有足球专业体育教师 8713 人，超额完成了《广东省关于推进青少年校园足球发展的实施意见》中提出的校园足球特色学校每校至少有 1 名足球专项教师的目标。“内部挖潜”主要是以组织培训的方式充实校园足球师资力量，面向非足球专项的专、兼职体育教师，以“能上课、能带队”为目标开展普适性培训；面向足球专项体育教师，以“上好课、带好队”为目标开展专项培训。经过层层培训和四级联赛锤炼，涌现出一批高素质、高水平的教练、裁判员，基本满足校园足球教学和训练要求。

（三）提高教学质量

为提高各地校园足球教学质量，5 年来，广东省教育研究院在全省组织了 62 场次校园足球送教下基层及宣讲活动，为各地提供示范课并进行校园足球发展、教学理念的宣讲，参加活动的体育教师达 2 万多人，活动受益学生超过 200 万人，有效提高了省内不同区域对校园足球的认识水平，提升了校园足球课堂教学效率和质量，为不同区域间校园足球科学、均衡发展奠定了基础。

四、创建竞赛体系

（一）建立四级联赛制度

竞赛是从普及到提高的抓手，开展面向人人的校园足球联赛是广东省发展校园足球的关键抓手和体现足球育人功能的重要载体。广泛开展校内联赛，这不仅可以帮助学生提高对足球的兴趣，有助于促进学生足球技能的掌握，有利于提高学生的规则意识，还有利于发现和培养优秀足球后备人才。学生只有通过比赛，才能把足球课学到的技战术运用到实战中，实现理论向实践的转化；才能更好地提高运动技能；才能在比赛中体会合作和团队精神；才能更好地体验体育品德；才能实现习近平总书记提出的“帮助学生在体育锻炼中享受乐趣、增强体质、健全人格、锤炼意志”的目标要求。广东省在不断完善校内班级足球联赛的基础上，已经初步形成了区（县）级小学联赛、地市级初中联赛、省级高中联赛和省级高校联赛的校园足球四级联赛体系，比赛场次从 2015 年的 46951 场增加到 2019 年的 83854 场，参赛人数也从 2015 年的 39 万多人增加到 2019 年的近 80 万人。另外，有的地区已经开始探索在幼儿园阶段开展与足球相关的活动。

（二）健全竞赛体系

经过 5 年的探索与完善，广东省在精心打造四级联赛的基础上，逐步建立了以“校内竞赛—校际联赛—选拔性竞赛—出国交流比赛”为一体的校园足球竞赛体系，校园足球比赛场次和参赛人员逐年攀升，竞赛水平也水涨船高。自 2015 年以来，参加“省长杯”“市长杯”“县长杯”“校长杯”校园足球比赛的人数近 400 万人次。各级校园足球联赛推动了学校足球队的建设，足球特色学校的足球代表队逐年增加，学校足球队的数量从 2015 年的 4760 支增加到 2019 年的 9525 支，5 年来增加了一倍，参与日常足球训练学生近 20 万人。

近年来，广东省校园足球四级联赛有效发挥了人才培养渠道作用，联赛中涌现出了一大批足球尖子，共有 1642 名学生通过校园足球竞赛活动获得国家二级或一级运动员证书。5 年来，广东省为各职业俱乐部梯队、U 系列队伍输送苗子 3000 余人，其中向各级青少年国家队输送足球人才 167 人次，5000 余名学生以足球特长生身份进入高校。2016 年以来，各有 1 人入选中国 U12、U14 和 U15 国少队；2019 年，有 4 人入选中国青少年校园足球国家集训队。

五、夯实保障体系

5 年来，广东省发展校园足球各级财政投入累计达 20 多亿元，仅省级财政就拨款 8 亿元支持全省校园足球发展。广州市的市、区两级财政 5 年拨款 21.4 亿元用于提升学校体卫艺工作水平，其中校园足球资金就达4.3亿元；深圳市市级财政投入校园足球资金1.5亿元；佛山市各级财政投入约3亿元支持校园足球工作；清远市仅2018—2019年度就拨款3700万元开展校园足球工作；珠海、中山和东莞等市的投入都不少于2500万元；汕尾市在经费困难的情况下，拨款1600万元开展校园足球活动。全省建设足球场的经费投入在全国处于领先地位，全省5年间共增加各类足球场地11025块，发展校园足球的场地条件得到极大改善。全省各级校园足球经费的大力投入，使广东省的校园足球发展得到有力保障，大大提升了全省校园足球硬件条件、体育教学质量、师资水平、竞赛水平，全面奠定了良好的发展基础，同时对促进全省学校体育工作改革发挥了积极作用。

六、打造协同发展体系

（一）建立体教融合机制

探索具有中国特色的校园足球发展道路，关键在于体教融合，完善教育部门与体育部门、足球协会和足球俱乐部的联动机制，形成校园足球与足球青训体系在教学、训练、竞赛等方面的“一体化设计、一体化推进、自成体系、互相支撑”的发展格局。广东省教育部门和体育部门协同发展，合力开辟出了一条培养优秀足球竞技人才的通道。教育部门负责校园足球统筹规划、宏观指导和综合管理，完善教学、训练、竞赛体系的建设、组织和管理工作，落实足球课程开设和足球活动时间；体育部门发挥人才和资源优势，组织体校教练及优秀退役运动员进入校园开展业余训练，为校园足球发展提供技术支撑和服务，帮助校园足球提高水平。如2019年组织两批共56名退役足球运动员到学校开展“广东省青少年校园足球精英指导员”支教活动，通过足球课、足球训练、足球游戏、足球节等，普及足球基本技能，传播足球优秀文化，培育足球后备人才，有力地促进了足球在各级各类学校的推广。据不完全统计，5年间，广东省各级体育部门共派出1300多人次到各级校园足球学校指导或带足球队训练。“省校足办”还与省足协合作举办E级教练培训班22期、D级教练培训班72期，培养校园足球教练1500余人，举办三级以上裁判员培训班109期，培养校园足球裁判员1800余人，为广东省校园足球的开展提供了强有力的支持。

（二）建立社会合作机制

广东省校园足球的快速发展得到社会各界特别是高水平俱乐部的大力支持。如近几年来富力集团每年投入 300 万元冠名中小学市级足球联赛。深圳市宝安区是广东省第一个全国青少年校园足球“满天星”训练营，宝安区校足办本着“开放包容、互鉴共赢”的思路，在体教结合的基础上，在具有 78 年历史的深圳壆岗足球俱乐部的大力支持下，将“满天星”办公室设置在俱乐部内，并与本土企业棕榈体育达成合作共建协议，通过棕榈体育引进英国西布朗足球俱乐部青训资源，包括引进外教和开展“直通西布朗”校园足球精英到西布朗足球俱乐部训练，大大提升了“满天星”训练营的工作水平。全国校足办、省校足办、梅州市教育局与富力足球俱乐部签署《协同建设梅州市青少年校园足球“满天星”训练营战略合作框架协议书》，协同推进梅州全国青少年校园足球改革试验区建设；清远市与恒大足校联合创建清远足球人才培训基地，由恒大足校派遣专业教练对清远校园足球进行重点帮扶，搭建足球特长生的无缝成长通道，构建清远校园足球高地，引领和辐射清远市中小学校发展。

七、构筑文化交流体系

“立足国情与借鉴国际经验相结合”是《中国足球改革发展总体方案》提出的我国足球发展的基本原则。学习和借鉴国外足球发展的先进经验成为广东省校园足球提高认识、转变理念、提升自我的重要手段。5 年间，通过“走出去+请进来”，不断提升广东省校园足球发展水平。5 年来，共选派 65 名校园足球教师参加教育部组织的赴英国或法国交流学习，聘请国外足球教师、教练 2526 人次到当地深入学校指导工作，并与国外足球俱乐部合作培训教师和指导学生进行足球训练。如中山市连续 4 年聘请阿根廷、巴西外教指导青训和培养教练工作；广州市选派 5 名外籍教练到农村地区和外来工子女较为集中的学校，高质量开展校园足球课余训练；梅州市聘请巴西外教深入校园指导小学生足球练习。

为全方位拓展国际交流，加快校园足球与国际接轨，广州市与欧美足球发达国家开展了多种形式的交流合作：一方面与相关国家或团体合作开展国际交流，从 2016 年开始与中国宋庆龄基金会、捷豹路虎集团合作开展校园足球项目，引进英超青训专家为广州市学校培训足球教练，并组织学生交流团赴英国训练；另一方面通过建立国际友城青少年足球交流平台开展城市之间学校足球交流活动，2017 年和 2018 年连续两年与德国、法国、以色列等国的国际友好城市成功举办青少年足球交流活动。为加强国内交流，广州市举办了“2019 年三省九市校园足球交流活动”以及“2019 年粤港澳大湾区青年足球交流赛”。深圳市为了办好全国青少年校园足球改革试验区，引进了世界著名的拜仁慕尼黑足球俱乐部青训体系，高标准建设具有深圳特色的足球特色学校。

八、搭建人才上升体系

在普及的基础上促进提高是校园足球发展的理念之一，要保持校园足球的可持续发展，必须构建一个从小学到大学的网点体系。广东省大部分地区按照高中、初中和小学 1∶3∶6 的基本比例合理匹配中小学特色学校，并适当向寄宿制学校和九年一贯制学校倾斜。各地在足球人才培养过程中创新了各具特色的成才通道。广州市在现有特色学校的基础上，与富力集团合作，对执信中学等 5 所中小学进行整合，形成“小、中、高”完整的升学、训练体系，打通了学校间对应年龄段人才升学的通道；深圳市完善小学、初中、高中足球运动员升学招生办法，全国校园足球特色学校可以根据组建学校足球队的需要，单列计划跨学区、降低分数线招收各年龄段足球特长生；梅州市出台足球特长生政策，规定初中校园足球特色学校每年招生比例不超过招生人数的 3%，高中校园足球特色学校每年按招生人数 3%～5% 的比例招收足球特长生。广东省从 2018 年开始组织省级校园足球夏令营活动。每年参加夏令营人数近 2000 人，共有 148 名小学生获得三级运动员证书，276 名初、高中学生获得二级运动员证书，另有 34 名进入全国青少年校园足球夏令营总营最佳阵容的初、高中学生获得一级运动员证书。成才通道畅通，使一批批学生顺利升入校园足球特色学校，一批国家一级、二级运动员学生顺利入读国内知名高校，吸引和带动越来越多的学校、家长支持孩子参与足球运动。

九、创新管理体系

（一）科研引领

5 年来，广东省校园足球坚持科学引领，科研与实践齐头并进，全省各市、区（县）组织教科研活动 1000 余次。特色学校在开展足球教学、训练和竞赛的同时，积极开展和参与科学研究，共参加国家级校园足球课题研究 79 项，在国家级刊物发表论文 267 篇，完成校园足球发展专著 73 部；参加省级校园足球课题研究 381 项，在省级刊物发表论文 547 篇，完成校园足球发展专著 76 部。

（二）专家指导

为提高校园足球的整体水平，每年在“省长杯”期间举行校园足球高端论坛，邀请全国足球专家、名宿、学者一起为广东校园足球“把脉问诊”、出谋献策，保障了广东校园足球的发展方向不偏、道路不歪。

2016 年 4 月，广州体育学院成立了全国首家足球学院。2019 年 6 月，为充分发挥各方面专家在开展校园足球过程中的智库和引领作用，破解校园足球困境难题，省教育厅成立了由 70 余名专业功底扎实、学术水平高、工作能力强、综合素质高的各界人士组成的首届广东省青少年校园足球专家委员会。

（三）大数据分析

为提高校园足球综合管理水平，广东省 2019 年 6 月启动广东省校园足球特色学校绩效平台建设，对所有校园足球特色学校工作开展情况进行线上评估，随时监控和指导各地学校开展校园足球工作；同年 10 月又开通了广东省校园足球数据采集平台，收集广东省各市、区（县）及各级各类学校的校园足球发展数据，逐步实现对广东省校园足球工作的全程、实时监测，数据采集平台收集的校园足球数据达 200 多万条。到 2020 年，广东省校园足球数据采集平台已具有特色学校上报、评价和数据统计功能。这两项工作的开展，对校园足球工作领导小组完善校园足球治理机制，及时了解和掌握全省校园足球开展情况，制订发展规划，提供数据参考，提出改进措施，对校园足球学校的发展起到重要作用。

十、营造环境体系

（一）培育校园文化

各级各类学校在开展足球教学训练的同时，重视校园文化建设，通过拍摄校园足球宣传片，举办主题班会、手抄报、摄影摄像展、宣传板报、嘉年华等系列足球文化活动，使越来越多的学生开始参与足球、了解足球、熟悉足球、热爱足球。到 2019 年底，广东省有 89.5%特色学校开展了校园足球文化建设。随着校园足球的不断推进，越来越多的学校把建设校园足球文化提高到学校日常工作中，不少学校每年开展 2 次校园足球文化节，校园足球文化建设成为推动校园足球持续发展的重要力量。

（二）开展广泛宣传

广东省校足办在省广电局的大力支持下，充分发挥舆论和新闻媒体的宣传作用，通过新华社、中国教育报、南方日报、广东电视台、广州电视台、广州日报等各级媒体，全方位报道广东省校园足球发展状况，营造领导重视、学校主导、学生热爱、家长支持、社会参与的校园足球文化氛围，不断提升广东省青少年校园足球的影响力。仅2019年，新华社、中新社、中国体育报、中国教育报等国家级媒体对广东省校园足球工作进行的报道就达68次；南方日报、广东电视台、广州电视台、足球报等省级媒体对校园足球相关报道共计313次；各地市媒体对校园足球相关报道达1289次。

“广东教育”“广东校园体育”微信公众号作为广东省校园足球宣传推广的主阵地，一直坚持全方位、高质量报道校园足球工作。“广东校园体育”自2019年8月开通以来，关注人数过万，累计发布新闻1000余条，拍摄图片2万余张，发布视频材料近千小时。各地市和学校也高度重视校园足球宣传工作，全省80%以上的地市建立了校园足球宣传平台，70%以上的特色学校建有自己的校园足球宣传平台。

总体来看，5年来，广东省始终把开展校园足球作为推动学校体育综合改革的抓手，把足球文化节、嘉年华、社团活动、夏令营、各级联赛等，作为立德树人的育人手段，以校园足球为载体，锤炼学生意志，健全学生人格，提高学生思想品德，促进学生德智体美劳全面发展。在一线中小学校，有95%以上的学校把学生文化课学习达到一定要求作为参加足球活动的前置条件，规定文化课不及格（中学）或良好以下（小学）均不能参加学校足球队的训练和比赛。5年来的实践经验表明，参加足球训练的学生文化课成绩不降反升。通过对全省参加校园足球训练、比赛的学生的语文、数学、英语3科平均成绩与全校学生平均成绩的对比发现超过90%参加足球训练学生的文化课成绩优于或等于全校学生的平均成绩。实践证明：只要把育人作为开展校园足球的主要目标，正确处理好学习与训练的关系，一手抓学习，一手抓训练，就可以达到预期的效果，就可以办好让社会放心、校长宽心、家长开心的校园足球。

5年来，广东省各级校园足球特色学校坚持以足球为突破口，促进了学校体育工作开展，学生在校园足球氛围的感染下，积极参加体育活动，逐步形成锻炼习惯，有效提升了学生体质健康水平。2018年广州市中小学生体质健康状况合格率、优良率较2017年均有明显上升。湛江市2016—2018年的学生体质健康综合评定结果显示，校园足球特色学校学生体质健康的优良率和达标率均高于非校园体育项目特色学校学生，特别是校园足球特色学校学生的优良率在3年中持续升高，增幅明显高于非校园体育项目特色学校，而体质健康不合格率呈逐年下降的趋势。全省校园足球特色学校上报数据表明：学生体质健康水平逐年提高，《国家学生体质健康标准》测试优良率从2015年的44%提高到2018年的50%，高于广东省中小学的平均水平。这些结果显示校园足球特色学校通过积极开展校园足球，带动学校体育工作改革，提高了学生参加体育活动的积极性，增强了学生体质，促进了学生身心健康发展。

广东校园足球文化氛围渐浓，形成了良好的发展态势，学校体育改革得到了有效推动，学生体质健康水平进一步提高，为国家输送了一批优秀足球人才，受到了各级领导和社会各界的高度认可。2018年10月，教育部体育卫生与艺术教育司王登峰司长到广东调研校园足球工作时认为，校园足球工作在广东，特别在广州和深圳确实扎下了根，大家劲头非常足，效果非常明显，可以概括为“六个好”，即管得好、教得好、赛得好、练得好、融合得好、办得好。

毋庸置疑，经过5年的努力，广东省已经初步打造成具有广东省特色的校园足球治理体系。

（广东省校园足球专家委员会）

河南省校园足球发展轨迹与推进方略

王崇喜

在校园足球的发展过程中，政府要起主导作用，校园足球政策的制定，人力物力的安排，宏观的控制与推进都需要政府去调控；学校是主体单位，校园足球工作是学校各项工作中的一个方面，需要学校统筹安排才能协调发展；教师是主力部队，校园足球的教学、训练、竞赛、宣传等工作都需要教师去具体落实，离不开教师，尤其是离不开体育教师。因此，我们需要很好地理解为什么要开展校园足球，校园足球担负着什么历史使命，推进校园足球工作应该遵循什么指导思想，应该怎样落实和创新开展校园足球的各项工作。

一、校园足球是一项国家战略行动

（一）校园足球的发端

为进一步推动我国青少年校园足球活动更广泛、深入地开展，2009 年 4 月 14 日，国家体育总局和教育部联合下发了《关于开展全国青少年校园足球活动的通知》，并于 2009 年 6 月召开全国青少年校园足球活动工作会议，正式启动了全国青少年校园足球活动计划会议。会议研究部署了开展校园足球活动的有关工作，决定在全国直辖市、省会城市及足球重点城市共 47 个城市以及 3 个试点区（县）开展校园足球活动，这可以说是校园足球的起步与发端。

（二）一次历史性的会议

2014 年 11 月 26 日，国务院召开了全国青少年校园足球工作电视电话会议，国务院副总理刘延东同志做了重要讲话，要求认真抓好青少年足球，加强学校体育工作，坚持体教结合，锐意改革创新，推进校园足球普及，促进青少年强身健体、全面发展，夯实国家足球事业人才基础，要在全国大中小学全面推进校园足球活动。会议上教育部、发改委、财政部、共青团中央、国家新闻出版广电总局以及体育总局6部委从各自负责的工作层面对如何推进校园足球活动发言，明确由教育部正式牵头负责全国校园足球工作，在全国各级各类学校广泛开展校园足球活动。这标志着校园足球活动已经由体育部门和教育部门负责的一项工作上升为国家战略行动。

（三）河南省校园足球的发展

河南省的校园足球活动起步较早，除了在国家布局的郑州市和漯河市的临颍县开展之外，2012年底河南省教育厅就决定在洛阳市、开封市、新乡市、许昌市以及郑州市金水区和洛阳市涧西区开展校园足球活动。河南省校园足球领导小组设在教育厅，统一领导全省的校园足球活动。领导小组办公室设在教育厅体育卫生艺术教育处，具体负责校园足球活动的组织与实施。组建的河南省校园足球专家指导委员会，负责推进校园足球活动的咨询指导。目前郑州市、洛阳市、新乡市被教育部命名为“全国青少年校园足球改革实验区”；郑州市金水区、新密市、洛阳市涧西区、新安县、瀍河区、漯河市临颍县、新乡市辉县市成为“全国青少年校园足球试点区（县）”；郑州市教育局及其金水区、洛阳市涧西区获得全国青少年校园足球“‘满天星’训练营”资格。截至2019年底，全省已有1937所学校成为“全国校园足球特色学校”，200所幼儿园获得“全国足球特色幼儿园”的称号。

二、校园足球的历史使命

我们推进校园足球工作，必须明确为什么要在全国范围内开展校园足球工作，其“初心”和“使命”分别是什么，怎样进行工作才不会迷失方向。1950年，毛泽东给时任教育部部长的马叙伦写信时指出：此事宜速解决，要各校注意健康第一，学习第二。1951年，毛泽东就学生健康问题再次致信马叙伦，提出健康第一，学习第二的方针。1952年，毛泽东为中华全国体育总会题词“发展体育运动，增强人民体质”。由此可见，“健康第一”的观念是毛泽东教育思想和体育思想的一个具体体现。

（一）重温毛泽东的《体育之研究》

1917年发表的《体育之研究》，据说是毛泽东在公开刊物上发表的第一篇论文。由此可见，体育在一名伟大的革命家、政治家的心目中占据着多么重要的位置。文章就体育的概念、目的、作用，以及体育与德育、智育的关系，体育锻炼的原则和方法等问题进行了详尽论述，揭示了健康体魄与文明精神的辩证关系，充分体现出“健康第一”的理念。

毛泽东认为搞好体育运动有三项原则：自觉、有恒、有趣。第一项，“坚实在于锻炼。锻炼在于自觉”。体育锻炼须主观自觉，持之以恒。而这一切必须建立在自觉的基础上，强迫是没有用的。第二项，有恒才能获得体育之功效。他在湖南第一师范学院读书时就以“若有恒何必三更眠五更起；最无益莫过一日曝十日寒”鞭策自己，体现出“凡事皆宜有恒，运动亦然”的体育思想。第三项，毛泽东把体育作为一门科学来认识，指出“凡科学皆宜引起多方之兴味，而于运动尤然。……兴味者运动之始，快乐者运动之终。兴味生于进行，快乐生于结果”。有锻炼的兴趣，才能在锻炼中获得良好的体验，才能产生快乐，从而使“运动之观念，相连而不绝……运动既久，成效大著，发生自己价值之观念。以之为学则胜任愉快，以之修德则日起有功，心中无限快乐”。把终身体育与趣味体育有机地联系起来。毛泽东不仅是体育思想的引领者，还是优秀的体育活动的践行者，在他的一生中始终坚持体育锻炼。1966 年 7 月 26 日，73 岁高龄的他还在武汉畅游长江，表现出伟大领袖的健康体魄和“不管风吹浪打，胜似闲庭信步”的革命情怀。

毛泽东认为：国家提倡体育，对个人来说，可以“养生”，可以延年益寿；以国家民族而言，可以富国强民。他还尖锐地批判当时学校体育存在的一些不良倾向，指出体育课程设置“多有形式而无实质”，体育课教学“教者发令，学者强应，身顺而心违，精神受无量之痛苦”等弊端。反思当前的学校体育工作，这些问题与弊端仍有不同程度的表现。正如有学者指出当前存在的无强度、无对抗、无冲撞，不出汗、不脏衣、不喘气、不摔跤、不擦皮、不受伤、不长跑的“三无七不”体育课，就非常值得我们深思。这样的体育课，谈何强身健体、富国强民。

（二）学习习近平总书记的体育思想

党的十八大以来，以习近平同志为核心的党中央高度重视体育工作，谋划、推动体育事业改革发展，将全民健身上升为国家战略，推动全民健身和全民健康深度融合，加快推进体育强国建设。十八大以来，据不完全统计，习近平总书记就体育工作做出的重要指示、批示达 120 多次，发表重要讲话、重要论述 20 余次，并多次接见体育工作者。

2013 年 8 月 31 日习近平总书记指出，“全民健身是全体人民增强体魄、健康生活的基础和保障，人民身体健康是全面建成小康社会的重要内涵，是每一个人成长和实现幸福生活的重要基础。”

2014年8月15日习近平总书记在看望南京青奥会的运动员时强调，少年强、青年强则中国强。少年强、青年强是多方面的，既包括思想品德、学习成绩、创新能力、动手能力，也包括身体健康、体魄强壮、体育精神。希望通过你们在这届青奥会上的精彩表现，带动全国广大青少年都积极投身体育锻炼，既把学习搞得好好的，又把身体搞得棒棒的，做到德智体美全面发展，将来成为祖国建设的栋梁之材。

2017年6月14日，习近平总书记在接见国际足联主席因凡蒂诺时提到，足球运动的真谛不仅在于竞技，更在于增强人民体质，培养人们爱国主义、集体主义、顽强拼搏的精神。我们正在培养全社会足球文化，深化足球管理体制改革，建立符合世界足球发展规律和中国国情、专业高效的组织管理体系，大力发展青少年足球，完善足球场地等基础设施，加强国际交流借鉴，通过扎扎实实的努力，久久为功，逐步提高中国足球水平，让积极向上的足球文化成为中国人民实现中国梦的正能量。

习近平总书记在2018年全国教育大会上指出，要树立健康第一的教育理念，开齐开足体育课，帮助学生在体育锻炼中享受乐趣、增强体质、健全人格、锤炼意志。大会明确提出了体育教育要帮助学生享受乐趣、增强体质、健全人格、锤炼意志“四位一体”的目标，再一次强调教育要牢固树立健康第一的指导思想，为学校体育的改革指明了方向，也是我们开展校园足球工作应遵循的理念。

（三）学习教育家对学校体育的认识

著名教育家，北京大学校长蔡元培先生的治学理念是：学校教育注重学生健全的人格，故处处要使学生自动。所谓健全的人格，内分四育，即：体育、智育、德育、美育。完全人格首在体育。

南开大学创始人张伯苓先生说：“不懂体育者，不可当校长。”“强国必先强种，强种必先强身。强我种族，体育为先，德体并进，体与育并重。”“体育发达，非身体之强健已也，且与各事均有连带之关系。读书佳者宜有健全身体，道德高者宜有健全身体。”他认为，体育运动不仅能治国人的“弱”，还能治“散”与“私”。他高度重视体育活动，亲自为学校的足球比赛开球。

著名学者钱伟长先生一生具有强烈的体育情结，自从在清华大学读书时与体育结缘，一生与体育不离不弃。在不同的人生阶段，他始终扮演着多重体育角色，既是参与体育的终身受益者，也是感悟体育真义的探索者，又是体育教育发展的推动者。他对体育的认识和理解朴实而深刻，他认为体育绝非点缀，而是国家大事。素质教育首先应当重视体育。体育的价值是促进人的全面发展，学校体育的重心在于以全体学生为本，增强学生体魄。他曾说，体育很重要。好处之一是自身健康，另外运动也可以培养人，培养人的分析能力、决策能力。运动场上情况瞬息万变，要应付环境，就要有分析、决策的本事。

我国著名的体育教育家、体育思想家，清华大学马约翰教授是中国近代体育的开拓者之一。他的体育教育理念对我国当代体育教育的健康发展具有不可估量的价值。清华大学具有优秀的体育传统，号称“无体育不清华”。早在20世纪60年代，清华大学就响亮地提出“为祖国健康工作五十年”的口号。马约翰说：“体育是教育中唯一比较全面、完整的系统，它发展身体效能，与精神品质同时并重。”为此，他非常重视体育的教育价值，并进一步指出体育是德育、智育的基础，他说：“凡人不论从事何种职业，只有受过德智体全面教育，才有可能更有效地充分发挥自己的才能，而体育尤为全面教育的基础。因为没有健壮的体魄，是很难承担国家建设事业的艰巨任务的。”他曾指出，体育的功效，最重要的在于培养人格，补充教育的不足。体育可以培养青年们勇敢的精神，坚强的意志，自信心、进取心和争取胜利的决心。

从以上领袖的体育思想和教育家的教育理念中可以看出，体育工作的真义在于育人，校园足球的首要任务就是要坚持育人为本。推动校园足球的开展是落实立德树人的教育使命所在，是实现立德树人根本任务的育人工程，是提高中国足球普及程度和竞技水平的基础工程，也是推进学校体育综合改革的探路工程。《中国足球改革总体方案》中对校园足球提出的第一项任务就是育人为本，还明确指出要推进校园足球的普及，促进文化学习与足球技能的共同发展，促进足球后备人才的规模化成长。为此在推进校园足球过程中要坚持教学是基础，竞赛是关键，体制机制是保障，育人是根本。

三、河南省校园足球的推进方略

（一）明确指导思想，践行育人理念

在推进校园足球的过程中，河南省根据《中国足球改革总体方案》和《教育部等6部门关于加快发展青少年校园足球的实施意见》，把发展青少年校园足球作为落实立德树人根本任务、培育和践行社会主义核心价值观的重要举措，作为推进素质教育、引领学校体育改革创新的重要突破口。充分发挥校园足球的育人功能，明确提出了“育人为本，重在普及，面对全体，广泛参与，夯实基础，逐步提升”的指导思想和“足球是教育，足球是生活，足球是文化”的发展理念；指出球场无小事，时时是教育，处处是教育，事事是教育，要让学生在丰富多彩的足球活动中健康成长；认识到

了校园足球发展不能再走重精英、重竞技的老路，必须面对全体学生抓好普及工作，夯实基础。

（二）建章立制，规范管理

河南省在推进校园足球工作中，坚持改革创新，深化体制机制改革，加强顶层设计，强化政策、标准和项目引导，增强青少年校园足球发展活力。在工作中坚持问题导向，破解发展难题，转变发展方式，加强基础条件和基础工程建设；坚持统筹协调，以政府为主导、学校为主体，鼓励社会参与，整合多种资源，完善支持政策，形成青少年校园足球发展的合力。

在河南省校园足球工作领导小组的领导下，成立了综合部、教研部、竞赛部、宣传部、培训部、幼儿足球部、外联部、国际交流部 8 个部门，组建了校园足球专家指导委员会和校园足球讲师团，作为开展校园足球工作的咨询机构及推进组织，有效地调动了各方面人员的积极性，领导小组不定期举行工作会议，统筹安排全省校园足球工作，并先后制订出台了 30 多项校园足球管理文件，使得各项工作有章可循、有规可依。

（三）措施创新，激发活力

校园足球发展方向、科学发展理念、高效的组织架构确立之后，就需要具备针对性强的工作措施和丰富多彩的内容，并将其落实。为此河南省努力打造了校园足球的三大体系和一个通道，即培训体系、竞赛体系、教学科研体系和人才上升通道。

1. 分级分类的培训体系

在校园足球工作推进过程中，充分发挥了培训的先导性、基础性作用。河南省依托省内 7 所高校建立了东、西、南、北、中 5 个片区培训基地，成立了近 50 名专家、骨干教师在内的培训讲师团，摸索形成了集中培训与各地分散培训相结合的分类分级培训模式，研制了分类分级培训纲要。5 年来，对各级教育行政管理人员、各级校足办管理人员、校长、指导教师、体育教研员、幼儿园园长和裁判员等开展的各种省级培训超过 1 万人次，为校园足球的广泛开展打下了良好的基础。

2. 四级双层的竞赛体系

教学是基础，竞赛是关键，要发挥好竞赛活动对普及校园足球的推动作用。经过几年的努力，河南省已形成两个层面的四级竞赛体系，即小学、初中、高中、大学四个学段和“校长杯”“区（县）长杯”“市长杯”“省长杯”四个层次的联赛格局。为了避免竞赛精英化现象，真正体现校园足球面向全体学生的理念，特别强调特色学校必须认真开展“校长杯”的校内班级联赛，引导各地落实好基层的普及性竞赛活动。同时重视全国校园足球夏令营活动，从2018年开始把“省长杯”比赛与全国夏令营选拔赛合并进行，使得河南省选派的学生在全国夏令营分营、总营中荣获最佳阵容的人数大幅提升。

3. 教学科研体系

全省校园足球坚持以教学为中心，提出特色学校必须要做到“每周一节足球体育课、每天两个大课间要安排一次足球大课间活动、每年要完成一次校内班级联赛”的普及性要求。5年来，全省校园足球特色学校普及工作达标率稳步提升。同时，全省坚持开展足球优质体育课评选活动、足球教学观摩活动，以及培训到基层活动，以此提高体育教师足球教学与活动组织能力，进而逐步提升足球课堂教学和活动质量。为了不断总结、科学指导校园足球工作，全省依托河南大学建立了“河南省校园足球研究指导中心”“河南省校园足球大数据应用指导中心”，提出重点研究课题，为校园足球科学决策服务。

4. 逐级上升的人才通道

校园足球的主要任务是普及，要发挥育人功能、扩大足球人口、积淀足球文化、夯实人才基础。校园足球为足球竞技水平提升所做的最大贡献，是为有足球天赋的孩子提供了可能。这些有足球天赋的孩子不仅需要一个科学、系统、持续、有效的青训平台，也需要一条顺畅的上升通道。为此，河南省在全省1937所国家级校园足球特色学校的基础上，探索打通了一条上升通道。首先，要求各地逐步形成优质小学、优质初中、优质高中的布局衔接，完成当地校园足球人才的培养与输送。同时，我们在省会城市设置了2个优质初中校园足球实验班和3个优质高中校园足球实验班，网罗全省优秀足球人才。还在省内5所具有招收高水平运动员资格的高校全面布局，招收足球项目水平较高的运动员。同时引导具有招收运动训练专业资格的6所高校扩大足球项目的招生规模。努力营造“学好习、踢好球、做好人、上好学”的舆论环境和现实路径，初步形成了一条校园足球人才逐级上升的通道。

（四）挖掘资源，保障支撑

校园足球顺利有效地开展离不开基本条件的保障，从2015年到目前为止，河南省财政厅共提供省级校园足球专项工作经费4500万，为5届“省长杯”比赛、夏令营、每年2000人次的省级培训以及校园足球教学、科研、宣传、国际交流等项活动提供了基本保障。郑州市作为全国第一批校园足球改革实验区，市政府每年安排2700万左右的专项经费投入到市级校园足球工作中，使郑州校园足球不仅走在全省前列，而且在全国校园足球领域也具有较大的影响。除了政府经费投入以外，河南省还广泛吸纳社会资源，与卡尔美、北京动量科技有限公司、北京耀胜体育产业股份有限公司、北京汉森创新体育科技有限公司等社会机构签署了战略合作协议，在资金、技术装备方面获得了支持。同时积极开拓校园足球国际交流渠道，学习、借鉴足球发达国家和地区的先进理念与经验。河南省校园足球办公室先后与荷兰皇家足球协会、韩国大邱广域市政府和庆尚北道庆州市政府建立了战略合作关系：邀请荷兰皇家足球协会专家来河南举办校园足球精英教练培训班和暑期青少年精英训练营；选派 3 批师生赴韩国开展校园足球学习、体验、交流活动，开阔了学生的视野，扩大了学校的影响，取得了良好成效。

（五）多方助力，成果显现

为强化校园足球管理工作，与相关研究机构开发了校园足球管理平台；为解决基层学校教师缺乏必要资料的困难，组织高校专业教师、教练和科研人员研究编制出版涵盖教学、训练、竞赛和游戏的《青少年校园足球活动指导书》，并为全省足球特色学校各免费赠送 1 套丛书；与河南影视集团合作拍摄《足球梦 · 中国梦》6 集科教电影；举办年度校园足球高层论坛，加大校园足球的宣传力度；开展学校校长、教师、教育行政人员、足球教练、裁判员等多元化培训；与河南省教育研究机构配合开展送教下乡；推广体育院校与中小学“大手拉小手”活动；与河南建业足球俱乐部合作，将校园足球的比赛带入职业赛场。这些活动有效地促进了河南省校园足球活动的发展，初步形成了蓬勃的足球活动局面。

（六）宣传跟进，舆论造势

推进校园足球工作，需要深度挖掘其重要的教育功能、深刻的文化内涵和社会价值，让“享受乐趣、增强体质、健全人格、锤炼意志”的育人功能和“足球是教育、足球是文化、足球是生活”的观念深入人心。校园足球不仅要引导各级教育行政部门、特色学校校长、指导教师深刻理解与积极参与，同时更需要加大宣传力度，引导全社会关注、理解、参与并支持校园足球，这样才能逐步形成良好的校园足球发展生态。为此，河南省搭建了多个宣传平台，建立了全省校园足球宣传矩阵。例如，建立了省校足办官方网站、官方微信；每年举办全省校园足球年度颁奖盛典，已连续举办 4 届；邀请媒体对“校园足球中原行”的采访活动；设计开展校园足球文化大篷车巡展活动；每年开展校园足球“十佳小球星”“百名小球员”评选活动；举办“山娃足球”公益活动，已走进 200 所山村小学；与河南日报合作开辟每周一期校园足球专栏；与河南卫视合作录制校园足球专题节目；与河南教育杂志合作开辟校园足球板块。社会各界的关注与参与，为校园足球的推进创造了浓厚的舆论氛围。

四、校园足球特色学校如何推进工作

郑州市管城区回族区柴郭小学，是一所以外来务工子女为主的农村学校。学校现有 18 个班，学生 780 人，有一个由 200 米跑道围成的人造草皮足球场，它是 2015 年首批国家级足球特色学校。经过几年的努力，校园足球已经成为学校发展的一个亮点。但是在发展的同时，学校也有些困惑并遇到了一些问题。比如，学生们都很喜欢踢足球，但是学校班级联赛只有少数人才能参与，多数学生只是旁观者，普及的氛围不浓；足球课堂教学场地小、时间短，课堂教学中组织比赛难度大；师资短缺、师资水平不高等。这些都影响了校园足球的进一步发展。为此，学校领导群策群力，勇于改革，从 2018 年起，在教学、竞赛、管理等方面进行了积极的改革探索，并取得了一定的成效。

（一）构建以小组竞赛为核心的课堂教学模式

创新课堂足球教学模式，建立了以小组竞赛为核心，实施分组教学、轮换竞赛方式。借鉴“笼式足球”的方法，学校自制了四个足球比赛“笼”，让学生们在“笼”中以小组为单位进行 3 对 3 的比赛，减少球出界中断比赛的问题，增加了活动密度和强度。每节体育课 40 分钟，前半段进行足球教学，后半段进行小组比赛。充分调动教师、学生、班主任参与的积极性，将体育教学延伸到课堂之外，实现课堂上学，大课间练，比赛中用，打通了教学与竞赛的互通道路，实现了全员参与比赛的目标。教学夯实了足球技能，竞赛激发了学习兴趣，实现了教学与竞赛的无缝衔接，调动了学生学习足球技能的兴趣，促进了足球技能学习—掌握—运用的有效进程，提高了体育教学的质量。

（二）创新以小组竞赛为基础的课余训练体系

以小组竞赛为基础的学校两级联赛，促进了各班小组队、班级队、年级队的建设。体育教师利用体育课普及足球知识和技能，将基本足球规则、足球基本技战术，在足球课上教给学生，并指导学生把这些动作用于比赛中。经过两级联赛的选拔，一批有足球天赋的孩子被选到学校足球队，由专业足球教练进行训练。学校还与青少年足球俱乐部合作，根据学生年龄不同、运动能力不同，建立不同的学生梯队。根据各个梯队的能力安排设计不同的足球训练内容，初步建立了以小组竞赛为基础的课余训练体系。

（三）打造班组联赛相结合的两级竞赛体系

创建“校长杯”班级联赛、班级小组联赛两级联赛互通的全员竞赛体系，有计划地将每学期的班级足球联赛与体育课小组足球比赛两级联赛互通，使参加足球比赛不再是少数学生的机会，而且全体学生都具有参加比赛为班级争光的权利和机会。

（四）探索全员参与上下联动的保障体系

建立上下联动的校园足球工作机制，校长亲自挂帅，副校长带领教导处、少先队、班主任、体育教师具体实施。各班成立了自己的班级足球队，参与“校长杯”班级联赛，各班主任为班级球队的主教练，负责本班学生的训练。班主任通过比赛去发现学生，并结合班级工作对学生进行心理辅导。学校每学期对班主任进行培训，普及足球竞赛训练知识。学校将校园足球竞赛和班级管理、日常教学有机结合，形成了学校、教师、学生、家长互动的校园足球生态体系。

（五）形成与高校体育专业互助双赢的机制

柴郭小学作为黄河科技学院体育学院的实习实训基地，针对当前高校普遍存在与基础教育实践脱节，重运动技能训练、轻教学技能培养，以及对基层校园足球活动缺乏了解等问题。柴郭小学的体育教师在组织教学、课堂实践方面给予实习生以指导，有效地提高了实习生的教学水平和实践能力。黄河科技学院为柴郭小学提供专业引领和技术指导，如上足球课、编授足球操、开展大课间并组织班级联赛，解决了体育师资不足、专业不强的问题。黄河科技学院也有实习实训基地，使学生有了实习实训的机会。

这种合作模式，产生了互助双赢的社会效应和价值，也为高校教学改革做出了探索。

五、校园足球特色学校成功经验

校园足球特色学校是推进校园足球工作的基础单位。要搞好校园足球特色学校的建设，应该注意以下几个方面：①要做到学校领导观念更新、态度积极、真抓实干，充分认识校园足球是面对全体学生的，要牢记育人为本的理念。②成立机构建章立制，要结合本校实际制定政策，理顺机制。校长为第一责任人，要调动各级人员的积极性，形成全员参与的活动机制。③狠抓足球指导教师建设，提升体育教师的素质和能力，同时加强场地建设与条件改善等这些硬件的保障。④创新足球校本课程提高教学质量，要改变学生喜欢体育但不喜欢体育课的现象，让体育课真正成为学生们最喜欢的课程。⑤创新足球文化建设，从制度、环境、行为等方面创建足球文化的氛围；大课间活动不搞形式，不仅要激发学生兴趣还要让活动成为体育课程的有效补充。⑥训练与文化学习两不误，注重足球后备人才的全面发展；搞好班级联赛和足球节，让更多的学生享受足球。⑦要赢得家长和社会的支持，吸引各方各级资金的投入，获得媒体传播的支持，助力校园足球健康发展。

（河南大学）

罗湖区校园足球发展模式

高　凯

从罗湖区2019年的统计数据来看，目前有519名体育教师，其中足球专业教师74名，分布情况为30岁以下的22人，30至40岁的24人，40岁以上的28人。这些师资目前能基本满足罗湖区校园足球的普及推广工作，但实际能够胜任校园足球的教练不足10人，急需大批优秀教练的加入。

如何把足球课程全面普及到每一所学校，而不仅在全国青少年校园足球特色学校；如何科学定义校园足球在各个发展阶段的主要任务和要求迫在眉睫。吴键所长说："推进校园足球，校长是关键，一夫当关，万夫莫开，校长不为足球打开大门，一切皆无可能。"校园足球的发展，首要责任在校长。校园足球能不能贯彻全面发展教育理念、不追逐功利，能不能面向全体、持续开展，这取决于校长的认知和价值取向。一个懂足球的校长，能真正打造出一所有生命活力的校园足球特色学校。

罗湖区一直高度重视发展校园足球运动，遵循足球要从娃娃抓起，从小培养幼儿的兴趣但不能违背足球的发展规律，以及校园足球的发展必须符合中国特色的规律，在区教育局和文化体育局（以下简称"文体局"）的共同领导下形成了罗湖区校园足球发展的特色模式。

一、健全校园足球管理，构建完整组织推进机制

2014年11月26日，国务院副总理刘延东在全国青少年校园足球工作电视电话会议中强调："要认真贯彻习近平总书记、李克强总理关于抓好青少年足球、加强学校体育工作重要指示精神，坚持体教结合，锐意改革创新，推进校园足球普及，促进青少年强身健体、全面发展，夯实国家足球事业人才基础。"

2015年5月，罗湖区成立了罗湖区青少年校园足球工作领导小组，由罗湖区教育局和文体局抽调成员组成校园足球办公室联合办公。该办公室的主要职责包括：①贯彻落实国家、省和市有关校园足球的法律法规、方针政策和重要文件精神；②审议罗

湖区青少年校园足球的规章制度和管理办法；③研究决定罗湖区青少年校园足球的重大政策和发展事项；④部署罗湖区青少年校园足球年度工作计划；⑤负责罗湖区青少年校园足球的规划和指导，检查督促校园足球开展情况；⑥审议罗湖区青少年校园足球经费预算和决算。具体来说，研究制定了“2016—2020年罗湖校园足球发展规划纲要”，全面负责全区校园足球工作的组织领导、整个校园足球梯队建设、足球场地建设和安排等日常工作的统筹协调及分类指导。各校园足球特色学校成立校园足球工作小组，由校长总负责，分管校长具体负责。

2016年，罗湖区财政局新增了罗湖区青少年校园足球专项发展资金，教育局申请了325万校园足球特色学校发展资金，用于扶持各级各类校园足球特色学校的发展，文体局申请240万校园足球发展资金用于开展四级联赛、“全明星计划”，建设运动员梯队，培训教练和裁判员，参加国家、省、市各级各类赛事和冬夏令精英训练营等。2018年，罗湖区青少年校园足球专项发展资金又增加120万。

二、发挥足球育人功能，营造良好的校园足球文化氛围

为了营造良好的校园足球文化氛围，使罗湖区青少年校园足球这个优势传统项目实现可持续发展，2013年以来，罗湖区以创新、体验、实践为基础，以“体验足球、快乐成长”为理念，积极弘扬时代主旋律，打造校园文化品牌。罗湖区还构建了校园足球联赛“全明星计划”，并积极挖掘、发挥足球运动在青少年学生中的独特魅力和综合教育功能，加强校园足球文化建设，使更多的学生参与到校园足球活动中，让每一个孩子都成为明星——足球之星、小记者之星、啦啦队之星、漫画之星、征文大赛之星等。同时也让学生在活动中从意志品质、团队意识、合作态度、公平竞争和责任意识等方面得到极大的发展，使其终身受益。

2018—2019年，罗湖区校园足球联赛由涵盖高中、初中、小学和幼儿园的55所罗湖校园足球联盟学校的122支队伍参加，其中深圳中学和深圳第二实验学校作为特邀学校加入罗湖校园足球联赛全明星计划中。从2018年10月至2019年5月，罗湖区共举办了511场赛事，超过2000名运动员参赛，近1000名啦啦操选手登场亮相，近万名学生参与到罗湖校园足球联赛“全明星计划”的各项活动中，影响13万教师和学生。

三、构建足球顶层设计，促进青少年足球人才规模化成长

从2013年罗湖区翠园中学8名运动员入选U16国家足球集训队开始，第一家以学校为基地的足球俱乐部翠园足球俱乐部已成为罗湖区校园足球后备人才培养基地。目前，该俱乐部已形成了足球人才小学、初中、高中相互衔接的一条龙培养模式，在各种比赛中屡获佳绩。例如，2014年11月获得广东省“体彩杯”青少年足球锦标赛季军，2014年12月蝉联深圳市校园足球联赛高中组冠军，2015年2月在国家中体协高中联赛获得第5名，2015年5月获中国高中男子校园足球东南区冠军，2015年7月进入中国高中男子校园足球联赛总决赛，2015年9月在第43届亚洲中学生足球锦标赛获得第4名，2016年3月蝉联中国高中男子校园足球东南区冠军，2016年7月作为东道主参加中国高中男子校园足球联赛总决赛并获得亚军。

为确保青少年足球竞赛体系的连续性，健全各级联赛激励机制，罗湖区还大力推动与清华大学、北京理工大学、中国人民大学、中山大学、同济大学、上海东华大学、华南理工大学和广东工业大学等重点大学在足球项目上的合作，并有多名同学被录取。这也为俱乐部球员的进一步发展铺平了道路，开创了罗湖区青少年校园足球人才培养的新模式，成为全国首创的校园足球发展模式。

四、推进校园足球普及，广植罗湖区学校足球人口

为贯彻落实《教育部等6部门关于加快发展青少年校园足球的实施意见》的精神，深入推进罗湖区青少年校园足球工作，逐步形成罗湖区青少年校园足球稳定的赛制、完善的赛系和科学的管理制度，2015年6月成立了罗湖校园足球联盟。截至2018年10月共有55所中小学和幼儿园自愿结盟，其中高中组4所、初中组12所、小学组33所和幼儿园组6所。从2016年到2018年罗湖区教育局和罗湖区文体局共同认定了47所罗湖区校园足球特色学校。从2013年实施“全明星计划”以来，校园足球快速发展、全面辐射。小学覆盖率接近70%、初中覆盖率达到84.6%、高中覆盖率为50%，全区覆盖率超过60%，这也是罗湖区首次超过全国校园足球试点区（县）要求的覆盖率标准。

五、积极落实足球课程，让更多孩子参与足球活动

强化足球基本技术。足球课要以学生的练习强度、练习密度和掌握技能技术的评价为主，同时注重对学生的态度、心理和行动的评价，使教学评价走上科学化轨道，促进学生健康发展。

强化社团班级联赛。校园足球特色学校要求每周至少上 1 节足球课，每学年至少组织 1 次班级联赛，强化足球社团建设，促进学生足球社团发展壮大，鼓励学生成立小小足球俱乐部，创设各种形式的学校班级联赛和俱乐部联赛，加强各校足球文化建设。

六、强化教练培训体系，切实提高基层教练执教水平

为了提高校园足球基层培训力量，帮助校园足球教练打开思路、提升水平，吸引更多专业人才加入校园足球事业，罗湖区青少年校园足球工作领导小组组织了“名师培训校园足球基层教练员活动”。该活动是罗湖区校园足球联赛实施“全明星计划”的重要延伸，活动邀请了国际和国内顶级的校园足球讲师，如国际足联讲师、北京体育大学博士李春满，广东体育名宿麦超和吕建军，深圳人人俱乐部主教练高歌奇和前任中国女足主教练、现任中国中学生联队主教练裴恩才。他们先后走进罗湖区校园进行指导，开设培训班，帮助基层教练打开思路、提高水平，为深圳市校园足球的整体腾飞奠定了重要的理论基础、实践基础和人才基础。

自 2016 年以来，罗湖区多次成功举办由英国大使馆文化教育处、英超联盟和教育部学生体协联合秘书处主办的深圳“学转英超”校园足球教练培训。继 2016 年 1 人留学法国之后，2017 年有 5 名校园足球教练参加了国家留学选拔考试并全部入选。

七、结语

“体教结合”是罗湖区青少年校园足球发展模式的关键词。罗湖区坚持足球育人功能，以“健全机制有组织，课程教材有落实，学生上升有渠道，人才输送有保障，教练培训有方法，借助科技有创新”为原则发展校园足球。

（深圳市罗湖区教育局）

青羊区校园足球竞赛体系与育人策略

江　华

2018 年初，在全国青少年校园足球特色学校的工作会议上，教育部王登峰司长谈到了校园足球的发展思路，即教学是基础，竞赛是关键，体制机制是保障，育人是根本。自 2014 年底至今，我们看到了全国上下、万众一心推进校园足球的发展，取得了瞩目的成绩，同时也看到了各地形形色色，让人琢磨不透、啼笑皆非的做法。校园足球究竟应该朝着什么样的方向发展？校长、教师、教练、学生应该怎样一步一个脚印地践行并形成特色，取得成效？本人仅从校园足球区域发展的层面，结合部分特色学校的实践，从赛事体系构建和育人功能这两个方面来谈校园足球推进工作的一些实效性做法和思考。

一、以评促建，分类推进特色学校建设

2017 年 10 月 27 日，四川省青少年校园足球工作现场推进会在成都市成华区举行。针对四川省内全国校园足球特色学校，省教育厅校园足球办公室做出了大胆的尝试和创新，把校园足球特色学校划分为三类：一类为示范校，二类为特色校，三类为一般学校。从学校组织与管理、校园足球条件、教练与科研、校园足球活动、特色与人才培养、学生体质健康等方面对学校进行综合评估后分别授牌为三类学校。同时，在 1～2 年的周期内省教育厅会对其进行调研和暗访，对不合格的试点校会被通报甚至摘牌的处罚。另外，四川省创建的最佳阵容选拔和足球专项人才成长通道，也为校园足球的发展注入了新鲜的活力，有效地促进了校园足球的开展。成都市青羊区现有 17 所全国校园足球特色学校，青羊区校园足球办公室进行了督、办、查等系列活动，力争使 80%的特色学校进入全省一类示范校。

二、多元发展，不断完善赛事体系

赛事体系的构建是一个不断发展和完善的过程，它关系着校园和区域的整体推进效果。在校园足球近几年的发展过程中，涌现出了很多足球俱乐部和青训机构。从一定程度上来说，这有利于校园足球发展，但是良莠不齐的队伍，必将阻滞校园足球的发展。所以规范教练行为和构建赛事体系必须同促共进，以下是推进过程中的几种具体做法。

（一）校园足球竞赛组织体系构建

1. 竞赛种类划分

经过多年发展，成都市校园足球各赛事均取得了蓬勃发展，成都市定期举办的一些比赛、跨区校际比赛等都是面向各级、各类学校。从 2008 年开始成都市就深入开展校园足球，并在 2016 年正式推出成都市青少年校园足球联赛——P、X、T 三级联赛（P 级为普及联赛，X 级为学生锦标赛，T 级为提高联赛）。其中，T 级又分为校园组（$T_{甲}$ 和 $T_{乙}$）、超级组和俱乐部组，校园组涵盖 U8～U12 岁年龄段的学生，超级组和俱乐部组分为 U11 和 U12。（见图 1）

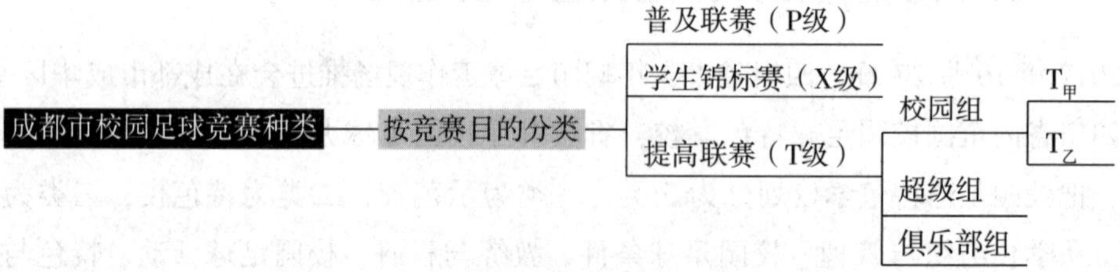

图 1　成都市校园足球竞赛种类

2. 竞赛模式构建

竞赛和训练是足球运动的重要内容，两者相辅相成、相互促进。然而，竞赛不仅仅是体现训练的成果，更是为了普及足球运动。尤其对于青少年足球而言，如何吸引更多的人来参与是校园足球工作的重点内容。为此，在校园足球开展之初，主管部门便为其建构了“小学—初中—高中—大学”的四级竞赛模式。（见图 2）

3. 竞赛管理体系构建

管理工作对校园足球正常开展有着显著影响。2009 年校园足球活动启动时，由体

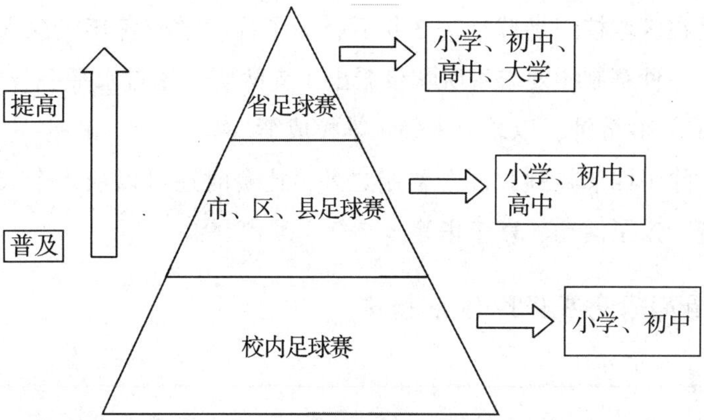

图 2 成都市校园足球竞赛模式

育部门主导。2014 年底，校园足球转为由教育部门主导。众所周知，体育部门主导具有专业性强的特点，教育部门主导具有普及性高的特征，如何将两部门的优势有机结合起来，使校园足球管理从碎片化到整体化，是校园足球竞赛体系构建必须面对的问题。鉴于此，成都市校园足球管理机构除了成都市教育局和成都市体育局之外，成都市还设置了成都市校园足球办公室（简称“市校足办”），以保证各级校园足球比赛的顺利开展。

4. 赛制构建

赛制是竞赛的重要组成部分，是构建赛事体系的基础，它在一定程度上能够体现竞赛目的和推进目标。为了更好地推进校园足球发展，让更多孩子参与足球运动，成都市不断地优化和完善赛制。目前我国青少年足球赛制主要有五人制、七人制和十一人制共 3 种，不同的足球赛制对参赛者的要求不同。针对不同学段的学生群体，成都市青羊区对校园足球的赛制做了调整，使其更加多样化。

（1）四节赛制

四节赛制更多是低段足球比赛采用的一种赛制，是在五人制赛制基础上，分成四节进行的比赛。具体规则为：参赛学校各出 14 名球员，均分为 A、B 两队。第一节 A 队比赛，第二节 B 队比赛，不设置守门员，比赛时间各 10 分钟，每进一球计 1 分。第三节按照中国五人制足球最新规则比赛，有守门员，比赛时间为 20 分钟，每进一球计 2 分。第四节则为点球大战，包括守门员在内每一名球员都必须罚点球，每进一球计 1 分。最后以四节的总分数来决定胜负。

(2) 混合赛制

混合赛制是在区域校园足球推进 3 年后，为了检验学校各年级深入开展校园足球的情况而采用的一种赛制，要求每所学校派出 1 支队伍，涵盖水平一、二、三级球员，分 3 节对垒，每节 30 分钟，以总分来确定学校成绩。

比赛形式，除了四节赛制和混合赛制之外，比赛时还可以加入个人和团队的技能大赛、教学比赛、亲子活动、嘉年华等。

(二) 校园足球竞赛保障体系构建

1. 政策保障

自 2014 年教育部开始主导校园足球，相继发布的《全国青少年校园足球改革试验区基本要求（试行）》等一系列政策作用明显，各学校领导对校园足球日趋重视，许多学校将校园足球提高到了重要的位置。

为响应国家号召，成都市也逐渐加大对校园足球的政策倾斜力度。2017 年《成都市足球发展规划（2016—2020 年）》出台，该文件对各级联赛标准、注册运动员数量、建造高水平职业队、硬件投入和各级联赛相衔接等方面的工作都做出了明确说明。

2. 场地保障

场地设施对于足球训练和竞赛的开展是必不可少的，场地设施好坏对于足球竞赛质量的高低有着显著影响，长期以来，受足球场地面积大、投入高、管理难等因素的影响，我国足球场地无论在数量上还是在质量上都无法满足广大人民群众的需要。近年来，随着我国社会经济的不断发展，校园足球场地状况得到改善，绝大多数大、中、小学校铺设了人造草坪的足球场。

成都市将加大对足球场等基本设施的投入，力争在规划期内，建成 2 个可以举办大型赛事的专业足球场地。成都市将继续做好示范性足球场规划建设工作，完成共 300 个示范性五人制、七人制、十一人制足球场的建设，并积极鼓励社会资金投入各类足球场地建设。此外，成都市还将加强足球场馆的投入和建设，为群众性足球活动的开展提供基础的公共运动设施。在学校方面，将进行中小学运动场标准化改造，通过安装球场灯光设施，使足球场具备夜间服务功能。

3. 师资保障

规范第三方足球服务机构，足球教练要持证上岗、持证执教。在省、市校足办的支持下，青羊区校足办成立专家评审小组，规范管理与学校合作的第三方足球培训机构，要求教练有教练证或教师资格证，有一定的专业执教水平。

三、校园足球育人功能与青羊区方略

（一）校园足球的育人功能

1. 培养学生积极向上、顽强拼搏的意志品质

不积跬步，无以至千里；不积小流，无以成江海。高超的足球技能只有通过平时的持续练习才能形成，这个过程可能会是枯燥和乏味的。在不断练习的过程中，学生不仅提高了运动技能和身体素质，也磨炼了意志品质。

足球运动作为世界第一大运动项目，有着极强的挑战性，这就要求足球运动员具备勇敢顽强、不屈不挠、敢于拼搏、永不放弃的精神。在平时的训练和教学中，教练不能仅仅关注学生足球技能的提升，还要培养他们的意志品质。在激烈的对抗中，只有具备良好心理素质及意志品质的运动员，才能够充分发挥在平时训练中习得的足球技术，帮助自己队伍取得比赛的胜利。

2. 培养学生良好的道德规范

从古至今我们中华民族就一直强调做人要有良好的德行，可见德行之重要性。教育的根本任务是立德树人。在足球训练及比赛中，我们处处都能对学生进行德行教育，如要尊重队友与对手、服从赛事安排、遵守规则等。因此，校园足球活动的开展，有利于培养学生良好的道德规范。

3. 培养学生团结协作的意识

足球运动是一项高协同、高配合的项目。在一场足球比赛中，每一名队员都有其不可替代的作用，各队员只有协同配合，才能取得比赛的最终胜利。优秀的球队必然有着极强的团队凝聚力，团队精神对于任何一个集体而言都是不可或缺的。队员必须服从集体的意志，善于调节个人和集体之间的关系，在表现自己的同时，也要充分地相信自己的队友。

教练可以通过日常的足球训练、比赛，让队员感受到配合的重要性，让他们学会如何发现他人的闪光点，正确、发自内心地欣赏他人，感受合作与团队的价值，正确地看待集体荣誉与个人价值。

（二）青羊区的校园足球育人方略

为进一步发挥校园足球的育人功能，2015 年成都市青羊区将校园足球作为深度改革项目，成立了青羊区青少年校园足球改革办公室，具体工作由区教育局牵头，确立了“三魂七魄”校园足球育人主线，意在培养学生三方面素养和七种意志品质。“三魂”：以球促德、以球健体、以球润美；“七魄”：规则、文明、尊重、责任、拼搏、协作、感恩。具体来说，“七魄”是指：一个规则（遵守既定规则），两个文明（言行文明、竞赛文明），三个尊重（尊重教练、尊重对手、尊重观众），四个责任（团队责任、胜负责任、安全责任、社会责任），五个拼搏（为荣誉拼搏、为学校拼搏、为球队拼搏、为队友拼搏、为自己拼搏），六个协作（与队友协作、与老师协作、与同学协作、与父母协作、与教练协作、与学校协作），七个感恩（感恩场地、感恩观众、感恩父母、感恩教练、感恩裁判、感恩对手、感恩队友）。将“三魂七魄”的核心思想贯穿于校园足球工作的各个环节，以增强健体育人的科学性和系统性，达到立德树人和五育并重的根本目的。

（成都市青羊区教育科学研究院）

清华附小校园足球发展的基本探索

任海江

一、基于“成志教育”的校园足球育人价值观

少年强则国强，少年志则国志。从1915年的“成志学校”到现在的“成志教育”，清华附小秉承“无体育不清华”“每天锻炼一小时，为祖国健康工作五十年”的传统，弘扬中华传统体育精神，坚持马约翰所倡导的“体育运动的教育价值，不只限于运动场上，而且能够影响整个社会”的理念，将体育作为核心课程，把身心健康作为学生核心素养之首，将最具群体性、教育性，最集中体现体育综合素养，最适宜构建学校及班级道德社区的足球，作为牵一发而动全身的教育载体，充分发挥体育的育人价值。

让儿童青少年站立足球场正中央。既育“体”又育“心”；既养成“志”，更立为“人”。把足球当作如语文书、数学书一样的教材，天天见，天天熏，让校园足球成为培养成志少年理想抱负、意志品质、实践行动的重要载体。构建以成志为价值追求的校园足球育人系统，切实落实立德树人根本任务，让足球不再是体育中的一个“小球”，而是带动一个人、一个民族强健体魄、顽强意志、善于合作等身心全面发展的“大球”。

二、构建实施的“1+X”体育课程体系

“1+X”体育课程围绕身心健康这一核心素养，细化课程目标为“一流好品格”“一身好体魄”“一项好兴趣”等，优化课程结构，高质量地落实体育课程。

（一）确立“1+X”体育课程结构及内容

1. “1”：高质量地落实国家基础体育课程

坚持体育三个“1”：每天 1 节体育课、每天 1 个健身大课间、每人 1 个自选项目的必修课程。

每天 1 节，每周共 5 节的体育课，包括 3 节国家基础体育课程、1 节足球课、1 节自主选修课（足球、篮球、田径、轮滑、健美操、棒球、板球、武术、乒乓球、滑冰、游泳等）。每周 1 节的足球课，由国际级教练上课，以“问题驱动、情境调动、工具撬动、平台互动”为特征，切实提质增效。

每天 1 个健身大课间：学生加餐后，进行踢球、跳绳、跑步等各种形式的体育锻炼活动，历时 50 分钟。学生自主选择项目、借用器材，体育教师分项目进行指导。同时，以晨练微课堂的“我练我秀”、中午的“水木秀场”作为展示平台，展示榜样学生的运动技能。

每人 1 个自主选修项目：鼓励更多的学生选修足球，培养学生的足球运动兴趣。学校充分呵护学生的运动兴趣，在自主选修课上单设足球课，由班主任协调，保证每名学生都能选到足球课程，努力为每名热爱足球的学生提供机会。

2. “X”：创生基于学校和儿童青少年个性的体育课程

周一至周五，每天早晨 7：15 开始举行晨练微课堂，学校现有 11 个体育社团：足

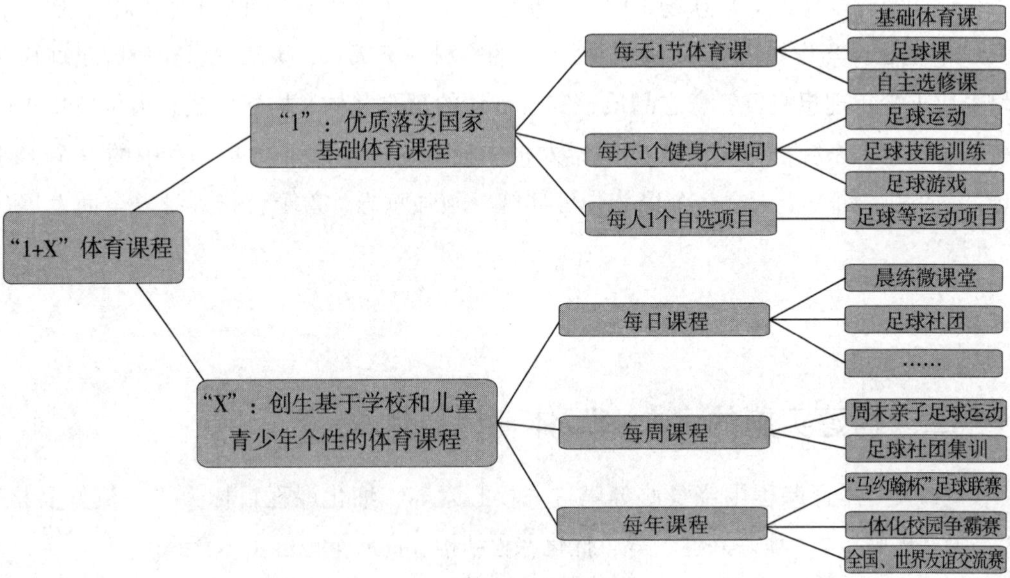

图 1　“1+X”体育课程体系

球、篮球、冰球、健美操、武术、田径、棒球、板球、网球、游泳、轮滑，共 800 余人参与。热爱足球的学生每天参与足球运动可达 2 小时。

每周末，开展由社团和家长自发组织、学生自愿参与、跨班级的 U6～U12 亲子足球训练。

每学期、每年度举行为期 2 个月的“马约翰杯”足球联赛：每班自选一个世界杯参赛国、树立一个足球榜样、学习一种足球精神。近 8 年来，累计参与队员已近万人。清华附小跨 4 区办学的 8 所实体学校，每年举办“一体化校园足球冠军争霸赛”；每年至少进行 1 次国际邀请赛，先后应邀赴阿根廷、英国、美国等地进行足球游学；与甘肃、新疆、内蒙古等省（自治区）的小学进行校园足球公益比赛。

这样不仅形成了“人人会踢球，班班有球队，男女齐上阵”的浓厚校园足球氛围，还极大地拓展了足球运动空间。

3. 足球校本课程的实施路径

在足球课程实施过程中，为实现三个“1”的体育课程目标，从教学整合方式和学习途径等方面进行改革。课程实施路径整合为三种：学科内的渗透式整合、学科间的融合式整合、超学科的消弭式整合。

（1）学科内的渗透式整合：寻找足球课程内的教育价值

学科内的渗透式整合。以人教版义务教育教师用书《体育与健康 1 至 2 年级全一册》中的第六章球类活动第二节小足球游戏中的运球、踢球比准为例。本单元学习内容是培养学生参与小足球运动的兴趣爱好，具有实际应用价值和意义。为激发学生的学习兴趣和参与意识，教师对教学内容进行了深入挖掘，依据低年级学生身心特点，创设“我与足球交朋友”的情景，把“情景教学”“乐教乐学”贯穿于本课的始终。引导学生入情、入境，使其初步学会解决问题的办法，掌握解决问题的技能，培养勇于面对挑战的意志品质。科学的导学与导练，有助于全面提高学生的运球能力，发展学生的下肢力量、灵敏素质和身体协调性，提高控球和奔跑的能力，培养学生对小足球的兴趣，以及认真学习的习惯及团结合作的意识。

本单元重视学生身心的全面发展，让学生在玩中学、学中练，提高教学的实效性；关注到每一名学生，既突出技能教学，加大了练习密度，又抓住了二年级学生的特点，让学生真正成为课堂的主人。同时充分发挥教师的主导作用，学生在教师的引领下积极主动地学习，很好地完成教学任务。

在教学中，教师以亲和的语言进行“我与足球交朋友”的情景导入，让学生很快对足球产生了浓厚的兴趣，进入了上课的状态，很好地调动了学生学习的积极性；在课的准备部分，热身操和专项练习设计合理，针对性强，不仅让学生熟悉了球性，增强了球感，而且通过游戏的练习，进一步激发了学生学习足球的兴趣；在课的基本部分，教师让学生模仿动物踢足球，利用口诀讲解动作方法，生动、活泼，对学生起到了很好的引导作用，学生爱学、乐学。教学方法层次分明，由易到难，循序渐进，大大提高了本课的练习密度和强度，让学生出了汗，提高了兴趣和技能。

（2）学科间的融合式整合：寻找学科间育人的力量

跨越学科边界，在学科属性相通、学习规律及学习方式相融的情况下，将不同学科的概念、内容和活动等整合在一起，在学科融合中培养学生的核心素养。以“1+X”体育课程为例，我们将足球教育融入学校课程（见图 2）中，使足球课程发挥更大的育人功能。

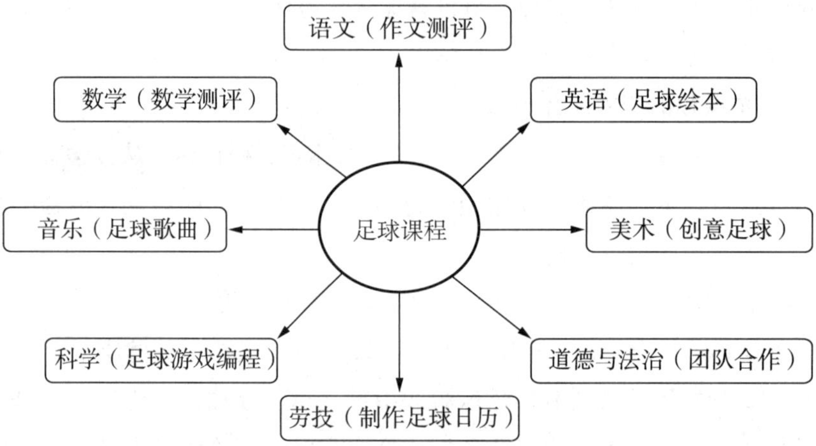

图 2　足球课程与学科课程融合

（3）超学科的消弭式整合：寻找与儿童生命成长的连接点

超学科的消弭式整合是超越学科边界，实现学科知识和社会生活、课内外学习和课外活动的整合。从学生发展的角度统整起来，培养学生综合运用知识的能力，提高学生的探究意识、创新精神和实践能力，提升学生各方面的素养。

对于儿童青少年而言，“有趣的学就是玩，有趣的玩就是学”，我校的足球课程始终贯穿有趣的原则，注重校园足球实践活动育人。如 2014 世界杯年，我校以足球为专题，每个班级都成立足球组织。随着学校的发展，现在全校 48 个班有 96 支班级代表队，每班男、女足球队各 1 支。尤其在一年一度的“马约翰杯”校园足球联赛中，每一个班代表一个国家模拟世界杯。这充分体现了超学科的消弭式整合方式。

赛前，学生学习足球文化，学习所代表的“国家队”的国家文化，有的班级还邀请所代表国家的大使参加入场式。除了 20 多个要上场的运动员、替补运动员外，其余学生要么当啦啦队员，要么当小裁判，要么当小记者……每一个人都有角色。

在班级集体荣誉的驱动下，各个班级大显神通。有的班级由家长坐镇指挥，有的班级聘请专业人员悉心指导。有的家长组成啦啦队呐喊助威，有的家长专门编辑微信节目激励孩子们，有的家长自愿为学生配置专业赛服。在赛前的一个多月里，家长们在周末争相到学校操场陪练；比赛后家长也乐于参与学校评选。家校携手，更大范围的参与，家长为学生树立榜样，激发了学生的足球兴趣和热情，营造了浓厚的校园足球氛围。

（二）创建“过程数据+关键事件+榜样引领”的校园足球评价机制

过程数据：对学生进行过程性跟踪的数据。构建学生学业发展、品格养成、体质健康的个性化分析系统。横向一体，覆盖各个维度，建立数据库；纵向追踪，对学生进行个体成长轨迹描述。将各评价系统的数据进行关联分析，为每名学生提供个性化分析报告，引导学生全面发展。

关键事件：自主记录成长中的关键事件。引导学生采用简洁的语言+代表性的图片或影像等方式，从课堂学习、行为习惯、活动比赛、社团训练等方面，对关键事件进行自主记录与评价，形成电子档案，定期反馈展示，勾勒成长“图谱”，以实现自我发现与超越。

榜样引领：通过成长APP、“我是成志足球少年荣誉升旗手”“成志足球小达人”等记录学生的关键事件，推动班级、社团评选“成志最有价值球员”“成志最佳射手”“成志最佳守门员”等，寻找身边的榜样，挖掘自身潜能。

清华附小提倡通过鼓励性评价促进学生的个性化成长，努力激发学生的足球兴趣。例如，每天晨练微课堂进行的“水木秀场——我练、我秀挑战赛”，让学生展示自己最擅长的足球技能；每月赛出足球小明星，在学校最明显的展窗展示；建立清华附小校园足球锻炼吉尼斯，激活学生足球运动的内生力量。

三、形成可借鉴可推广的校园足球育人经验

（一）树立足球立人的成志教育理念，形成师生内在价值认同

呵护兴趣、培养乐趣、激励志趣，让儿童在校园足球中不断成志。学校先后向山东鲁能泰山足球俱乐部、广州恒大淘宝足球俱乐部、河北华夏幸福足球俱乐部以及人大附中、清华附中、八一学校、十一学校输送多名足球特长生，多名同学成为国少队主力队员。在足球运动的全过程中，无论是赛场上的足球运动员，还是小小裁判员、

解说员，甚至啦啦队、助力团的成员，都感受到体育带给他们体质、人格的提升，坚定了对健康体魄、意志品质与美好生活的内在追求。

（二）学生全员参与，锻炼了体魄，培养了积极向上的人生态度

中国基础教育质量监测协同创新中心等3家机构联合发布的《2011级成志少年6年成长报告》显示，清华附小学生体魄健康、勇于拼搏、善于合作、意志力强。2014—2018年，我校学生连续5年《国家学生体质健康标准》测试成绩都有提高，优秀率从25%提高至40%，达标率从97%提高至99%。在海淀区2016、2017年《国家学生体质健康标准》测试抽测中，我校连续2年位居前10名。我校学生近视率与肥胖率也有所下降，均低于全国、北京市、海淀区平均值。

第三方问卷调查显示，学生高度认同体育三个“一”。学生心态积极阳光，思维和视野开阔，能够迎难而上。清华大学心理学系调查显示，我校学生在幸福指数、积极情绪方面显著高于常模，消极情绪低于常模，外部动机和内部动机均显著高于常模。6年来，从纵向上比较发现，各个维度均有显著提高，这与丰富的足球课程给学生带来积极向上、阳光乐观的心态密切相关。

（三）教师榜样引领与示范，形成足球育人共同体

体育教师全员参与足球教学，足球教师专业引领。成立足球导师团和学生个体足球成长数据跟踪项目组，建立“大、中、小一条龙”的足球培养中心，形成了拥有足球教育理想、行动力一致的校园足球教师育人共同体，涌现出“全国十佳体育教师”以及多位“校园足球优秀教练员”。

（四）家校共育协作共生，形成开放的育人场域

足球带动了家长体育观念的更新，也拉近了家校之间以及班级家长之间的距离，家长成了宣传学校理念的代言人。每年都有家长参与班级足球联赛。每周进行实战突破（开放校园空间、联动社区资源），提高竞技水平；每班的男、女生足球队，平均每学期比赛二三十场；每学期进行研学拓展（国内外游学、公益交流），提升综合素养。

（五）提升国际视野，培养顶天立地的时代新人

小足球带来大影响。我校学生参与国内外足球重大活动（见表1），不仅培养了学生的中国灵魂、国际视野，也传播了中国足球少年的好故事，展现了中国足球少年的世界形象。

表 1　国内外足球重大活动

序　号	时　间	事　件
1	2013 年 1 月	国足队员在主教练卡马乔的带领下来到清华附小，与学生交流
2	2013 年 2 月	英超形象大使格莱姆携“冠军杯”莅临我校，开展足球交流活动
3	2014 年 3 月	足球元老金志杨、足球评论员张璐、北京国安俱乐部总经理高潮、北京国安俱乐部邵佳一等莅临我校参加北京青少年足球进校园普及教育活动启动仪式
4	2014 年 11 月	清华附小全体同学观看全明星义赛，并参加入场式、颁奖典礼；清华附小足球队与国足队员李玮峰、邵佳一进行明星足球赛
5	2014 年 12 月	我校校园足球得到中央电视台关注，央视新闻频道进行了专题报道
6	2015 年 1 月	赴阿根廷进行 15 天的集训，受凤凰卫视等 147 家媒体报道
7	2015 年 6 月	北京市人大代表及市教委委员王定东等 30 多人莅临我校观摩，指导校园足球发展
8	2015 年 9 月	赴英国参加中英青少年足球文化交流活动，回国后受到刘延东副总理接见
9	2015 年 10 月	北京国安俱乐部邵佳一等队员来我校与足球队队员交流
10	2016 年 6 月	全国校园足球未来之星活动在我校举行，教育部体卫艺司司长王登峰出席活动
11	2016 年 12 月	巴塞罗那足球俱乐部青训主管来我校指导足球队训练
12	2017 年 5 月	清华附小足球队参与清华大学 2017 年世界名校足球赛
13	2017 年 5 月	清华附小作为全国校园足球班级联赛示范学校，中国国家队前主教练米卢蒂诺维奇来校交流指导
14	2017 年 11 月	教育部—联合国儿童基金会足球项目比赛在我校举行
15	2018 年 5 月	清华附小足球队参与清华大学 2018 年世界名校足球赛
16	2018 年 7 月	应邀赴美参加“美国杯”国际青少年足球锦标赛

2017 年“成志教育：小学立德树人的学校实践”荣获北京市国家教育教学成果特等奖，2018 年获得第二届国家教育教学成果一等奖，为国家校园足球发展与推广提供了系列育人方案与成熟的实践范式。

清华附小不是专门的体育运动学校，但我们真正将足球转化成了教育，使之与每一个孩子每天的生活建立联系，形成以“成志”为统领，以足球为核心的学校育人系统，形成独具特色又易于效仿的成志教育模式。

（清华大学附属小学）

珊瑚鲁能小学校园足球整体实施方案

刘　君

一、校园足球的内涵及目标

（一）校园足球的内涵是普及和提高

作为一项校园体育项目，校园足球承担着育人的功能及职责，它不单是竞技项目，而是以足球为载体连接课堂内外，其内涵在于普及和提高。其中，普及即人人会踢球，人人乐踢球，人人愿踢球。提高即有特殊天赋的学生能被发现，能被培养，能成才。两者是有机统一的。每一个普通的学生都是球员，每一个精英球员也是普通的学生。每一个学生都应掌握国家课程规定的所有内容。珊瑚鲁能小学所构建的包含基础课程、综合课程、拓展课程在内的课程体系，不管是普通球员还是校队的精英球员，都可实现全方位地学习，全面发展。

（二）校园足球的首要目标是育人

学校通过200课时的足球教学，保障学生“人人有球队、天天有比赛、月月嘉年华”，做到每一个学生都会踢球、懂规则、会看球、关心球，目的在于培养学生的足球素养使之成为“有文化素养的足球人，有足球精神的文化人”。同时，在人人会足球的基础上组建校队，输送球员至中国国家少年足球队。

二、校园足球的整体实施方案

校园足球的整体实施方案主要分为四个板块：课程体系、师资队伍、场地与专业设施设备、时间。整体构建学校课程，整合一切可以利用的人力资源，开发每一寸校内场地，利用碎片化的时间，开展丰富多彩的足球活动。

（一）课程体系

足球不是体育的全部，更不是学校课程的全部，只是学校课程的一个重要组成部分。

1. 课程体系

课程体系（“亲历课程”）主要分为：基础课程、拓展课程、综合课程三大板块。三大板块立足国家课程，搭建科学的平台，并非各自独立，而是相互关联、相互影响的，涵盖语、数、外、音、体、美、品德、戏剧与表演、阅读、思维训练、播音与主持、足球、钢琴、管乐、书法、国画、运动与生活、开心农场、神奇果园、社区点亮生活等众多课程。足球课程只是众多拓展课程之一。

基础课程——语、数、外、音、体、美、品德……

拓展课程——戏剧与表演、阅读、思维训练、播音与主持、足球、钢琴、管乐、书法、国画、运动与生活……

综合课程——开心农场、神奇果园、社区点亮生活……

图 1　课程体系

2. 足球课程体系六大支柱

足球课程有六大支柱：课堂教学、大课间、足球文化大讲堂、球队训练、足球比赛天天见、足球嘉年华（“谁主足球”）。这六大支柱互相促进，保证足球课程的实践性、趣味性、参与性、专业性。（见图 2）

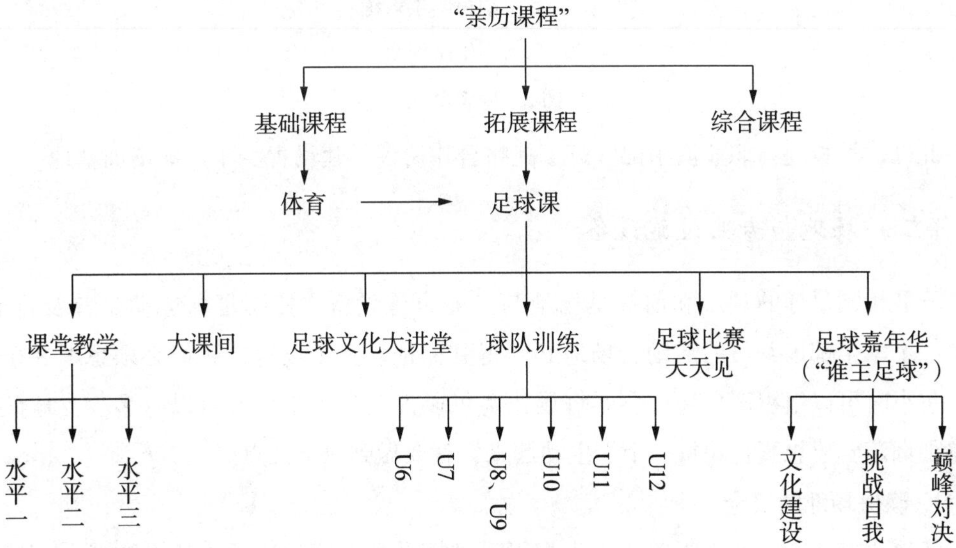

图 2　足球课程体系

（二）师资队伍

全面利用学校的师资力量，人人都是足球教育工作者。专职足球教师、专业足球教练挑大梁；班级领队教师（班主任）成为足球活动的主力军；领衔学生教练不仅自己踢球，而且要参与到整个足球活动的管理中去；学生足球会主要是由女生组成，负责学校所有足球活动的组织、开展、宣传等工作。学校努力构建班班有球队，人人有球队，校队人人带球队，队队有教练，队队有教师这样一个格局。

每一个不同的角色，都有不同的职责，专业体育教师负责学生基础体质干预、足球活动开展、运动技能普及及健康习惯培养。专职足球教师负责培养学生的基础足球技术，普及足球规则，设计各项足球活动，引导学生参与多种形式的足球比赛，激发学生的足球兴趣。专业足球教练负责对特长学生进行专业性训练，提高他们的足球技战术水平和体能素质。班级领队教师在班级校队队员的协助下，管理班级足球队伍。领衔学生教练负责在课间对非足球队的学生组队训练，并带领他们进行足球联赛。学生足球会负责协调、策划、组织、管理校内足球比赛天天见、足球文化大讲堂、足球嘉年华等相关活动。(见图3)

- 师资队伍
  - 专业体育教师
  - 专职足球教师
  - 专业足球教练
  - 班级领队教师
  - 领衔学生教练
  - 学生足球会

图3　师资队伍

此外，学校还与职业俱乐部签订了战略合作协议，建设青少年足球培训基地。

（三）场地与专业设施设备

开展校园足球的基础和前提是场地与专业设施设备。校园足球运动是普及化的，是每一个学生都该参与的活动，场地必须得到保证。关于场地，我们必须思考3个问题：每小时可以组织多少场比赛？每场比赛可以涉及多少学生？可以有多少支球队同时参加训练？要想真正让每一个学生动起来，就要做到以下几点。

1. 确保场地的安全

场地要充分考虑冲击吸收、垂直变形、摩擦系数、草丝成分、填充物成分、填充物厚度等因素，确保学生安全与健康。传统操场在效果和寿命方面都不理想，也不能对孩子的关节起到良好的保护作用。使用安全且环保的场地，训练将更加到位，训练效果更加突出。

2. 立足小场地，最大限度地利用校园空间

在把面积有限的校园打造成足球校园的过程中，我们借助了一个概念：足球公园。校园和公园不一样，足球校园除了需要具备设施设备以外，还有课程、活动，它们是一个有机的、可持续的整体。学校的迷你小球场是最受孩子们喜爱的。哪怕只有几分钟，他们都会去小球场里踢几脚球。

3. 配备专业的设施设备

利用多种多样的器材，保证足球教学、活动与训练的专业性、趣味性，全方位提升学生的足球水平，使足球课程针对性强、趣味性浓、持续性长。

学校的边角处设有足球投篮、足球孔组合、足球墙、足球斜坡、足球训练器等(见图4)，这些设施不仅富有趣味性，还可以使训练更具多样化。

足球投篮

足球孔组合

足球墙

足球斜坡

足球训练器

图4　足球专业设施设备

在拥有设施设备的基础上，我们还需要通过了解特性更加合理地使用。

- 1对1足球场（笼式足球）

场地特性：（1）身体对抗多，有利于训练学生的冲撞对抗能力；（2）攻防转化快，有氧、无氧耐力提升快；（3）在小空间里运球，可以有效提升学生的运、控球能力；（4）圆形空间围有挡板，有效地缩短了捡球时间；（5）针对不同水平阶段的学生制订竞赛规则，可以有效地激发学生的兴趣；（6）便于观察者近距离观察，防止安全事故的发生。

- 3 对 3 足球场（围挡足球）

场地特性：（1）比赛的场地四周均有挡板（围网），比赛时可以利用侧面挡板的反弹作用，增加过人和射门的机会，充分调动学生的比赛积极性以及创造力；（2）场地小、参赛学生少的客观因素决定了比赛的激烈程度和强度大大超出了传统的足球比赛方式，基本上每名学生都在频繁地做无氧运动，一般 5~10 分钟比赛后学生已经大汗淋漓，这可以大大提高比赛学生的心肺功能；（3）射门机会多，成功率高，学生更能获得成功感；（4）急停、转身、假动作、变向过人等个人技术和基本功使用多，有利于学生掌握足球基本功；（5）根据参赛学生技术情况更换大小合适的球门，能更好地满足不同水平学生的练习需要；（6）在草坪与地面之间铺设缓冲层，能有效保护关节，减少运动损伤。

- 5 人制足球场

场地特性：（1）趣味性强，参与度广。（2）占地面积小，搭建灵活。（3）场上攻防转换非常快，每个人都有大量的拿球机会，甚至连守门员都可以射门。（4）场地小，人数多，学生之间或借助挡板进行的传接配合明显增多。（5）场地小，拼抢激烈，身体对抗明显增多。（6）通过设定比赛规则达成不同的训练目的。例如，不设守门员，场上位置可进行射门规则，使得学生在进攻的同时必须兼防守，反复折返奔跑，提升心肺耐力；学生足球技能较熟练时将球门换成小门，能有效提高学生传球、射门的准确率。（7）在草坪与地面之间铺设缓冲层，有效保护关节，减少运动损伤。（8）在室外安装全彩电子高清显示屏，将现代信息技术运用于室外体育教学。

（四）时间

学生可用的体育活动时间有：晨跑、大课间、课间、午休时间、足球课、社团时间、课后时间。有效利用时间，在保障优质教学的前提下，可全面提升校园足球水平。从一年级到六年级，每周有 4 节体育课，其中 1 节为足球课，这样就保证每名毕业的学生接受了 200 课时的足球课程学习。另外，合理利用这些碎片化时间，既能保证孩子的每日运动强度，也有利于校园足球的扎实推进。

（珊瑚鲁能小学）

参考文献

[1] 马翠微. 中小学特色学校概念探析[J]. 教育科学研究，2005（11）.

[2] 袁贵仁. 采取有效措施推动校园足球取得实质性突破[J]. 体育教学，2014（12）.

[3] 加快普及校园足球为青少年健康成长和足球振兴奠定坚实基础：国务院副总理刘延东在全国青少年校园足球工作电视电话会议上的发言（摘登）[J]. 中国学校体育，2015（1）.

[4] 张廷安. 我国校园足球未来发展应当确立的科学发展观[J]. 北京体育大学学报，2015（1）.

[5] 吴键. 校园足球：首先是教育，其次才是足球[J]. 中国学校体育，2015（4）.

[6] 吴键. 校园足球：回归“真义”严防“跑偏”[J]. 中国学校体育，2015（11）.

[7] 赵治治，高峰，孙亮，等. 我国青少年校园足球特色学校的建设：概念、特征与反思[J]. 首都体育学院学报，2018（3）.

[8] 汪升，龚波，陶然成，等. 我国校园足球与青训体系的有机衔接[J]. 武汉体育学院学报，2018（3）.

[9] 王登峰，樊泽民. 全国青少年校园足球工作发展综述（2015—2017年）[J]. 上海体育学院学报，2018（4）.

[10] 毛振明. 新校园足球的成果审视与发展建言[J]. 上海体育学院学报，2018（4）.

[11] 王登峰. 从“有”到“强”：新时代青少年校园足球的战略定位与发展方向[J]. 体育科学，2018（4）.

[12] 王登峰. 新时代青少年校园足球的战略定位与发展方向[J]. 青少年体育，2018（5）.

[13] 陈洋，高慧林，孙辉，等. 校园足球发展的教育本原思考[J]. 体育文化导刊，2018（10）.

[14] 王猛. 全国青少年校园足球工作领导小组第四次会议在京召开[J]. 校园足

球，2018（12）.

[15] 雷玉星. 广西“青少年足球特色学校”足球运动开展现状及对策研究[D]. 桂林：广西师范大学，2016.

[16] 李旻. 江西省中小学校园足球活动开展现状与对策研究. 以校园足球特色学校为例[D]. 南昌：华东交通大学，2018.

[17] 2017 年教育统计. 各级各类学校校数、教职工、专任教师情况[EB/OL]. [2018-08-06] http：//www.moe.gov.cn/s78/A03/moe_560/jytjsj_2017/qg/201808/t20180808_344699.html.

[18] 田麦久，刘大庆. 运动训练学[M]. 北京：人民体育出版社，2012.

[19] 汪晓赞，刘桦楠. 小学足球教学[M]. 修订版. 北京：高等教育出版社，2014.

[20] 汪晓赞，尹志华，李有强，等. 国际视域下当代体育课程模式的发展向度与脉络解析[J]. 体育科学，2014（11）.

[21] 季浏. 中国健康体育课程模式的思考与构建[J]. 北京体育大学学报，2015（9）.

[22] 窦桂梅. 看图玩足球[M]. 上海：华东师范大学出版社，2015.

[23] 潘绍伟，于可红. 学校体育学[M]. 3 版. 北京：高等教育出版社，2015.

[24] 纪桂武. 校园足球教与学[M]. 北京：北京体育大学出版社，2016.

[25] 李卫东，汪晓赞，Phillip WardSue Sutherland. 体育课程教学模式[M]. 北京：高等教育出版社，2018.

[26] 李春满. 校园足球游戏指南：实用教学方法 200 例[M]. 北京：北京体育大学出版社，2017.

[27] 张廷安，徐鹏，肖辉. 足球技术教学与训练[M]. 北京：北京体育大学出版社，2018.

[28] 贺峰，夏辉，韩帛辰. 足球教学训练计划文件的制订[M]. 北京：北京体育大学出版社，2018.

[29] 全国青少年校园足球工作领导小组办公室. 全国青少年校园足球示范课教案[M]. 北京：北京体育大学出版社，2018.

[30] 汪晓赞，刘永利. KDL 体育与健康课程[M]. 上海：华东师范大学出版社，2019.